教育政策分析

張芳全 著

作者簡介

張芳全

現職：國立台北教育大學教育政策與管理研究所副教授

學歷：國立政治大學教育學系博士

經歷：1996～2001　行政院經建會從事教育政策規劃、政策分析、審議與評估

　　　2002.02～2006.07　國立台北師範學院國民教育學系助理教授

　　　2005～2006　中國測驗學會秘書長

學術獎勵：2003、2004、2005、2006、2007、2009 年獲得行政院國科會專案研究獎助

著作：教育問題與教育改革——理論與實際（1996，商鼎，四版）

　　　教育政策（2000，師大書苑）

　　　教育政策立法（2000，五南）

　　　教育政策導論（2000，五南）（四刷）

　　　教育政策分析（2004，心理）

　　　國家發展指標研究（2004，五南）

　　　教育議題的思考（2005，心理）

　　　教育政策指標研究（2006，五南）

　　　教育在國家發展的貢獻（2006，五南）

　　　教育政策規劃（2006，心理）

　　　教育知識管理（2007，心理）

　　　新移民子女的教育（2007，心理，二刷）（主編）

　　　論文就是要這樣寫（2007，心理，六刷）

　　　問卷就是要這樣編（2008，心理，三刷）

　　　統計就是要這樣跑（2009，心理，二刷）

　　　作者於國內 TSSCI 期刊發表十多篇實證性論文

學位論文指導：2003 至 2009 年指導 79 篇畢業的碩士論文

專長：教育政策分析、教育經濟學、結構方程模式、論文寫作

e-mail：fcchang@tea.ntue.edu.tw

推薦序

　　教育政策分析是一門重視理論建構與實務探討的學科。就學理而言，它涉及的領域包括管理、行政學、法學、政治學與哲學等。學習者如有這些方面的素養來學習，將更能相得益彰。就實務而言，教育政策分析能提供適當教育政策給教育行政機關參考或執行，可以提升教育的績效。換言之，教育政策如能透過縝密的規劃與分析，必能提高其合理性及執行效率，更重要的是經執行之後，能讓學生、教師、教育行政人員、家長及國家社會獲益。

　　教育政策分析的研究範圍很廣，包括教育政策問題分析、教育政策規劃分析、教育政策立法分析、教育政策執行分析、教育政策評估分析、教育政策指標分析等等。其中的每個環節都相輔相成，因此如能掌握各個政策分析歷程，將對教育政策分析有深入的了解與助益。

　　本書共有九章，分別探討教育政策分析界說、教育政策分析向度、統計在教育政策分析的應用、教育政策指標分析、台灣的教育政策分析、台灣的多元入學制度分析、台灣的中等教育政策分析、台灣的高等教育政策分析、高等教育政策量的規劃。前四章為教育政策理論、方法、技術與觀念的解說，後四章則以台灣的實際教育政策進行分析，最後一章則以高等教育政策進行規劃分析，可說理論與實際兼顧，是一本值得參考的著作。

　　本書作者張芳全博士曾於行政院服務近六年，對於教育政策實務的經驗與掌握頗為豐厚，目前並在大學部與研究所開設有教育政策分析等課程，故撰寫本書時才能做到融合理論與實務的境界。本

人對作者的成就與寫作態度深感敬佩，故樂意為其作序。

謝文全 謹識

國立台灣師範大學教育政策與行政研究所教授

二〇〇四年二月二十四日

作者序

　　教育政策分析是跨學科的新興學門。它結合行政學、政治學、統計學、心理學及哲學。以前述學科基礎，要能掌握教育政策分析，是件不易的事。

　　作者在行政院經建會服務五年八個月，所從事的都是教育政策立法、教育政策規劃、教育政策審議及教育政策分析工作。近六年時間，行政院交下要分析的教育政策非常多——時值政府進行教育改革行動方案，加上民間意識高漲，要求政府提出更好的教育政策，滿足其需求，因而可有更多時間參與教育政策分析。

　　因服務於行政院經建會，作者對教育政策形成及分析，感觸特別多，因位居於中央政府審議單位，每每教育部提出教育政策，行政院均交下本會審議。因此任何教育政策形成、分析及評估，作者皆參與其中，體會教育政策分析的重要，也體悟出教育政策分析及規劃人力的缺乏。

　　由於工作體會與實務認識，加上學校所學知識，作者對教育政策分析的認識亦格外深切。作者認為在實務層面，要有清楚且具體可行的教育政策，最基本的前提是需要針對教育政策進行縝密分析。教育政策從形成歷程而言，是經過政策規劃者的教育政策問題敏感、教育問題納入議程、教育政策充分討論、教育政策評估、教育政策形成、教育政策分析等階段之後，才進入執行與評估階段。其中教育政策分析，扮演政策轉介、推介政策功能，因此是政策形成的關鍵角色。

　　由於台灣在教育政策分析的人才培育上，除了國立暨南大學教

育行政與政策研究所、國北師教育政策與管理研究所,具有專業課程之外,其餘各校均零星開設教育政策分析課程。對於培養未來的政策規劃及分析的專業人力,實屬有限。面對未來教育政策的多樣性、複雜性及專業性,如何培養好的政策分析人才及提供好的教育政策分析課程,是重要課題。

本書是作者繼《教育問題與教育改革──理論與實際》《教育政策》、《教育政策分析與策略》、《教育政策立法》、《教育政策導論》等作品之後,又完成的新作。作者以台灣的現行教育政策為例,進行分析,當可提供理論與實務之需求。

本書的完成感謝心理出版社協助,以及台灣師大教育系謝文全教授為本書寫序。最後,本書完成仍有若干問題,未盡之處,尚請指正,不勝感激。

張芳全
謹識於國立台北師範學院
二○○三年十一月

目次

{第一章}
教育政策分析界說

 本章學習目標

一、能指出教育政策分析的意義。

二、能說出教育政策分析研究典範。

三、能陳述教育政策分析限制與步驟。

四、可以掌握教育政策分析取向。

五、可以了解教育政策分析的研究方法。

六、掌握教育政策分析的科際整合。

第一節 教育政策分析意義

壹、政策與政策分析的意義

一、公共政策意義

要了解教育政策分析應先了解政策及政策分析的意義。政策是由公共政策（public policy）簡寫而來，它包括「公共」與「政策」兩個名詞。前者指的是多數人民或國家政府所設定的範圍，也就是公共政策是以多數民眾所要解決的問題或需求而言，並非個人食、衣、住、行的問題。政策是指政府所設定且要解決該問題的策略，透過策略來解決人民的公共問題，就是一種政策。

公共政策範圍包括很廣，例如政府指導原則、政策方針（例如：民國三十六年的憲法第十二章第五節教育文化乙節規定我國的教育與文化的政策方針）、行政策略（例如：教育部在民國八十七至九十二年執行的「教育改革行動方案」）、法規（例如：民國九十一年六月二十六日總統公布的終身學習法執行終身教育政策）、相關配合辦法（例如：民國八十六年七月十六日教育部核定，且在民國八十九年十一月十四日修正的教師輔導與管教學生辦法）等都是公共政策的一環。

Nagel（1984）認為公共政策是一種政府針對某種社會特定問題的陳述，並尋求方案解決。公共政策係由政府在合理機制下

進行公共議題的決定，其旨在處理環境、失業、犯罪、教育、社會、財政、國防、法律等公共問題。張世賢與陳恆鈞（民86）認為公共政策可由三個不同角度界定。第一是目標取向，政策是一種作為或不作為的行動，透過政府的作為或不作為來達到政府預先所設定的目標。第二種是問題取向，它認為政策是以公權力來解決或處理公共問題；換言之，透過政府公權力、法規及執行力，來解決教育、經濟、社會、國防、外交等問題。第三種是過程取向，即政策是一種政府由政治過程產生的輸出，也就是說政策是一種民主政治體制中，執政黨對人民需求或國家願景所研擬政策的過程。這種過程包括了政策問題確定、政策議程設定、政策規劃、政策分析、政策合法化、政策執行與政策評估的過程。易言之，他們認為公共政策具有政府主導、處理問題、以公共問題為主體、以人民與國家的公共利益為優先、以公共目標為首要、以政治過程（例如：遊說、協商、對立、衝突）為舞台、以政策產出為原則。

簡言之，公共政策具有公共性，即是處理大多數民眾的問題；政策具有問題與民眾需求性，政策是以民眾問題為導向。大多數民眾有相同問題，政府即探求解決方案。同時，公共政策具有決策性，也就是政策是經由政府或民意機關在合理與研究之下，所進行的政府決定。重要的是政策是政治的舞台，政策是經由政治過程所得到的政府所要執行的方針。

公共政策研究（public policy research）、公共行政（public administration）與政治科學（political science）有關。公共政策研究所要掌握的是研究政策，它並不一定要提出解決方案，有實務與

理論導向。實務研究可能是行政機關或學術機構進行一項政策研究，提出未來可行的政策方案。但是理論性的政策研究主要在建立政策理論、獲取政策知識以及建立公共政策的知識體為目標。然而公共行政所關心的是公共政策影響力，即政府採取方案、行動與計畫對社會有何種影響？是正向影響或負面影響？相對的，政治科學強調公共政策之形成過程為何？即政策形成過程、公共議題之產生、問題如何納入議程、議程如何被接受與討論、公共問題如何進行分析？政治科學較公共行政更強調問題的因果關係建立，而公共行政是政府在進行公共政策與事務所進行的管理過程。

　　與前述三者有所差異的是公共政策分析，它是在評估政府採行政策之前，透過對政策的背景、執行技術方法、經費、政治環境等條件之下，在備選方案或政府決定備選方案中，如何達到政策目標的一種最佳選擇。易言之，政策分析是在備選方案中的擇優過程，而在這擇優過程中進行各種向度分析（例如：政治可行性、技術可行性、經費可行性）。公共政策分析與方案評估也有三項差異：第一，公共政策分析採取目標導向，旨在討論如何能夠以最好方式達到政策目標，而不是採取既定方式或已討論完成方案；方案評估則在討論既定方案實施成果，也就是一種對方案管制或考核的歷程。第二，公共政策分析是在進行政策評估決定，尤其在尚未達到政策目標之前，而不是在政策達成目標之後所進行的政策分析；方案評估則是在進行政策之後所進行的判斷。第三，公共政策分析是跨時間及空間的評估決定，而非在一個既定時空中進行決定，它可以在不同時間與場所進行分析；但是方案評估僅能在限定該方案情境之中分析。

二、政策分析意義

政策分析的意義為何呢？張明貴（民87）認為政策分析在探討政府決策或政策的性質、原因與結果，以解決特定的社會問題。因為公共政策制定過程非常複雜，要對政策分析定義極為困難。朱志宏（民 80）指出影響公共政策制定的環境因素有：政治文化、公共輿論（社會大眾對政策看法）、菁英態度、政黨、利益團體、民意代表、行政人員、外來因素等。以政治文化而言，一國的教育行政人員是否具有意願，以公職為永業及積極態度，投入政策制定與政策執行，並審慎分析公共政策，就是政策執行的一個困難點。教育行政人員應具有專業的政策分析能力及藝術，能面對變化多端的環境，提出合理的政策方案。

政策分析主要在評估政策可行性，而非針對一項公共政策進行政策內容描述。公共政策形成過程（即政策問題建構、政策問題分析、政策規劃、政策合法化、政策執行、政策評估及政策溝通等），亦相當適合在政策分析領域之中，尤其在政策形成的每個階段都需要對階段性的問題進行分析。因為良好的教育政策分析應了解到公共政策是如何被政府採用？政府採用標準為何？如果缺乏對政策形成注意，則政策分析是空泛的，並無法掌握政策形成的來龍去脈及現實環境的真實問題。同樣的，政策方案評估與公共政策分析有關，因為政策評估對於政策與目標之間的假設與資料，能有進一步解釋。政策分析在美國受到重視是始自一九七〇年代，因為當時的政策問題主要集中在人權、貧窮、越戰、女性自由權，以及環境保護。

Dunn（1994）則認為政策分析是政策知識生產，以及在政策

形成中生產知識，前者包括公共行政研究單位、大學、專業機構的人員進行政策分析，建構政策知識，後者則是行政機關為了執行政策所進行的政策分析。因此，Dunn（1994）更認為政策分析是在提供決策者充足訊息，以作為行政機關合理判斷，來解決公共問題的方法。Quade（1975）也認為政策分析是生產及呈現資訊給政策決策者，如此可供決策者進行價值判斷。從這內容來看，政策分析是一門實用學科。

政策分析在於掌握社會及國家的發展目標，欲掌握國家及社會目標，更應了解整體社會價值。因為不良的社會價值（例如：升學主義、文憑主義）將影響社會問題與教育問題產生。政策分析者應掌握社會價值為何，有哪些的不良社會價值正影響教育問題的產生。Jenkins（1978）認為公共政策是政府產出（output），即政府針對重要的社會問題提出重要的解決方案及方向。因而，公共政策包括國家層級、地方政府層級的政策類型。此外，公共政策是一種行政機關之間的網絡關係，它可能在不同的層級之間亦有相互影響。

政策分析是一種技術性（例如：運用何種方法完成分析）與經濟可能性（例如：如何讓政策有效的達成政策目標）的系統性評估。它對備選方案的政治可能性分析（例如：在政黨政治中，每個政黨都有政見或政策意見，究竟何種黨派的政見或黨綱較符合社會需求，常經由政黨對決——如民選代表或民選總統）而定，經由此方式讓政策執行及讓政策被採用更具競爭力。好的政策分析統整質化及量化的資訊及方法，對問題分析應採取多元觀點，並運用適當方法考驗所提出的論點。是故，政策分析的過程及內涵非常複雜。

三、教育政策分析的意義

　　就教育層面而言，教育涉及的政策領域與公共政策不同。教育政策要解決的問題，對象是學生、教師與家長。教育是服務產業，與營利性的民間產業不同，也與其他公共政策不一樣，例如國防政策主要是以軍事基地、敵人及戰甲車、飛機、軍人為主要範圍，而教育是以學校師生或教育行政機關為範圍；國防政策在於保家衛民，教育政策在培養合格公民、具有知識水準工作者、陶冶國民道德價值。因此，張芳全（民 88）對教育政策分析有一個簡單定義，指出：「教育政策分析是運用科學方法及技術，在相關的架構下，運用系統分析步驟及方法，對某項教育問題、計畫、方案、政策進行分析，提供可行的教育政策、計畫及方案，使教育政策可以達到預期的教育目標。」

　　從上述可看出，「教育政策分析是在教育情境下，運用社會科學的研究方法及問題解決技術，來解決教育制度或教育情境中的問題，最終的目的在達到教育目標」。在此定義中，可以了解教育政策分析是一種技術、方法與藝術，主要目的在達成教育目標。

貳、政策分析研究典範

一、政策分析方法

　　學者 Bruno（1976）在其《教育政策分析——量化取向》（*Educational policy analysis*: a *quantitative approach*）一書中強調

過去的教育研究以質化與實證研究均重，但如僅重視量化或僅重視質化研究，在心理學、教育研究、教育政策研究，會面臨解決問題缺陷。現代教育研究應以量化研究為主，並輔以質化研究為宜，也就是以電腦，加上與政策有關的問題進行研究。此外，一九六〇年代，電腦普及、人民問題多樣化及科技進步，在研究上就以多樣與多元為考量，亦即應以多樣理論（以不同理論觀察政策走向）、多種觀點（以不同觀點詮釋政策分析或政策執行）、多種思維的基礎研究，結合經濟計量研究進行政策分析。Bruno（1976）在其書中共有十章，提出幾個常運用的量化教育政策分析法，例如：簡單迴歸分析與多元迴歸分析法，其可描述與預測重要變項之間的關係；區別分析，即在掌握不同類型教育政策的標的團體之特性，經由區別分析掌握不同個體在屬性上的差異；個體經濟學的邊際理論分析，主要在求得以最少成本獲得最大效益；計畫評核術（program evaluation and review technique, PERT），主要在掌握教育政策、方案或計畫執行進度，目的在掌握教育政策執行進度；線性規劃，主要在多元變數與限定條件下，求得政策最大效益或效用；羅倫茲曲線（Lorenz curve），主要在測度資源分配公平性；德懷術（Delphi technique），主要在了解政策議題之共識，透過專家學者對於一項公共議題的討論，獲得可行的政策建議。前述各種方法都以線性觀念說明如何將方法技術運用到教育政策分析領域。

　　Kaufman（1996）指出幾個常運用於教育政策分析的技術，這些技術如：1.作業研究（operational research）——在多種可能的方案中找出一個最佳方案；2.計畫方案預算系統——主要是運用成本效益方式進行政策方案優先順序排列，它更以理性為基礎

促使組織更有效運用資源；3.模擬與遊戲理論——將現實情境的政策，假想或合理猜測方式，以模擬各種合於現實情境因素，對一項政策或方案進行沙盤推演；4.等候理論（Quenery theory）——運用統計及數學模式，找出一個在擁擠人群的最佳等候時間；5.決策樹——運用層級節制方式，將目標轉化為次目標，次目標又轉化為次次目標，然後依決策者對每一個層級目標之可能預期值或可能完成的機率進行評比，再選擇可進入下一個次目標的最好時機。

　　前述的教育政策分析方法及技術都是政策分析領域常使用的方法。政策分析者應了解如何將政策問題與政策方法配合運用，才可讓政策問題獲得解決。

二、政策研究典範

　　社會科學研究有量化與質化研究典範的爭論，二者之差異在於理論背景、解決問題導向、研究目的、研究方法、研究結果、研究信度與效度不同。在教育政策研究中，Bruno（1976）就在《教育政策分析——量化取向》一書提出五種教育研究典範，這五種典範在決定政策問題的方法上有不同的思考方向。

㈠投入產出典範

　　在了解運用有多少資源投入在教育系統，將會有多少教育產出？此研究的目標是：學生成就究竟由何種變項影響？美國在一九六四年的古力曼報告（Coleman report）就是此例。此模式中，學生成績與學區資源投入多寡有關。此模式考量成本效益及組織效率的潛在目標，更可以衍生出經濟學的生產函數。經由生產函數，了解投入變項與產出之間的函數相對權重。

㈡歷程典範

它主要是在了解如何讓教學資源運用於學生身上，以及學生如何對所投入資源有反應？此典範以實驗研究為常見。它是運用實驗組與控制組的對照方式進行比較。其目的在了解一項「實驗處理」對實驗組是否有效果，控制組的學生在控制情境下是否保持一定水準，也就是最終效果是否與控制組有差異。

㈢組織典範

它認為教育效率的產生，並不在於最適投入資源組合，即不是投入與產出之間的組合，也不在於實驗處理過程是否有效果。相反的，此取向認為教育效率產生是組織結構與組織型態所決定的。此取向常受到社會需求影響，而改變效率的衡量方式。

㈣研究典範

它主要是以個案研究方式進行。就如以深度訪談來了解學區中的一個學校問題為最常見。它運用社會學（例如：文化學中的人種誌觀察）、經濟學（例如：一個社會的消費能力為何會變差？）及政治學（例如：國家的意識型態會決定個人的政治行為）分析技術於所需要的情境之中。

㈤評鑑典範

它以大規模方式檢驗學生學習成果。主要目標是影響學校，並增加學生的學習成果。如果以行政當局而言，此方式旨在找出學校已進行何種任務；然後，試著運用方法評估它。就如同美國一九七〇年代提出的「先鋒方案」（Head start）究竟在執行之後的成效為何？

了解教育政策研究典範的不同之後，應掌握教育政策分析人

員類型，此有益於初學者對政策分析的進一步認識。Meltsner（1976）指出政策分析人員分為三類，一是技術性質；二是政治性質；三是產業傾向性質。第一種的研究者具有優越的分析技能，但是少有政治技巧，他們期待做對的公共政策，認為比政策執行可行時間更重要。第二種是政治型分析學者，乃是由分析者轉為官僚體制者，強調個人觀念。他們的重點在政治舞台，例如是否可以因此獲得賞識，政策分析則在其次。第三種產業型分析人員，則兼具有政治型及技術型人員特色。他們了解如何在人員中工作，不會讓社會大眾限制他們的論點（不會操短利），他們會以民眾利益為主，在政治活動中有強烈認同感，即認為政府關心分配及效率。

　　Dunn（1994）則認為政策分析人員分為三類，一是理論導向的政策分析者（discipline-oriented analysts），他們主要在尋求基礎理論，以及描述政策的原因與結果。二是問題導向的政策分析者（problem-oriented analysts），此團體主要是政治與社會學家，他們也了解政策的原因與結果，但很少在建立理論。三是應用導向的政策分析者（application-oriented analysts），他們除了是社會與政治學家之外，也包括行政機關、社會工作與政策評估的專業人員。他們除了關心政策的原因與結果之外，更關心政策對標的團體與民眾之間的影響。

　　因為分析典範不同，所以教育政策分析人員的類型亦有不同。House（1982）指出政策分析人員的類型，如表 1-1 所示。科學家找尋真理，個人可能僅對教育政策關心，行政人員可能重視政策執行效果，所以各種人員的關心點不一。

■▷表 1-1　政策分析人員的類型

政策分析者	政策問題	動機	取向	需何種培訓
科學家	理論	尋找理論、追求真實面	科學方法、具體及真實的分析	基礎研究方法、社會科學研究方法
專家	設計	改進政策及政策決定	知識及策略的效用	策略、成本效益分析、等候理論、模擬及決定分析
政治學者	價值最大化	政策宣稱	多元	搜集有用事實及有效呈現
行政人員	應用	政策執行的有效性	策略及管理的	策略，有些強調執行的成分
個人	滿足	關心政策對於生活的影響	混合	從許多取向運用模式及技術，較為複雜

資料來源：*The art of public policy analysis—The arena of regulations and resources.* p. 22. House, P. W.（1982）. London: Sage publications.

第二節　政策分析理論與步驟

壹、政策分析的理論功能

一、理論的功能

　　政策分析常需要運用理論，理論在教育政策分析中有何重要？理論具有對社會現象的化約作用、簡化社會現象及提供問題解決思考方式。同時理論也可以作為累積知識的重要依據。Krone（1980）指出理論有以下的角色：

　　1. 協助吾人記憶、儲存、檢索經由我們所建立的編碼機制。

　　2. 提供吾人技能及引導行動。

　　3. 提供實證及方案知識於目標設定之中，以及對目標優先順序排列、提供小型實驗參考。

　　4. 組織知識。例如吾人更可以運用組織知識於政策分析之中。

　　5. 生產新的概念、見解，以及標示先前所認定的知識。

　　6. 提供自我批判的知識，如此更可以讓吾人了解自己在思考什麼。

　　7. 提升吾人所需要的價值及目標。

　　Gaynor（1997）在《分析學校與學校制度：一個理論觀點》（*Analyzing problems in schools and school systems: A theoretical approach*）一書中，即以官僚理論、社會系統理論、政治系統理論

與領導理論作為政策分析的理論。官僚理論主要是 Max Weber
（1864-1920）所提出。他認為行政體制是一種依據規則分配行
政功能、職務，或工作是以專業分工、強調功能權威——即專業
權威（不強調精神權威或精神感召）、行政體制層級節制（行政
組織分層負責）、依法行政、行政機關有明確規則、行政秩序，
並強調契約關係（行政人員與組織之間是一種薪水提供與接受的
契約）等。

　　社會系統理論則強調幾個重點：一是組織文化與價值；二是
組織視為一種角色的結構或角色期待；三是在系統中個體反應出
個體人格特性，也反應出個人需求。在系統中個體受到不同角色
期待（例如：教育部有教育部長、中等教育司長、科長、科員，
因職務不同，社會對他們的角色期待不一，就如教育部長應負國
家教育發展的政務之責，而科員則僅負有技術或例行教育事務），
而有角色衝突存在。這種衝突有角色之間、角色內、角色移轉，
不同組織或團體對同一角色期待不同，而產生衝突（秦夢群，民
90）。

　　政治系統理論則有政治情境、需求、支持、決策者、決定與
行動，以及對政治情境的回饋等六個要素。至於領導理論則強調
在組織中如何讓鬆散的人員或組織氣氛能夠凝聚。領導理論強調
應採取幾個措施：一是經由願景的掌握中對問題的注意；二是經
由溝通讓問題具有意義化；三是經由溝通讓問題更可以信任；四
是經由領導者領導，讓行政體制更具有效率。

　　政策分析常需要將現實複雜情境簡單化。政策分析人員除運
用理論之外，亦運用模型或模式（model）來模擬政策實際運作
情形。因此，政策分析學家會將環境模式化（modeling）。模式

是思考及分析工具。Krone（1980, p. 12）就認為模式是將實際情境的現象簡單化、模擬化與抽象化。模式的概念化與建構需要人類的智慧能力。模式可能是實體，例如飛機模型；可能是概念，例如將世界畫成一個圖形；可能是數學公式，例如期望值計算；可能是圖像，例如工作流程圖；也可能是符號，例如加減乘除、矩陣、微積分；也可能是理論，例如經濟學者凱因思理論、古典經濟理論、人力資本理論。政策分析學家運用模式，主要在發揮假設考驗、資料組織及選擇、系統評估、分析、模擬、預測、定義、測量、觀察、實驗等功能（Krone, 1980）。

二、政策分析的藝術

教育政策分析者往往進行量化統計分析，所得到的結果經轉介為政策議案之後，卻無法解決實際的政策問題。此時可能是政策分析者在推介政策（commendand policy）研究結果時，更應考量政策分析的「藝術」或考量哲學層面。政策分析的藝術強調以哲學思考、實際經驗或是適當體悟，來彌補政策研究結果在轉介或推介教育政策之不足。也就是說，政策研究是科學導向，所提供的訊息是硬性資料，政策分析者應讓數字會說話；但研究結果如何結合政策環境的政策問題或政策方案，更需要教育政策分析者的價值思維、政策分析的藝術。

學者Majone（1989）認為政策分析不僅在「發現何種是好的教育政策，或滿足社會大眾的政策，政策分析更要確保教育政策可行性」。因此，傳統的教育政策分析技巧——例如以直觀與臆測方式進行政策分析較不科學。教育政策分析者應有修辭學、邏輯學、辯論、論證或對話技巧，即有能力界定教育問題、建構問

題、處理問題、分析問題、掌握問題，尤其是教育政策分析者應根據多樣觀點、多樣適切方法、多種角度，以及來自不同論證中，選用與採取適當的教育政策。就如面對一項教育政策問題，解決問題的起始點並不一定在教育行政機關之中，而是在面對社會大眾及教師或學生時，就能有技巧、有藝術的與政策利害關係人進行面對面溝通，共同解決問題。面對群眾解說問題與提示政策方向，就需要修辭學的藝術、溝通能力與政策辯論的能力。Weimer 與 Vining（1999）也認為政策分析應是「顧客導向」的，它應與公共政策決定一致，並與社會價值配合。因為政策問題以民眾為導向，所以處理問題就更需要以有「藝術的態度」面對。

此外，Lindblom 與 Woodhouse（1993）認為政策形成過程，並非一步一步，也並非以理性或邏輯方式形成，而是由很多政治參與者議價而成（例如：不同政黨之民意代表、行政人員）；有時並沒有任何一位參與者，就有政策問題產生，設計問題，並提出政策方案。有時採取政策，並非因為政策問題因素，而是給情境一個機會。他們更指出進行分析往往產生錯誤，政策分析錯誤是因運用錯誤資訊、個人偏差、社會大眾盲從以及誤信政策分析專家。政策分析無法完成的主因，是太多資訊或資訊不足。太多資訊則無法判斷何者與政策問題有關？同時會混淆政策問題原貌與真相。因為資訊太多，更讓政策問題在釐清問題及找出真實問題上，要投入的成本、人力或技術就會增加，難度亦提高。也就是說過多資訊的情況下，政策掌握較為不易。

如果提供給政策問題的資訊太少，政策分析亦會產生幾個問題：一是無法了解政策問題真相；二是無法提供方法與技術來分析；三是可能會因為資訊過少，無法掌握政策問題的標的團體，

即無法了解政策問題所要處理的對象；四是因為資訊過少，無法進一步的分析究竟此政策問題應需要多少實質成本，即無法了解政策應投入多少人力、資源及空間。最後，因為資訊過少，無法進行追蹤與小型實驗的機會，即無法先行預擬沙盤推演。因為可運用資訊太少，加上政策問題複雜性，將提高政策問題模糊程度及可解決程度。

貳、教育政策分析之限制——價值衝突

教育政策分析之限制的部分原因是價值衝突（value conflict）。價值是吾人對於個體、團體或事物及對現象的判斷或喜好程度。就如甲喜歡多元入學方案，因為他不喜歡聯考的一試定江山；而乙則喜歡聯考，不喜歡多元入學考試，主因是增加學生壓力。教育政策分析之中，應掌握社會價值（例如：重文憑價值或是不重文憑價值）、機關價值（例如：我國的教育部擁有全國教育政策——國民中小學的課程決策權，地方政府教育局僅有課程配合執行權）、個人價值（例如：個人積極與消極、動機強與動機弱）。因為這些價值觀會影響政策分析或政策決定與制定。吳定（民 87）指出一位決策者受到五種價值觀影響，一是機關組織的價值觀：如組織是創新的或保守型；二是專業的價值觀，即各行各業所發展出來的主張；三是個人價值觀，即個人偏好於某種型態的思考方式或行為；四是政策價值觀，如偏好基於公共利益而制定適當的政策之看法；五是意識型態的價值觀，即偏好於某種主義所堅持的信念。政策分析除前述五種價值之外，更因社會文化所反應出來的社會價值、政治價值及文化價值所影響。

因為價值的多元性及多樣性，因此政策如果反應出少數人的價值或偏好，對於大多數人並不一定是好事。因為價值多元，易產生價值衝突，價值衝突是個人與機關衝突、專業與組織機關衝突等。因此，好的教育政策應反應最多人的公共利益（public interest），也就是反應出大多數人的價值，就是最好的財貨應提供給最多數人民。簡言之，它是經濟學所提及的效用最大化。

　　效用最大化或最佳化是在眾多方案中，選出一項最適合的政策情境方案、計畫或政策。它也可能是在一項政策於特定時間與成本考量下，得到最佳或最好政策產出。最佳化固然運用經濟原理，以數量多寡或成本高低進行分析，但在政策分析中，很多向度（例如：政治或文化向度）、變項、價值、觀念，並無法運用操作型定義評估出哪一個政策是最佳化？就如對教育政策滿意度，或政策執行之後產出，並無法數量化成果，就無法計算其政策效果的最大化。在教育政策分析之中，如要分析學生成本，更難量化。例如學生成本有直接成本與間接成本，前者是學生直接運用於教育成本。例如學費、雜費或學校為提供教育給學生的教育設備及師資的投入經費，它是可依據學生在學校所花費多寡、人數、教師數及學校的年度經常門與資本門，進行計算。但後者係指學生因為接受教育所損失的成本，即機會成本，無法明確計算；又如學校提供教育，但其場地可能因為提供教育而無法作為他用（例如：商業用地）就損失部分利益。如果要計算何種學校類型最能發揮教育功能，在間接成本計算乙項就無法納入分析。Ball（1990）認為政策是一種權威價值分配，政策是價值的運作陳述。權威價值的分配值得吾人注意。

■▷表 1-2　不同取向的政策價值

向度	信念	價值	偏好
政治人物	市場力量	選擇自由	英國的獨立學校
行政人員	良好的行政管理、系統維持	效率	中央控制的考試
專業人員	專業主義、經驗及實際	品質	難忘的評鑑

資料來源：*Politics and policy making in education—Explorations in policy sociology*. Ball, S. J. 1990. London: Routledge.

參、教育政策分析的限制

　　教育政策分析的另一個限制在於時間及成本。政策分析的可能性應在有效資源及有充足時間完成時才有意義。但往往無法面對複雜問題，所需要的條件，尤其過多任務及沒有充足經費的政府機構更是如此。多數政策制定都是草率分析而成的，因為：1.決定無法等到所有事實或資訊都完整的前提下再進行；2.教育行政機關行政人員推諉塞責，認為例行性工作過多，並無更多時間深入分析教育政策；3.行政首長對於政策制定的要求，有時為配合選舉及政治操作的需要，而火速要求行政機關在短時間內擬定出來。如果要維持政策分析品質，那麼政策分析並不是一小時或一週即可完成，政策分析除了應考量標的團體的需要、問題核心，更重要的是要前瞻國家未來的教育走向，因此政策分析甚至需時數個月或數年才能完成。生物學家或科學家進行癌症研究要有重要發現，都需三十年，每年更要花費數百萬元經費。雖然，公共政策不一定要與生物科學一樣，但公共政策解決的是多數民眾的公共問題，因此，公共政策分析更應謹慎。往往政府決定要

執行某項政策，但隨著時間消逝，政策仍未執行，造成成本損失。此結果是因：1.政策執行期程已過；2.政策執行人員安排不當；3.執行政策單位辦事不力；4.政策分析人員或政策執行人員被動，未能積極因應，造成行政機關對問題懸而不決，浪費人事成本；5.政策分析過程或方法容易犯錯，行政人員又沒有意願及時間深入分析政策。因此，政策分析成本及時間增加。最後，可能僅形成一種不當或無法執行的教育政策。總之，大多數政策決定的速度非常快，並運用簡便或不合宜的方法分析教育政策，造成教育政策無法執行。

肆、教育政策分析步驟

學者 Quade（1975）認為政策分析有五個重要成分——問題形成、尋找方案、預測未來的環境、方案影響力的模式建構，以及評估方案結果。他指出政策分析是針對前述步驟不斷進行，讓問題更清楚、目標更具體、方案更可行及提出更好模式。他建議此種政策分析過程應持續到政策終結或經費耗盡。

MacRac 與 Wilde（1979）則認為政策分析是一種選擇。它包括問題界定、決定標準來選擇方案、蒐集可行方案、選擇一組可行方案，此方案將政策選擇付諸實行。在實行之後，則進行有效率的評估。

Stokey 與 Zeckhauser（1978）認為政策分析有五個步驟，即定義問題與所要達成的目標、提出可行方案、預估每個方案的未來情形、決定標準來衡量未來方案在執行後的效果、指出所要選取的方案。他認為前述五個步驟不一定須依序而進行。

Gaynor（1997）認為政策分析有十一個步驟：1.認定問題的優先性；2.描述問題的背景、歷史與問題的重要性；3.認定問題的向度和問題與實際情境的差距；4.對政策利害關係人的正向與負向價值的認定；5.掃描理論模式及觀點，即找出一個理論或是觀點，作為政策分析的架構；6.運用概念架構分析問題；7.形成結論；8.從不同的模式或是分析架構進行比較；9.基於因果分析來形成政策計畫；10.列舉出可能影響或協助政策的因素；11.選擇解決方案。

Patton與Sawicki（1993）認為政策分析有問題界定、決定評估標準、對方案認定、評估方案、比較方案以及評估結果等六個步驟。每一個步驟都有其運用方法。例如：在問題界定中，應封鎖問題、快速決定分析、政治分析及議題分析。在建立評估指標時，應運用技術可行性、經濟及財務可行性、政治重要性與行政可運作性的分析。在認定方案時，應進行研究分析、快速進行調查、文獻分析、現實情境經驗的比較、積極蒐集資料與分類、運用對比及比喻方式分析，以及運用腦力激盪法分析。在評估政策方面應以理論進行預測、直觀預測及敏感度分析、政治可行性與執行分析。在方案選擇時應配對比較、以矩陣方式排列所有方案，並進行選擇。管制方案應對政策執行前及執行後進行比較、有無此項政策執行效果的比較、未執行政策的實際情境與執行政策計畫之後比較、進行實驗處理後的實驗效果大小、進行準實驗研究與以成本利益分析。

政策分析者須在政策執行之前，也可在政策執行之後進行分析。政策分析在預期政策的可能結果及影響力，以作為選擇方案的參考，或作為描述政策結果的參照。描述性的政策分析是針對

過去政策的分析，或評估一項未來將執行的政策。描述性的政策分析又稱為事後回溯（ex-post）的政策分析。這是在事實之後的分析。它可再分為二種類型，一是回溯式的（retrospective）：主要針對過去的政策描述及解釋，例如發生什麼政策？二是評估式（evaluative）：主要針對方案或計畫的評估，例如政策是否已經達到預期結果？另外，政策分析亦可針對未來政策結果分析，稱為前瞻（ex-ante）政策分析，此方式是在政策尚未執行之前所進行的分析。它也有二種類型，一是預測性（predictive）政策分析，即針對一項政策如果被採行，預測其未來可能的結果及影響力；二是處方性（prescriptive）的政策分析，主要是針對一項推介政策做分析。

　　Dunn（1994）則認為政策分析有五個程序，一是政策問題建構（policy problem structuring）、二是政策問題預測（policy problem forecasting）、三是政策問題推介（policy problem recommendation）、四是政策問題管制（policy problem monitoring）、五是政策問題評估（policy problem evaluation）。Downey（1988）則認為政策分析步驟有六個步驟，一是對於環境掃瞄與掌握政策需求；二是創造一個政策的替代方案；三是評估政策方案的彈性與可行性；四是對政策資訊進行排序以作為政策形成的選擇；五是政策設定策略研擬；六是重新思考先前步驟。

　　雖然前述各學者對政策分析步驟與政策分析類型的主張不同，但是政策分析的步驟不外有幾項：一是政策問題確定；二是政策議題設定；三是政策議程審議；四是政策問題研究；五是政策研究轉化可行方案；六是政策備選方案選擇；七是教育政策推介。

茲將這些步驟說明如下：

一、政策問題確定

教育政策分析的第一個步驟應確定要分析哪些教育問題。因為問題沒有確定，就無法深入分析要提出哪些政策「處方」、提供未來政策發展方向或解決方法。政策分析者應從建構問題著手，即由眾多、模糊或不確定的問題中，選擇與確定政策問題。政策問題確定可以從行政機關經驗（例如：過去有無執行相關政策、行政人員、政策分析專家提供經驗等）、專家學者經驗（例如：經由他們形成智囊團，提供教育政策問題）、教育政策分析者前提供分析結果作為建構與確定問題的參考。如果是初學教育政策分析可從圖書館、學術期刊、報章與網路搜索相關的政策議題（policy issues）進行分析。

二、政策議題設定

政策議題（policy agenda）是指政府擬要解決政策問題的初步構想。在確定眾多教育政策問題之後，僅有少部分重要教育政策問題與重要公共的教育議題，在政府相關部門進行討論與審議。此即為政策形成過程（policy formulation）。在審議與討論會將更重要與急迫的教育政策議程列為最先要處理的議程，此稱為議程設定（agenda setting）。就如民國九十二年十一月教育部第七次全國教育發展會議，就有重要教育議題三項。即1.增進弱勢族群教育機會，確保社會公平正義；2.促進高等教育品質及效能，提升國際競爭力；3.回歸國民教育本質，階段性推動十二年國民教育。這三項議題都是教育部在部務會議中確定所要

在這次全國會議討論的議題。政策議題設定之後,接著就是要進行相關議程討論,在討論過程中,需要有不同角度的專業人士參與,例如從經濟、政治、財政、技術以及政治等進行分析。同時提供必要的政策資訊,例如未來可能的政策結果預估、標的團體多寡、可支配政策經費、可運用的執行人員、政策規劃期程、政策執行的期程、政策效益、政策影響等。

三、政策議程審議

政策議程審議旨在讓不同專業或觀點進入政策議程之中,讓政策在形成過程更為成熟可行。審議方式可運用會議、公聽會、專家諮詢會議、政策德懷術等進行討論。在政策議程審議之前,應掌握前置作業及資料,前置作業包括要邀集哪些教育政策專業人員、行政人員、行政機關代表、基層教育工作者等。資料掌握則需要提供該政策議程主要討論議題、背景資料、統計資料、涉及哪些政策標的人口、政策經費、政策期程等。審議時應具有明確議程才易達成政策共識。

四、政策問題研究

政策問題研究與前一步驟應同步進行。政策議程審議必須對政策問題有明確研究結果,也就是說,為避免政策議程審議空洞,應有相關政策研究結果作為政策分析與審議基礎。政策問題研究須針對政策問題確定、預期研究結果提出猜測、資料蒐集以及資料分析等。此方式主要在避免直觀式、主觀、臆測的審議。

五、政策研究轉化可行方案

　　經過政策研究與討論之後，政策分析者的重要角色之一在於轉化政策研究結果於政府政策之中。轉化政策研究結果應掌握幾個重點：1.以通俗語言作為政策語言；2.避免運用統計術語或專業用語，即注意兩界問題；3.不將所有政策結果轉化為政府政策，因若干政策結果與所要規劃的政策無關；4.轉化應掌握政策可行性的提高，不必再有過多分析。因為政策分析人員類型不同，因此政策研究結果可能會有過度理論導向，無法與實務結合，此是轉化時應掌握的重點。

六、政策備選方案選擇

　　轉化政策研究結果或政策形成階段，可能對一個重要公共教育問題有很多種備選的教育政策方案與計畫。此時，在眾多方案中應選擇出一個適合、可行、具體與合於現狀、但又具理想的教育政策。最優及最適備選方案具有幾個特色：1.可解決該項教育政策問題；2.在解決政策問題過程，政策執行及反效果降到最低，例如民怨與經費成本較少；3.可以達成教育政策目標；4.可以解決多人的問題；5.可以延續先前政策，並讓日後政策可以獲得銜接。

七、教育政策推介

　　教育政策推介（policy recommendation）是從備選教育方案中，選出一個最可行、最具體、成本最低、獲益最大的方案，接著再推介給行政機關執行。也就是將政策由「幕後」推到「幕

前」的過程。政策推介之前需要再次確認該項政策的幾項特性：
1.教育政策是否已在立法部門、行政部門獲得共識；2.教育政策
是否獲得政策利害關係人支持；3.教育政策是否已對目前政策問
題深入分析；4.教育政策是否已在執行人員、經費配當、執行期
程或配套措施上已有完整設計與規劃；5.進行政策推介應不忘記
提供政策管制（policy monitoring）機制，即應提供政策執行之
後，究竟應達到何種的執行進度或標準的機制。這方面應包括管
制標準、管制過程、管制參與人員與管制期程等規範。

　　總之，前述說明教育政策分析步驟，一方面讓政策分析更為
具體，另一方面政策初學者或可對其有初步認識。

伍、學習政策分析的態度

　　初學政策分析者會面臨多項挑戰，不僅對書本的政策分析知
識無法實務操演，也無法讓現實機構及政治制度運作進行模擬。
經濟學家強調效率；計畫人員強調機構價值、公平與環境保育；
律師強調正當性；政策分析人員強調成本效益分析。這些理論或
技術可解決多少現實問題？政策分析需要多種能力與專業的整
合，而每位政策分析人員是否具備專業知識、技能與方法等能
力？誠如 House（1982）認為政策分析是藝術、技藝、能力、論
證與說服，此活動大部分依賴技能、判斷及分析者的直觀想法。
政策分析者是否具備這樣的能力？這是一種挑戰，也是一種期許。

　　擔任政策分析者應有專業及科學涵養，對政策問題處理更應
以藝術態度面對。究竟須具備何種的條件才可成為好的政策分析
人員呢？學者 Patton 與 Sawicki（1993）認為要成為一位政策分

析人員，應有下列配合條件：

㈠學會快速掌握問題核心

也就是教育政策分析人員應對政策問題有敏感度及洞察力。哪一種問題對顧客或政策利害關係人是最重要的呢？您會以何種標準決定該問題是重要的？是否可以運用最少成本提供服務？是否可以最有效的方式分配活動？又要以何種的價值判斷來區分方案間較為合適？

㈡思考政策應採取的行動

教育政策分析者，在審慎評估問題重要性及從眾多的政策方案中選出政策之後，就應有理解力與執行力，來進行政策後續的活動。政府面對問題可採取直接或間接行動處理問題。配合政策的行動類有四種，一是直接且需要經費，例如提供某樣政策需要經費支持，或政府購買特定勞貨提供給民眾滿足。二是直接但不需要經費支持，政府經由相關部門提供財貨或勞務，例如消防隊救火、教育及休閒。三是間接，但需要經費支持，例如政府課稅、徵收規費、罰款，或政府建立補償制度或社會福利機制等。第四種是間接且不需經費的政策，例如告知及強制性的要求社會大眾改變某些行為。應該先了解究竟是分析哪一種政策。

㈢避免以「工具書」取向分析政策

工具書取向的政策分析指政策分析人員僅會死守教科書或程序書的指示步驟分析政策，並依政策分析指導書中的內容一步一步分析，在政策分析時並不配合社會及環境的變遷。但社會問題與教育問題具有複雜性及關聯性，同時政策分析者通常以自認為邏輯性、理性及常識性的態度思考問題，卻往往與社會問題或所要分析的問題內容及問題形式有所不同，因而無法掌握問題核心

及重點。

㈣學習處理環境不確定性

因為問題及政治生態的千變萬化，因此問題所可能遭遇的情境亦具不確定性。因此為了能夠掌握問題，政策分析者應該先掌握問題的不確定性。縱使在提出問題的解決方案之後，政策分析者仍應不要太過樂觀，認為是可以依該方案解決該項問題。政策分析者除了應掌握解決方案之外，也應了解是否還有其他可行方案或替代方案。

㈤讓數字會說話

政策分析者應善用所得到的數字訊息，即運用數字將政策問題說明清楚，讓社會大眾了解該問題的重要性或不重要性。政策分析者更可以將社會現象所產生的數字（例如：運用調查或官方資料）統整為有意義的指標，作為追蹤及考驗政策的標準。簡言之，如果要成為政策分析者，應學習如何將政策分析中運用過的統計數字化為有意義的政策意涵。

㈥使政策分析簡單及清楚化

政策分析者應反問是否已將政策分析結果告知顧客？是否社會大眾已了解該項決定已是最好政策？為了達成這些目的，分析者應將問題及分析結果簡單化。這不代表以簡單心思思考政策問題，但也不是以複雜方式考量問題，而是以智慧告知具有完整資訊的社會大眾。清楚化的意思是，如果分析政策會運用模型或統計，政策分析者應將這些模型、統計或學術術語轉為清楚可理解的內容給民眾。

㈦檢索事實

政策分析者應了解要分析的問題是否是事實，或僅是一個謠

言、或僅是不成熟觀點、或是一種尚未合法的政策議題而已。也就是，政策分析者應針對事實問題分析，而不以一個虛擬問題或以訛傳訛進行問題分析。是故，政策分析者在檢索事實時應注意幾個事項：一是分析事實來源，究竟此事實問題從何而來？二是理解此事實是如何產生？如果方法不清，事實將不被完整理解。三是不必檢討每樣事實，而是要確認與所要決定的問題有關的事實。四是應對事實界定具體，不可模糊。

(八)學習他人論點宣稱

　　學習他人論點的宣稱有三種主要理由，第一是它可提高對問題及複雜方案之辯論及協商層次；第二是可改善分析技巧及對不熟悉的材料有所認識，在過程中可再檢視材料真實性；第三是它可以強化傳統所認定的政策形成過程，從中讓政策更成熟。就如Majone（1989）認為，政策分析人員應是一位政策論證的製造者，有些類似律師，而不應類似工程師。從學習他人的宣稱中，了解自己知識的缺乏。

(九)針對顧客分析，而不是決定

　　政策分析人員及計畫者給與顧客建議，而不是提供決定。政策分析人員提供政策問題深入分析意見，對優劣提供看法，但最後選擇決定的應是顧客。政策分析者應對任何一項假設、價值及不確定的環境深入報導。假若這些任務已進行，決定者在最後應針對這些因素，進行加權，而後才決定。好的政策分析者應認真及深入分析可能影響決定者的因素，並對每項可能結果及假設進行分析。

(十)分析應超出政策限定範圍

　　政策分析者都受到政策範圍限制，即所謂的政策封套（policy

envelope）。政策分析人員進行政策分析時，受到各種變項及情境限制，無法跳脫該項政策範圍。因此面對政策封套，在提出方案與問題上就受限制。分析者應擴充問題範圍及定義，也就是說，分析教育問題不應局限目前情境或目前所掌控的範圍，政策分析者應彈性分析，是否除了目前可能了解的政策因素之外，未來還有哪些因素會影響所要分析的政策、方案或政策問題。

㈡無絕對正確的教育政策分析

　　分析者應注意沒有絕對正確、理性及完整的政策分析。因為分析時受到時間及資源的限制，而學生報告因學期間各種科目限制，無法對實際政策進行完整的分析。此外，分析者因為專業、能力及某些不可控制因素，無法短時間內將政策完整分析。尤其人的思考是有限理性，而外在環境多變，政策複雜度高。因此，政策分析人員應盡量讓分析完整及合於邏輯，但這無法完全兌現。

　　是故，教育政策分析人員應具備科學態度、對教育政策有專業知識及專業能力，在解決問題及建構問題時應以多角度、多觀點及以多種方法分析問題。

第三節　教育政策分析取向

　　教育政策分析依所要解決的問題不同，而有不同的思考與分析的方向。Portney（1986）就指出公共政策分析取向有三：1.政策歷程取向。它主要是以政策歷程作為分析取向，這個歷程包括了問題形成、政策形成、政策採用、政策執行與政策評估的歷程。此歷程焦點主要集中在機構內部與政府機關的外部因素分

析，也就是在了解機關的參與者價值、定位、資源等。它的基本假定是一種目標導向。2.公共政策的因果關係分析取向。此分析取向的代表人物為 Dye（1981）。主要重點是將政策視為一種投入、歷程與產出。他認為政策並不是一種歷程，而是一種結果。此取向主要在了解究竟何種因素會造成政策結果（outcome）或產出（output）。此種取向的假設應該可以運用因果概念來清楚說明社會事件。另外，它也認為社會科學研究可以解釋因果關係。因此，此種取向應該形成政策問題之後，需要建立研究假設、蒐集資料、設計變項，並運用電腦與統計分析來掌握因果關係。3.公共政策處方取向。它嘗試運用多元的學門，例如經濟學、數學、科學、作業研究技術，有系統的分析政策問題，來回答政策分析者的問題。透過分析技術，例如模擬、線性規劃、等候模型、時間數列預測、估計未來成本與效益，來提出未來最好的政策方案、計畫，是此取向的重點。

　　除了前述的分析取向，以下提供問題中心取向、投入歷程產出取向、知識核心取向、官僚體制取向與教育研究取向等，來了解如何進行政策分析。

壹、問題中心取向

　　學者 Dunn（1994）提出問題建構的政策分析法。他認為政策問題具有相依性、主觀性、人為性及動態性。因為問題具有動態性及複雜性，因此政策問題依其主要成分可分為主要問題、次要問題、功能問題及不重要的問題。他更進一步指出依據決策者多寡、替選方案數量、方案效用、方案可能的後果及機率等，將

問題分為結構良好問題、結構適度問題與結構不良問題。例如：結構不良的問題因為決策者有很多個，因此每位決策者的價值不一，很難達成共識，由於方案有無限多個，加以價值有衝突，因此所可能得到的結果就無法預知。

　　問題中心法的政策分析主要透過問題建構。問題建構的步驟有：1.針對問題察覺；2.問題尋找；3.問題定義；4.問題明確化等。政策分析者應先對問題察覺、敏感及對問題感到重要性等充分認知之後，隨後透過相關資訊找出問題，其實它在「問題情境」之中找問題。當問題找出來之後，分析者會感到該項問題中仍存有問題，即「問題中的問題」感，此時分析者應運用具體客觀方式將「問題定義」，就如在政策研究之中對研究變項下操作型定義（operational defination）。最後，才變成一個「實質的問題」，也就是將問題明確化與成為正式的問題。

　　在進行整體的政策分析時，Dunn（1994）以政策問題為核心，建構問題。他更指出要運用不同的分析模式，如描述式、規範式及語文式或符號式政策分析。至於如何讓政策分析完整，他認為應掌握與政策有關的訊息，例如政策未來、政策行動、政策結果、政策表現等。在進行政策分析時，尤其要進行政策論證（argument），論證模式有權威式、統計模型、類別模式、直覺洞察模式、分析模式、解釋模式、實用模式、價值判斷模式。每種論證所持焦點不同，就如權威模式強調專家學者或權威學術機構進行的政策論證；統計模式則經由母群的樣本抽樣調查，了解樣本對政策問題了解及支持或反對情形；直觀模式主要是讓政策分析者或行動者以自我本身的直觀臆測得到的結果；分析模式是數學家或是經濟學者運用計量模型所進行的分析；解釋模式是針

對政策結果進行原因的深入分析，最後價值判斷是政策分析者以是非好壞對問題指出立場（張芳全，民 88，頁 190-193）。政策論證需有：1.政策相關訊息；2.政策主張；3.政策立論觀點；4.政策立論依據；5.政策支持與反對理由；6.政策可信度等。茲將 Dunn（1994）所提出的政策分析模式列舉如圖 1-1 所示。

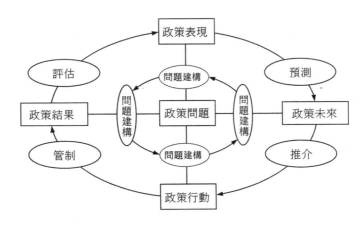

➡圖 1-1　政策分析架構

資料來源：*Public policy analysis: An introduction*, p. 149. Dunn, W. A.
　　　　　1994. Englewood Cliffs, N.J.: Prentice-Hall.

貳、投入─歷程─產出取向

一、歷程取向意義

　　系統理論最早由 Ludwig Von Bertalanffy 於一九三八年首先使用（吳定，民 87，頁 71）。Krone（1980, p. 14）認為系統是一組

複雜的抽象分子組合。系統具有完整性、將組織複雜性統整、系統有相互依存、互惠依存、動態的關係（例如：隨時間成長、變化及消弱）。系統功能有持續、促進決策、計畫、目標設定、記憶、控制、學習、回饋、統一力量等功能。

　　此分析是以系統模式進行，將系統分為投入、歷程及產出。政策投入係指在一個運作的系統之中，所投入的相關資源，例如政策經費、支持人員、設備、時間及環境等。歷程係指政策投入的相關變項或資源，在政策環境或政策制定系統中進行調整、改變或整合的歷程。此歷程將人視為一種黑箱。教育政策產出是在某一項政策執行之後所得到的結果，它重視政策產出的數量多寡。例如，投入一小時教學，是否學生的數學成就可增加三個單位或更多單位。它與政策影響（policy impact）不同，政策影響是指政策執行之後，對政策的標的人口的行為、態度的影響或改變。例如，民國九十年取消高中及大學聯考，改以多元入學方案，究竟此種改變會對社會大眾、學生及教師有何種態度影響？政策影響可能是目前或也可能是未來情境，來影響標的團體。最後，系統分析模式強調政策的外在環境對投入、歷程及產出的回饋功能。本模式如圖 1-2 所示。

■▶圖 1-2　系統模式分析

二、投入方面分析

在此種投入、歷程及產出的系統模式中，政策分析者應該分析的重點，就如同其歷程及回饋一樣，各個步驟都應重視，亦即政策投入方面應分析：

1.是否以最少的政策投入，可以達到最多的產出？
2.是否投入資源可具體量化，且單位明確，並可以比較？
3.是否投入的目標（一開始設定的目標）具體可行？
4.是否投入的人員具有專業及負責的態度？

三、政策歷程分析

教育政策執行過程中，所面臨的問題最為及時、迫切，因此政策分析者在歷程分析應抱有危機處理與救火心態進行分析處理。尤其，此階段的政策分析是不可回溯、受到政策期程的壓力或社會大眾預期要完成的心理壓力。所以，政策歷程分析格外辛苦與重要，在分析時應掌握：1.是否已將投入資源有效運用？其效率為何？是否有浪費資源之處？2.組織人員執行政策時，執行態度、執行價值觀與行為是否需要調整？如果執行人員態度偏差，無法與原先的政策配合，是否應調整執行人員或執行機關？3.是否投入的資源、人員及單位的執行進度應調整？尤其是執行期程如果落後，是否應重新思考政策執行困難點何在？

四、政策產出分析

教育政策執行之後，即有政策結果產生或結果產出。政策結果可能是政策經費運用耗盡、政策期程結束、政策人員解編、政

策影響力產生，以及政策問題的再產生。所以，政策產出方面應分析：1.是否投入最少已有最大產出？2.是否與預期設定的標準有出入？3.是否產出的數量有標準可比較？4.是否有不必要的產出或非預期的政策效果產出？即不是政策預期效果。5.政策產出影響力為何？是否已改進原來的政策問題的標的人口身心狀況？6.政策產出是否可以提供後續規劃政策借鏡？這些都是政策產出應掌握的分析。

五、政策回饋分析

　　教育政策執行經歷投入、歷程與產出之後，最重要的是此項政策究竟給與教育行政機關、教育政策分析者、學生、教師或社會大眾有多少的啟示與影響力，此時就應該進行政策執行檢討。此種政策檢討，在狹義上是一種政策回饋。如就廣義的政策回饋，應是在投入、歷程與產出中的任一階段中都應有回饋。所以，政策回饋方面應分析：1.哪一種產出或結果是政策應該檢討的？2.政策是否已滿足政府所預期目標？3.如果有達到預期目標，如何延續後來政策？4.如果未達到各階段目標，應如何調整？5.在投入、歷程與產出中的各項困難或問題是否可以解決？如何解決？6.當然也應有正面的政策回饋，例如行政機關可以針對已完成的政策執行結果對社會大眾宣示，以表示政府的努力與用心。

　　是以，系統分析應掌握的面向很多。就如 Krone（1980）指出政策及行動應直接由以下的情形導致結果：1.過去政策；2.社會與政治意識型態；3.權力動機；4.文化整體性，如傳統或行為座右銘；5.人類需求統整納入決策；6.歷史原因等。

參、知識核心取向

　　教育政策面臨環境不確定性（uncertainly）。教育政策環境不確定來源，是因政策環境缺乏完整資訊、缺乏具體且正確的資訊，加上教育政策分析者、教育行政機關與組織對政策認知差異所致。因此，進行政策分析需要有透過「政策知識」（policy knowledge）反應出的政策價值，來解決政策環境的不確定性。政策知識即提供對政策環境不確定性與方向的指引。政策知識在政策分析之中，可以視為一種資訊（提供判斷）、一種意見（釐清問題）以及一種論證（提供邏輯分析）參考。Krone（1980）指出知識讓吾人更聰明的在複雜系統中進行選擇。他指出知識有三種，一是環境知識，主要在理解、控制及指引複雜環境，此種知識主要以物理及自然科學為主；二是人類知識，主要是在理解、控制及指引個體、團體與社會，它主要是社會、行為及生活科學領域；三是控制知識，主要是有關前二類知識之內的運用及發展，例如運用前二類知識可以讓生活更好、品質更高。一般而言，知識可分為硬性知識（hard knowledge）及軟性知識（soft knowledge）。前者主要是以專業科學語言表達出的知識；後者主要是普通常識及直覺知識，主要是透過個人經驗而來的知識，因為每個人的經驗及成長環境不一，在解決政策問題時就會有所不同。翁興利（民 85）指出，Dunn（1994）所指出的政策問題分為三種:1.結構不良； 2.結構良好； 3.結構適中的問題。因為普通知識由利害關係人之經驗產生，因此較適用於不良結構問題；而科學知識，即硬性知識，其內部性的邏輯一致性高，較適

合解決結構良好的政策問題。

在政策知識運用中，為人提及的是兩界論（two community）。它是 Snow 於一九五〇年代引介文化差異觀念衍生而來，強調自然科學與人文學科之間的差異。二界之間的差異主因是：第一，二個文化互不信任。第二，報償系統不一，社會科學重視純科學探討，而政府則重視實務見解。第三，所使用術語不一。第四，對時效性認知不一，社會科學講求研究品質，故研究時間可能加長，而決策者須爭取時效解決問題（胡薇麗，民 84）。因為兩界不同，自然在運用政策知識上亦有不同。

Webber（1992）指出政策知識可協助決策者了解政府政策的產出原因及結果。他提出政策知識次級領域和形式，如圖 1-3 所示。圖中上面圓圈所列的是八個知識次級領域，即生態、法律、倫理、政治、社會、心理、科學與工程等，八個領域之間相互的溝通，影響到決策者的決策品質。而圖中之六種知識形態包括：第一，決策者知識，即政策如何制定，決策者以此與民眾溝通；第二，報章雜誌知識，指媒體描述有關政策及資訊；第三，實務經驗或是臨床經驗，指某項政策實際運作者所形成的知識；第四，政策研究，即對某一項政策有系統的研究，因而登載於 *Policy Studies Journal*、*Policy Studies Review* 等學術期刊之中；第五，政策取向的研究，即某些政策知識可以應用到解釋某項政策運作的科學研究；第六，學科研究，即政策知識可以刊載在具有高度學術性的期刊之中，例如載於 *Journal of Human Resource*、*Journal of Labor Economic*（朱金池，民 85）。

翁興利（民 85）認為政策知識具有幾種功能：一是知識的委託，即應以何種方式從事政策分析的決定，如應以機關內部受到

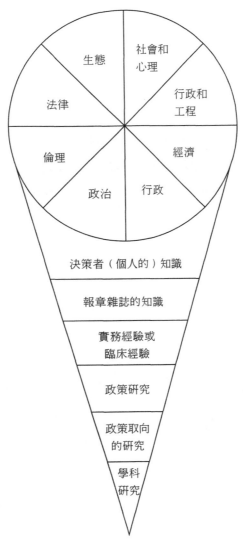

⬛▷圖 1-3　政策知識的次級領域與形式

資料來源：*The distribution and use of policy knowledge in the policy process*. Webber, D. J. 1992. New Brunswick: Transaction publishers.

長官指示或是透過學術單位委託。二是知識創造，即政策分析人員被賦與應創造「應用的」與「有用的」知識。三是知識建構，即政策研究者不但要探索研究，也應對既存知識進行重新建構。四是知識儲存，即政策分析人員應該運用圖書館或電腦的資訊，以及運用自己與他人的知識。五是知識傳送，即政策分析人員應該以創造或建構出的知識傳達給政策制定者。六是知識應用，即除前述功能之外，政策分析者應讓政策知識有其他運用。

　　從上述可知政策知識對於政策分析甚為重要。

肆、官僚體制取向

　　官僚體制取向主要在強調政策分析究竟應以何種方式呈現。就如官僚體制具有依法行事、檔案管理、講理不講情、專業分工及權責相稱的特性。官僚體制分析的重點有三種取向：一為由上而下的政策執行方式；另一為由下而上的執行方式；第三是官僚體制的組織分析方式。三種模式均顯示出應如何進行政策分析。

一、由上而下模式

　　由上而下的政策執行分析方式，政策已在上級單位規劃完成，或已經由上級單位審議完成，僅將政策以包裹方式，交由下一層級單位或機關執行。由上而下的模式，主要是下級單位聽命行事，依據政策目標、方案與期程及資源分配執行即可，下級單位不應有過多意見。此種模式的優點有：1.政策的事權統一，可以標準一致；2.政策執行進度可以統一掌控；3.政策規劃、分析與執行較為經濟，不易耗時；4.政策較具專業與權威，因位居中

央所規劃的政策，所以可以解決問題的力量較大。但也有其缺點，例如：1.無法因地制宜；2.事權統一，並無法讓下級機關有彈性調整執行方式；3.政策經費固定，下級單位並無法因地方或緊急需求進行調整；4.政策標準一致，並無法彈性調整地方需求。

　　在此，政策分析人員在分析政策時應掌握幾個重點：1.上級組織與下一級組織的政策認知程度為何？是否二者在政策認知上有差距？2.下級的人員是否有能力執行上級所交下的政策？3.下級的人員是否在態度及政策支持度都能接受？4.下級機關的權責是否與上級交下的權責相稱？5.下級機關是否有能力於規定時間內完成上級交下的政策？

二、由下而上模式

　　由下而上的政策執行方式，主要是由下級單位研擬政策、規劃政策，並執行教育政策。此種模式主要因為政策是由基層的人員所制定，它的特色包括：1.政策的草根性，即教育政策由基層教育政策規劃者所擬具，因此較能了解該項教育政策；2.政策認同感高，因為該項教育政策是由基層機關經由嚴密討論所取得的共識，所以機關人員對於該項政策的認同感高；3.政策具有因地制宜的效果，因為政策是由下而上，因此它可以依據地方及地域上或特定人士的需求研擬政策；4.政策變動性高，也就是此政策較具有彈性，可以在有限的空間與時間或經費下進行調整。但是它也有缺失，例如：1.政策不易形成，因為草根性強，因此政策形成時意見、價值、觀點較為多元，並不易形成共識；2.政策不易受上級接受或配合；3.政策變動性高，不易成為較為永久性的政策；4.政策分析或政策規劃專業人員較為不足。

　　因此在分析教育政策時應注意以下幾點：1.該層級人員對於教育政策規劃能力及執行能力為何？2.該層級的單位是否具有規劃該項政策的責任及能力？3.該層級規劃後之政策，在執行時是否有資源支持或執行人員配合？4.該層級執行時是否有相關法規配合？5.該層級執行政策時，在計畫、組織、協調、溝通及管制的能力為何？6.該層級的執行是否能夠不斷修正及調整？7.該層級執行政策時是否有面對群眾，並有危機處理能力？

三、官僚體制的組織分析方式

　　教育政策分析或教育政策執行方式，除了前述二種方式之外，更有官僚體制的組織分析方式。教育政策是由政府或民意機關所制定，來解決人民的公共問題。因此如要進行政策分析，或執行分析，應掌握官僚體制的組織。政府與官僚體制實為一體兩面。官僚體制是政策執行與分析的實質單位，因此在分析時應經由行政歷程、組織架構、權責分配來掌握。後面兩項在第三章第四節將會分析，以下僅就行政歷程做說明。

　　教育政策執行或分析是否順利，有賴於官僚體制的行政歷程是否順暢。行政歷程包括即計畫、組織、領導、溝通、評鑑（或考核）。也就是說政策執行或分析時，分析者應掌握：1.政策計畫是否完備？2.政策計畫是否已合法化？3.政策計畫是否已為社會大眾多數人所接受？4.負責執行政策的組織是否妥當？5.負責的行政組織是否與政策權責相稱？6.負責政策執行的組織專業人員是否充足？7.政策執行中是否有領導中心或領導人員？8.政策執行之後，執行機關之間，或是執行人員之間溝通管道是否暢通？社會大眾對於政策執行意見處理是否順暢？如此可以減少政

策執行過程的民怨問題。9.政策執行歷程與終結時，有無管制進
度的機構與專業人員？

伍、教育政策研究取向

一、政策研究問題界說

　　教育問題的產生是教育情境內外因素所致，因內外因素使教
育體制無法配合社會變遷與無法滿足受教主體需求。為了讓教育
問題納入政府政策議程，獲得政府解決，應對教育問題分析，並
提出問題解決策略，這是教育政策分析的重要任務。

　　但是如何建構問題呢？Dunn（1994）提出問題建構的方法，
認為應從敏感問題開始。如何敏感問題？政策分析學者應掌握社
會變遷、社會主體及整體資訊，如此才可以得到好問題。郭生玉
（民77）認為研究問題的來源有四個：1.從有關理論中演繹研究
問題；2.從實際經驗中發現問題；3.從過去研究中發現問題；4.
從和專業人員接觸中發現問題。至於問題解決方式也有很多種類
型，有的靠經驗，有的依據演繹與歸納法分析，有的以權威來
源，有的則以科學研究的方法來解決問題、獲得知識。

　　杜威（Dewey, 1933）在《我們如何思考》（*How we think*？）
中提出問題的解決步驟有：1.對於問題產生敏感；2.確定所要解
決的問題；3.提出問題合理假設，即提出對問題解決方案的可能
猜測；4.蒐集與問題有關資料；5.進行驗證；6.獲得結論。

　　前述問題解決步驟是教育政策問題分析的重要過程。政策問
題選擇應先找出主題，並指出政府對教育政策問題關心，評估研

究問題可研究性。例如考量其倫理、研究方法、時間與研究成本。最後，將政策問題作整合說明。此階段應陳述問題目標、解釋該項政策研究的重要、了解該問題限制及界定所要討論之題材。如將問題界定後，應對問題進行合理猜測，並適當預估可掌握的解答。資料蒐集應了解它與問題的重要性及關聯性。蒐集資料應掌握運用的方法，例如以問卷、測驗工具或以實驗方式對樣本蒐集。蒐集資料如為調查法，應針對母群體特性掌握——例如母群體大小、應抽出樣本數量以及應運用何種方法抽樣（簡單隨機抽樣——叢集抽樣、系統抽樣、分層抽樣、非隨機抽樣——滾雪球抽樣、立意取樣等），也就是說考量要以隨機抽樣或非隨機抽樣進行。

二、政策研究方法

常見的教育政策研究方法有下列幾種：

㈠個案研究法

在於了解政策執行、政策計畫的執行或背後的環境，例如針對台灣的高級中學多元入學方案成效評估，透過此方案深入分析，獲得重要結論。

㈡實驗法與準實驗法

它是運用一項教育方案進行實驗，以了解方案的可行性，例如民國九十年大學推薦甄選方案實施之後，比過去的單一聯考制度，對於學生的升學壓力是增或減。實驗研究的主要特性是：1.進行實驗處理；2.讓實驗處理的效果愈大愈好；3.讓實驗的誤差愈小愈好。

㈢歷史研究法

它是在分析過去的教育政策在執行時的困難及可能的優點，供政策形成參考，例如分析民國七十七至八十八年所執行的國民中學自願就學方案，在學生升學適應與壓力解除，究竟是否比現在少？因為自願就學方案是過去執行政策，研究者僅能以歷史觀點進行分析。Allison、Owen、Rothwell 與 Timm（1996）就認為歷史法應注意主要資料與次要資料的判斷，前者主要是直接與歷史事件有關的資料，後者雖與歷史事件有關，但可能是二手資料。研究者應以一手資料為主。

㈣內容分析法

即從國內外的學理、文獻分析、報章媒體及檔案，來分析相關的教育政策。

㈤調查研究法

針對一項教育政策，了解社會大眾對該政策或計畫、方案的滿意度、支持或反對程度。就如民國九十一年九月二十八日台灣有史以來的第一次教師大遊行，研究者可針對此議題了解民眾對教師走上街頭的看法。

㈥焦點團體法

它是針對相同的對象進行某一項政策研究。例如吾人要了解國民小學校長的專業成長，此時研究者可找尋擔任過校長者，即把對象都鎖定為校長，此即為一種研究焦點，接著針對校長進行深入晤談，將晤談內容予以分析，獲得結論。

㈦三角測量法

它是運用質性與量化研究之優點共同進行政策研究，此種方式對質與量研究都考量。教育政策研究最常見的方法為調查法，

又稱為蓋樂普調查（Gallop servery）。該方法在教育政策研究運用很多，在此進一步說明。

如果以資料的分析方法而言，有相關分析法（即二個或二個以上的連續變項進行皮爾遜積差相關分析，如果是不連續變項，則有斯皮爾曼等級相關等）、簡單與多元迴歸分析、因素分析、集群分析、區別分析、典型相關、結構方程模式、時間數列分析等，這部分可見本書第三章。如以政策分析技術而言，另有政策德懷術、政策論證或教育政策辯論。政策德懷術是運用問卷多次徵詢專家學者對某項政策議題的意見，經由專家學者以匿名方式提供意見，研究者再由蒐集到的意見進行分析。政策論證是在進行政策分析或意見蒐集時，為了讓政策更能展現問題核心，掌握問題、掌握政策情境，所進行的分析。論證過程是以事實與客觀的資料，衡酌政策環境、政策利害關係人、評估政策資源與政策執行時間等進行論證。

三、調查法為例

以下以蓋樂普調查方法說明教育政策研究如下：

㈠調查方式

調查方法可運用書面調查、電話調查、問卷郵寄調查及訪問式的面對面調查。不管何種調查方式，最好都應設計「結構性問卷工具」為宜。其問卷應具有信度以及合理記分方式，這部分的詳細說明見本書第六章。如為標準化量表，除信度、效度與記分方式之外，更應有常模，如此才可依此量表或問卷順利進行教育政策意見、支持或反對態度、滿意度調查，然後形成政策問題（即主管教育當局無法掌握目前政策問題優先順序或無法了解目

前政策問題何在）或進行後續教育政策研究（如對一項延續性的
教育政策追蹤，以了解該政策在政策標的團體受支持或反對傾
向）。

　　問卷設計應掌握幾個原則：1.一個問題以詢問一個概念為
主，不可以有多種概念在一個問題之中；2.問題不宜讓受試者回
憶過久；3.問卷題目不要過多，通常不超過七十題；4.問題不可
以涉及人身攻擊或個人隱私；5.問題不可與要了解的議題無關；
6.問卷應有簡單的作答說明；7.問卷內容應有人口變項，例如性
別、職業、年齡或工作年資等。

　　教育政策運用調查法旨在了解政策執行前、中、後，為政策
標的團體所接受之程度。支持程度或反對程度為何？亦或是進行
政策規劃前施放政策汽球，並運用調查法來了解政策在技術、方
法、經費或政治的可行性。

㈡調查步驟

　　教育政策研究步驟有：1.選定研究問題；2.閱讀有關研究文
獻；3.界定研究問題；4.建立假設；5.擬定研究設計；6.從事資
料蒐集；7.從事資料分析；8.撰寫研究報告（張芳全，民92）。
Black（1999）指出研究步驟有：1.認定可能變項、問題；2.提
出法則；3.法則統整；4.提出理論；5.對理論邏輯演繹；6.提出
假設；7.對變項下操作型定義；8.對資料處理；9.對研究結果進
行解釋及修正。

　　問卷調查步驟僅是教育政策研究的一環。調查步驟有下列幾
項：1.了解所要調查的政策問題；2.閱讀與該政策問題有關的研
究，或深入了解該政策問題原因；3.擬訂政策初步問題；4.與專
家學者或政策分析人員進行問卷題目討論，必要時應進行問卷的

專家學者效度分析；5.問卷選題，將所有問卷題目依據教育政策需要與政策問題嚴重性，進行篩選。選擇問卷題目應掌握勿讓問卷題目太多，問卷題目應以政策問題為主體；6.選題完成之後，進行小規模施測，了解問卷效度及可能問題；7.預試問卷，並進行因素分析、信度分析等；8.以預試問卷結果，進行問卷題目刪題、增題或問題語法修飾；9.產生正式政策問卷，即可進行正式施測。

前述的政策研究步驟也可以作為教育政策分析之參考。

(三)問卷內容

在調查過程中，政策分析者應提出要蒐集的資料內容、向度、變項或相關資訊。問卷資料蒐集有二種，一是量化資料，一是質化資料。量化資料應確定要蒐集的方法，如運用問卷或測驗量表，應掌握問卷設計原則，如前所述或見本書第六章。如果是「標準化測驗」（standardized test）則應掌握該份測驗量表的信度、效度、記分方式、常模，以及指導語。在質化資料蒐集方面，例如田野蒐集資料，則應掌握其資料準確性、是否運用錄音機錄音、是否有其他文獻補充，以及是否可以事後查證等，以作為事後不同專家學者交叉分析的參考。

政策研究如已掌握研究資料屬性，就可決定資料統計方法。如果運用量化研究，則應將所蒐集的資料登錄為電腦檔案，作為統計分析基礎。目前 SAS、SPSS 統計套裝軟體很普遍，SPSS 已研發至 10.0 版，分析方式很簡單，亦容易進行。但進行資料蒐集應注意資料屬性（例如：資料是類別變項、次序變項、等比變項、等距變項等），以及如何讓資料屬性與統計分析方法配合等，都是政策分析者關心的重點，否則資料回收之後，會發現有

些資料無法進行分析。

㈣調查法特色

蓋樂普調查法的特色如下：

1.可具體蒐集政策問題，將問題具體的界定及說明。經由調查法可先掌握核心的問題，讓政策研究問題不再空洞、沒有研究的變項或缺乏問題核心。

2.可具體指出教育政策研究目的。研究都有所要達到的預期目的，經由調查可以了解不同的變項，例如年齡、年資、學校類型、學校規模等在不同問卷題目的反應。研究者以問卷進行研究，能達到掌握教育政策現況的預期目的。

3.可將研究目的轉為待答問題。將所要解決的政策問題轉為政策變項，並將研究變項再轉為研究假設，進行考驗。研究假設有統計假設及研究假設，前者有虛無假設及對立假設。虛無假設係指與研究結果相反者，研究者透過蒐集資料，將虛無假設推翻，因而接受對立假設。對立假設即為與事實或過去研究結果接近的假設。研究假設也有方向性及無方向性。假若政策研究所要考驗的某量數或某變項之間，有高於、優於、劣於、快於、低於等字言之陳述，則它是一個有方向性的考驗。例如「國民小學的女同學在社會科學習成就『優於』國民小學的男同學」，如果研究假設是以沒有關係、並沒有差異等說明，則是一種無方向性的假設。例如「居住在台北市的國民在生活所得與居住在高雄市的國民在生活所得上『並無差異』」。

4.可考驗研究假設變項。如果是量化研究應將研究問題變項界定，而調查法是量化的一種。因此在進行分析時將變項界定為何者為社會變項？何者為心理變項？變項量尺為何？例如名義量

尺、等級尺度、等距或等比尺度，則可以考驗變項之間的關係。

5.研究假設考驗。研究假設考驗是根據所蒐集的資料，在一定的統計資料屬性及統計分析方法的基本假設下所進行的考驗。

6.獲取結論明確。不管是接受考驗的假設或否定考驗的假設，都是研究結果。

以上是調查法特色，其中也有迷思，例如：1.將政策調查法等同於量化研究法；2.調查法應以大樣本才會顯著；3.太多的調查法在樣本取樣原本應「隨機取樣」卻變成「隨變取樣」等相關問題，細部問題可見張芳全（民92）在調查方法的說明。

㈤對教育政策研究的貢獻

此項研究方法對教育政策有以下貢獻：

1.以量化研究方法提供實證參考。此類教育政策分析客觀，政策研究成果具體，分析者適當運用可將問卷調查成果作為政策形成參考。

2.可了解各國教育政策發展，如果經由國際調查更能掌握各國教育發展及進行不同國家教育層級比較。

3.追蹤教育政策發展程度，了解教育政策發展問題。透過長時間的問卷調查，亦可以掌握教育政策發展情形，例如政策是否為民眾所支持或反對等。

4.掌握國家重要教育問題，提供研究基礎，俾建立教育政策理論。如從民眾意見了解教育政策滿意度、支持度及反對程度。

5.調查法讓教育政策研究補充質化研究的不足。調查數據也許無法完整提供政策執行成果或評估全貌，但數據會說話，它將補充質化政策分析的不足。

蓋樂普調查法是教育政策分析的一種研究方式，它有優點與

限制。這些限制包括：例如調查僅是短時間現象，並無法長時間了解社會現象，除非教育政策規劃者長時間調查；其次，調查耗費成本高，並不一定回收得到一定數量的問卷來進行政策分析；第三，調查法受到國情與地域差異，問卷內容填答會有不同，都是應注意的重點。

第四節　科際整合的教育政策分析

教育政策分析是一門跨學科的學門，它整合幾個主要學門，例如經濟學、統計學、行政學、教育學、政治學、社會學、行政法學、哲學等。茲將教育政策分析與這些學門關係說明如下：

一、教育政策分析與經濟學

經濟學強調的是以最少資源求得最大利益，研究範圍有成本、價格、市場、投資、經濟發展、職業結構與就業等。教育政策分析以學生及教育為主體，所以學生、學校或政府需要投入成本，投資者對成本投入需要有最大獲益。以個人而言，個人投資教育在日後獲得回報，或謀得職業，是個體關心、也是教育政策分析的議題。以國家觀點而言，教育是人力資本投資，教育能改善人力素質與勞動生產力。一九六〇年代教育經濟學興起，研究主題有教育成本、教育投資報酬率、教育市場、規模經濟等（林文達，民 76），這些主題對教育政策分析都有助益。

教育在於提高國家經濟發展及產業轉型。教育政策分析就是要了解，高等教育人力培育是否符合國家人力需求，同時個人投

資教育之後，是否會獲得較高的投資報酬率。此外，任何一項教育政策都是投資，投資需要成本，這樣的教育政策投資是否可改善經濟發展、帶動國家發展，也是教育政策分析要掌握的。

二、教育政策分析與統計學

　　統計學的目的是讓社會複雜現象簡化，讓吾人對社會現象更能掌握，亦即化繁為簡、提供更科學的方式讓人了解社會現象。教育現象是社會現象的一環，教育政策問題、教育政策形成、教育政策評估、教育政策執行以及教育政策的試驗等，都是教育現象的一種。政策分析者為了要將前述教育政策現象深入分析，並掌握教育政策現象，就需要運用統計原理。一般而言，統計學分為初等統計、高等統計、多變項統計學、統計學專題研究。以第一項而言，對於教育政策現象的集中量數、分散量數、百分等級、百分位數、卡方考驗等都是。第二項是相關分析、簡單迴歸分析、變異數分析、共變數分析、對數線型模式等。第三項是克服單一變項無法掌握社會複雜現象所設計，方法有集群分析、區別分析、因素分析、結構方程模式、多元尺度分析。第四項是針對某一種統計工具加以深入分析，例如時間數列分析，它對過去社會現象做有系統的觀察，並以過去現象發展趨勢進行未來樣本點觀察。

　　教育政策分析是一種方法，也是一種技術。教育政策分析人員應對前述統計學有基本素養，如此能運用統計技術與方法，更能掌握教育政策分析。有關這部分的相關內容可見本書第三章。

三、教育政策分析與行政學

　　行政學的主要研究內容為行政計畫、行政組織、行政領導、行政溝通、行政評鑑、行政預算、行政學理論、危機處理（秦夢群，民 90；謝文全，民 92）等。這些主題都與教育政策分析息息相關。教育政策分析主要在於分析教育政策如何形成？教育政策如何執行？教育政策如何評估？教育政策計畫、教育政策方案，以及教育政策在執行面對危機時如何處理？這都與行政體制有關。

　　教育政策分析在了解行政體系的計畫、組織、領導、溝通與評鑑等，如何進行政策分析。就如教育政策計畫是否可行都需要分析。在教育政策執行中的負責機關具有權責、專業人員、經費及執行能力等，也是教育政策要分析的主題。教育政策執行之後，需要進行評估與檢討，此時需要教育政策分析。換言之，教育政策分析與行政學之關係密切。

四、教育政策分析與教育學

　　教育政策分析主要在分析教育政策現象、教育政策形成、教育政策執行、教育政策評估與教育政策合法化問題，這些主題皆以教育為主體。教育學包括理論基礎與實務科目。前者如教育社會學、教育心理學、教育哲學等。後者如教材教法、課程設計、班級經營、教育法規、教育行政、教育經費、教育制度、學校制度等。前者是教育學的理論，輔助教育政策分析觀點與原理。而教育學實務面，則是教育政策分析對象，教育政策雖是國家教育方針，但方針確定之後，執行者卻是教育人員、校長、教師等。

教師在班級情境中是第一線的教育政策執行人員，而教育人員負責教育政策落實主體。因此教育政策分析要了解這些人員對教育政策的支持度、反對情形，及對教育政策執行順服度與願意配合執行程度等。易言之，教育政策分析應掌握這些人員的意向、態度、觀點、問題、價值觀、文化型態等。

五、教育政策分析與政治學

　　教育政策是政治的舞台。政治行為或政治體制決定教育政策形成、執行與評估方式，甚至政策發展方向。政治學的討論主題如政治民主化、政治社會化、政黨政治、政治文化、利益團體、政治支持、政治分析、政治體制、國際政治等，也都與教育政策分析有關。

　　教育政策的重要領域——教育政策立法與政治學有密切關係。民主國家教育政策的立法涉及政黨政治、人民遊說、立法委員在民意機關審查教育法案與預算案。教育政策立法過程透過教育法案提案、討論、三讀會、審查、公布、修正與廢止的過程（張芳全，民 89）。此過程中，持不同意識型態的政黨、黨團協商等都可能參與政策立法。這些現象對教育政策形成與規劃的影響，是教育政策分析所應掌握的。

　　教育政策形成可能受到壓力團體、利益團體、政黨屬性以及民眾的遊說、示威及遊行等影響，這些都是政治行為的一環。既然教育政策形成、規劃與執行受到行政行為影響，教育政策分析就要研究其對於教育政策的影響程度。

　　教育政策分析就在分析前述內容。尤其為何某一政黨會支持某一教育法案，其他黨則不會，這其中的背後原因、民眾支持、

選票壓力等都值得分析。又如教育政策立法的過程中，屬於政黨政治行為的一環，教育政策分析應分析前述的政治性分析。

六、教育政策分析與社會學

社會學主要的研究領域有社會制度、社會階層流動、團體組織、文化、社會化等，主要理論有結構功能論、衝突理論、詮釋學派。功能論強調所有組織都可視為一種系統，此系統下有次級系統，每個系統都可發揮系統的特殊功能（鄭世仁，民90）。教育系統是社會組織系統之一，教育發揮培育、養育、社會化與照顧功能。衝突論者認為社會存在著衝突，並無共識存在，因為社會強調「功績主義」，因而位於低層的社會人士受到功績主義影響，並無法發揮個體應有功能，因為社會區分太多系統，要能達到高層系統，會受到其他人限制。而詮釋學派強調前述二者過於制度與巨觀看待事物，往往忽略個人自我存在，因此強調自我存在價值的重要。

過去教育制度強調教育應發揮功能，例如社會適應、心理改變與學生行為改變等。而在文化制度上應發揮創新、繁衍文化與傳遞文化功能。政治制度應發揮政治社會化與培養人民民主觀念等功能。這些都以功能主義為出發點，甚少注意衝突論點與詮釋論點。

教育政策分析不能僅在教育領域做真空分析，因為教育與社會環境相結合。就如社會需要、產業界需要、民眾需要、家長需要都是教育政策形成所在。同時社會變遷帶來公共的社會與教育問題，教育政策問題必須解決，此時就需要教育政策分析。分析的重點有：何種環境影響教育政策執行？教育政策應採取何種社

會價值觀？是配合社會需要？或個人自我實現需要？亦或是社會
與個體都重要。

七、教育政策分析與行政法學

　　行政法研究領域強調行政執行力、行政組織、行政程序、公
務員體制、行政命令、行政處分、行政契約、行政執行、行政
罰、行政救濟、公法上的賠償義務等（吳庚，民84）。教育行政
是公共行政的一支，教育行政法是行政法的一環，教育政策分析
與行政法的關係密切。教育政策形成所需的法源依據、教育政策
執行的行政組織型態、教育政策執行的行政程序、教育政策執行
的公務員體系、教育政策執行的行政體制、教育政策執行後如有
行政機關違法或失職時對人民或團體的行政救濟，以及涉及到公
法上的賠償時應如何執行？

　　張家洋（民82）也指出行政法雖然並沒有一套完整法典，但
是行政法的研究範圍卻影響整個行政體制。因為行政法研究行政
機關法規、行政法效力、行政法關係的當事人、法治行為、行政
組織、行政機關、各級政府體制、公共團體、行政作用、行政職
權、行政處分、行政契約、強制執行等。這些研究範疇與教育政
策分析有密切關係。

　　易言之，教育政策分析在分析教育法案、教育政策形成、教
育政策執行與教育政策形成過程中的行政程序，以及教育政策規
劃對教育政策可能產生的行政結果，可能造成行政救濟等，都是
教育政策分析的對象。

八、教育政策分析與哲學

　　哲學是愛智之學，因為哲人愛智，所以人的思考就存有玄思與理性成分。哲學研究範圍有形而上學、知識論、價值論、倫理學、美學與邏輯學等（葉學志，民 77）。這些哲學領域，尤其知識論與邏輯學是教育政策分析的基礎。就如邏輯學有歸納法、演繹法、三段論法，都可以作為政策分析的方法。教育政策分析需要從很多個案中歸納教育政策法則，如此才可作為政策分析基礎。教育政策分析也會從理論中演繹出不同的思考方向，它有助於教育政策分析在觀點、角度、方法的運用。

　　哲學派別，例如實用主義強調學校教育應教授學生實用知識與觀念。存在主義強調教育過程應鼓勵學生自我意識、學生自我存在重要、學習自由與自尊重要。自然主義強調學生應回歸自然，給與學生自然成長空間。前述主義是教育政策形成與政策規劃時的參考基礎。

　　當然，哲學家的思想觀念也促動教育政策分析形式。就如杜威相信知識是控制環境的一種手段，能增進人類生活品質。在教育上反對權威式、傳統式的教學與依據記憶的學習方法，教育不只是心靈的啟發，學生也應學習各種手段工藝（葉學志，民 77，頁 232）。

　　從上可以看出，教育政策分析是一門科際整合的學門，研究教育政策分析應對這些學門有深入的認識。

本章討論問題

一、試說明教育政策分析的意義。

二、試說明教育政策分析研究典範。

三、試說明教育政策分析限制與步驟。

四、試說明教育政策分析取向。

五、試說明教育政策分析的研究方法。

參考書目

丘昌泰（民84）。公共政策——當代政策科學理論之研究。台北：
　　巨流。

朱金池（民85）。政策分析的本質與政策知識的應用。載於張家
　　洋（民84）主編之公共行政的知識議題與新趨勢（下冊），
　　429-447。

朱志宏（民80）。公共政策。台北：三民。

吳定（民87）。公共政策辭典。台北：五南。

吳庚（民84）。行政法理論與實務。台北：三民。

林文達（民76）。教育經濟學。台北：三民。

胡薇麗（民84）。社會科學研究與政策制定——知識應用面的探
　　討，載於張家洋（民84）主編之公共行政的知識議題與新趨
　　勢（下冊），453-471。

教育部（民90）。九二一地震教育園區籌建計畫草案。未出版。

教育部（民90）。中華民國教育統計。

張世賢與陳恆鈞（民87）。公共政策——政府與市場的觀點。台
　　北：商鼎。

張明貴（民87）。政策分析。台北：五南。

張芳全（民88）。教育政策。台北：師苑。

張芳全（民89a）。教育政策分析與策略。台北：師苑。

張芳全（民89b）。教育政策立法。台北：五南。

張芳全（民 91）。歷任教育部長的政策。台北：商鼎。

張芳全（民 92a）。教育政策導論。台北：五南。

張芳全（民 92b）。量化研究的迷思──從問卷調查法談起。國民
　　教育，17，35-42。

郭生玉（民 77）。心理與教育研究法。台北：精準。

秦夢群（民 90）。教育行政──理論與實務。台北：五南。

翁興利（民 85）。公共政策──知識應用與政策制訂。台北：商
　　鼎。

葉學志（民 77）。教育哲學。台北：三民。

鄭世仁（民 90）。教育社會學。台北：五南。

謝文全（民 92）。教育行政學。台北：高教。

Allison, B., Owen, A., Rothwell, A., & Timm, O.（1996）. *Research skills for students*. Kogan Page.

Ball, S. J.（1990）. *Politics and policy making in education—Exploratons in policy sociology*. London: Routledge.

Black, R. T.（1999）. *Doing quantitative research, design, measurement, and statistics*. London: Sage publication.

Bruno, J. E.（1976）. *Educational policy analysis: a quantitative approach*. New York: Crane, russak & Company, Inc.

Dewey, J.（1933）. *How we think?* New York: The Free Press.

Downey, L. W.（1988）. *Policy analysis in education*. Alberta: Detseling Enterprises Ltd.

Dunn, W. A.（1994）. *Public policy analysis: An introduction*. Englewood Cliff. New Jersey: Prentice-Hall.

Dye, T. R.（1981）. *Understanding public policy（4th ed.）*. Englewood Cliffs, N.J.: Prentice-Hall.

Gaynor, A. K.（1997）. *Analyzing problems in schools and school systems: A theoretical approach*. Boston: Boston University Press.

Havelock, R. G., & Huberman, A. M.（1978）. *Solving educational problems: The theory and reality of innovation in developing countries*. Praeger publishers.

House, P. W.（1982）. *The art of public policy analysis—The arena of regulations and resources*. London: Sage publications.

Jenkins, W. I.（1978）. *Policy analysis—A political and organizational perspective*. New York: Stmartin's Press.

Kaufman, R.（1996）. *Educational planning strategic tactical operational*. Technomic Publish Co. Inc.

Kirk, R. E.（1995）. *Experimental design procedures for the behavior sciences（3rd）*. Pacific Grove: Brooks.

Krone, R. M.（1980）. *Systems analysis and policy science—Theory and practice*. New York: Toronto.

Lindblom, C. E., & Woodhouse, E. J.（1993）. *The policy-making process*. Englewood: Prentice-Hall.

Majone, C.（1989）. *Evidence, argument, and persuasion in the policy process*. New Haven: Yale University Press.

MacRac, D. J., & Wilde, J. A.（1979）. *Policy analysis for public decision*. North Scituate, MA: Duxbury Press.

Nagel, S. S.（1984）. *Public policy—Goal, mean, and methods*. New York : St. martin's press.

Meltsner, A.（1976）. *Policy analysis in bureaucracy*. Berkeley: University of Galifornia Press.

Nagel, S. S. （1984）. *Contemporary public policy analysis*. The University of Alabama Press.

Patton, C. V., & Sawicki, D. S. （1993）. *Basic methods of policy analysis and planning*. Prentice Hall.

Portney, K. E. （1986）. *Approach public policy analysis: An introduction to policy and program research*. New Jersey: Prentice-Hall Inc.

Quade, E. S. （1975）. *Analysis for public decisions*. New York: American Elsevier Publishing Co.

Stokey, W., & Zeckhauser, R. （1978）. *A primer for policy analysis*. New York: Norton.

Webber, D. J. （1992）. *The distribution and use of policy knowledge in the policy process*. New Brunswick: Transaction publishers.

Weimer, D. L., & Vining, A. R. （1999）. *Policy analysis—Concepts and practice*. Prentice-Hall.

｛第二章｝
教育政策分析向度

本章學習目標

一、能說出教育問題的重要性、類型與分析的重點。

二、能指出教育政策審議的類型。

三、能指出教育政策規劃步驟。

四、能指出教育政策規劃的分析重點。

五、能指出教育政策執行分析的重點。

六、能說明教育政策立法的步驟。

七、能指出教育政策立法的分析重點。

八、能指出教育政策評估的類型。

九、明確指出教育政策評估的前置作業。

學者 Anderson（1979）在《公共政策決定》（*Public policy-making*）一書中指出政策歷程有問題形成、政策形成、政策採用、政策執行、政策評估等五個階段。林水波與張世賢（民85）在《公共政策》一書中認為公共政策分析應掌握五個重點：問題認定、政策方案規劃、政策合法化、政策執行與政策評估等。因此，本章將說明教育政策分析的五個重要向度，即教育政策問題分析、教育政策規劃分析、教育政策合法化分析、教育政策執行分析、教育政策評估分析。在進行政策分析時，可以依此流程針對任何一項的教育政策進行分析。

（第一節） 教育政策問題分析

教育政策分析的主體是以政策問題為主。沒有教育政策問題，就沒有政策分析的對象。因此教育政策分析的第一個步驟要了解，所要分析的教育政策問題為何？教育政策問題的對象為何？教育政策問題重要性為何？教育政策問題涉及哪些層面？如何認定教育政策問題等。本小節將討論這幾個議題。

壹、教育政策問題

哪一種情形才算是教育政策問題呢？教育政策問題是在教育或社會情境中讓民眾、師生及行政人員感到不安、困擾以及影響身心狀況的一種情境歷程與結果。這種教育政策問題所涉及的對象是大多數學生、教師及社會大眾，才算是教育政策問題。也就

是說，教育政策問題有下列特點：1.以學生及教育人員為主體；2.具有時代背景，不同的時代有不同的問題；3.教育政策問題可能無法具體呈現，但是可以經過專業人員及過程進行建構與認定；4.教育政策問題複雜，影響因素多元；5.它是「公眾的問題」，非「個人的問題」。

教育政策問題產生的主因是社會體制或民眾對社會制度（包括教育、文化、政治、經濟、國防等制度）認為無法滿足其需求，無法滿足社會需求，所導致的社會產物。政策問題是一種社會問題歷程，也是社會產物，受到環境變遷與人民的觀念改變，而有不同的問題，所以社會問題是動態性的。無法滿足社會需求，可能是因為社會變遷，導致現有社會制度無法滿足民眾需求；也可能是技術變革，導致新環境需要新技術，但現有環境無法提供，因而產生問題；也可能是新的政黨執政，在黨綱前提下，需要調整國家的政策方向，在政黨適應階段，無可避免的也會產生問題；也有可能是國家經濟發展快速，舊有社會制度無法滿足現代社會需求，造成社會問題。林水波與張世賢（民85）認為政策問題具有：1.相互依賴性，即可能教育問題與經濟問題相關聯；2.主觀性，即可能因為不同人員的認定，而有不同；不同的時空也有不同問題；3.人為性，即問題是由人產生，也需要由人來解決；4.歷史性，即問題會反映時代的背景與特色；5.動態性或不確定性，即問題可能會隨時空變遷或人員不同而有不同，另外問題涉及範圍大者，要能解決也較為不確定。這些特性都說明政策問題的複雜性。另外，政策問題是一個問題事實，並非杜撰、空泛以及無意義的議題。

在分析教育政策時應了解教育政策問題的特性。教育政策問

題有以下特性：1.教育政策問題具有公共性，如果是個人的教育問題，並不算是公共問題，因此不屬於教育政策問題。2.教育政策問題會影響受教主體與社會大眾的身心狀況。3.教育政策問題具有時空性，也就是表示會因時代背景，以及地域不同，而有不同的教育政策問題。就如民國八十三年以前師資培育一元化，而師資培育多元之後，卻造成師資供過於求的問題，民國九十二年七月媒體報導有十萬教師無法在職場上找到工作（中國時報，民92.7.20），這是過去一元化培育所未能面對的問題。另外民國九十二年八月一日施行的師資培育法修正條文，其中修正了實習改為半年、實習津貼取消、實習生應繳四個學分費等亦將衍生不同的問題。4.教育政策問題具有目標與問題導向，也就是教育政策問題的解決，需要明確的教育政策目標，同時教育政策所解決的是公共教育問題，因此要有具體的方案與策略才可達到預期的目標。5.教育政策問題具有主觀性，即教育政策問題因不同行政機關、不同教育政策分析或規劃人員或專家學者的不同價值觀，對問題會有不同看法。

貳、教育政策問題對象分析

分析教育政策問題應掌握究竟問題涉及對象為何？教育政策分析對象有：教師、學生、教育行政人員、政策利害關係人、家長。教育政策分析者應掌握以下幾個重點：

1.對象是學生或是教師，還是教育行政人員或家長？政策分析的對象應明確界定，否則政策要解決的問題就失去主體。

2.涉及對象是特定或弱勢族群呢？例如教育政策問題是涉及

原住民、特殊教育學生、國民小學學生、國中生、高中生、高職生、大學生或研究所學生？抑或是不同等級教師的問題？簡言之，政策問題應明確指出該問題所涉及對象為何。

3.涉及對象是否受到地域上、社會階層或性別差異的影響？教育政策分析者應掌握。就如該項教育政策問題是要解決偏遠地區的學童問題，或是要解決離島地區的教師流動問題？或是該教育問題是要解決低社會階層的學生問題，例如高級中學就學貸款辦法貸款的對象是以低收入戶為主。

4.政策利害的關係人為何？有哪些的政策利害關係人是受到此項教育政策影響，其利害大小為何？

總之，教育政策分析的對象應針對教育政策影響主體（學生或利害關係人），以及客體（如教育行政人員、家長）進行分析。

參、教育政策問題的重要性

政府資源有限，無法解決所有的教育政策問題。因此，政府要解決何種教育政策問題應有優先順序、輕重緩急、機關先後等。嚴重的教育政策問題，政府應優先解決；反之，則可以納入長期的政策計畫之中，日後一一解決。但何種才是重要的教育政策問題呢？

重要的教育政策問題具有幾個特性：1.影響層面廣——例如大多數的學生身心狀況、社會大眾壓力、經濟條件無法改善（如投入更多的教育經費亦難以解決）；2.涉及對象多且複雜，除了學校學生、教師、教育行政人員之外，亦有家長、產業界等；3.要投入較多資源才能解決，例如經費多與處理人員多，才可以解

決政策問題；4.需要高度及多樣的專業人員處理解決；5.政策評估時間較長——無法短時間就完成；6.政策形成過程在資源配當、決定、標準設定應更周延；7.問題複雜度較高，並無法運用簡單的程式或公式進行簡化；8.政策期程可能較長，並非短期內可以解決，就如一個國家的政策指導方針；9.政策問題與國家發展計畫密切度高，則也較具重要性。

　　問題的重要性除與前述幾項特性有關之外，政策問題重要性與當時政策情境（例如：是否為行政首長所列的優先政策項目？）、當時對問題急迫性（例如：已有很多的學生受到身心傷害）與危險性也有關。教育政策分析者應針對政策問題的優先性進行排序，如此才可以讓重要的問題進入政府的議程，形成政策草案、計畫與方案等。

肆、如何認定教育政策問題

　　教育政策問題多元且複雜。教育政策分析應將教育政策問題複雜度減低、不確定降至最低、風險性減少、可行性增加、具體性提高，也就是使複雜政策問題簡單化，便於教育政策分析。這便涉及如何認定教育政策問題。認定教育政策問題的方法有很多種，說明如下：

一、個人直觀臆測認定問題

　　教育政策分析人員依其專業、經驗、知識、價值觀、對組織忠誠度或政策規劃機關所需情境，認定並提出政策問題、形成政策。專業學者或行政人員經由經驗、知識、專業、技術或過去政

策執行結果等，提出問題、建構問題。這種直觀認定問題方法，易產生對問題有主觀性與地域或機關的門戶之見，也易產生本位主義，造成以管窺天的問題。但直觀方式易產生政策問題，也就是政策分析者提出意見、觀念、想法或建議，都可視為政策問題認定。

二、腦力激盪認定問題

此方法是透過五至十位小組成員討論，針對一項議題，無窮盡的討論，激發所有參與此團體的人員進行思考各種問題面向，將所有可能政策問題都提出來。進行腦力激盪應注意：進行討論之中不可任意批評他人所提出的意見、鼓勵所有成員，並激發成員提出不同意見、運用創造力使不合宜或離譜意見也都能被討論，最後再將團體成員所有意見或問題進行整理組織。

三、正式會議認定問題

正式會議討論是經由行政機關或是研究機關，基於教育政策問題的需要進行討論。正式會議討論係針對該政策問題，研擬政策議程於會議中進行討論；會議中凝聚共識，讓政策問題得以聚焦。正式會議討論應注意幾要點：1.會議討論一定要有正式議程；2.邀請對象應周延，就如專家學者、機關、社會大眾、精英、意見領袖、主政者、政黨代表、學生代表、教師代表、產業代表等應周延；3.討論之後一定要有決議，決議之後應發函給相關教育行政機關、教育政策分析與行政人員，作為政策問題認定參考。

四、電腦模擬認定問題

教育政策問題的認定或分析也可以利用電腦方式模擬。例如政策分析者如果蒐集到一份教育情境的資料，它可能是一份問卷調查表、一份官方的統計資料（例如：中華民國教育統計、行政院主計處每年發布的社會指標）等，將所要的資料及可能面臨的問題一一列舉，運用官方資料或蒐集資料，經由電腦模擬，認定政策問題。

伍、教育政策問題要素

教育政策分析宜掌握政策問題。掌握教育政策問題，更應該掌握教育政策問題要素，如此在進行政策分析時才不會霧裡看花，愈看愈花，或陷入見樹不見林的困境。教育政策問題要素為何？即「六W」（行政院研考會，民77）：為何（why）會有此教育政策問題？這個問題如何（how）產生？這政策問題在何處（where）發生？這樣的政策問題內容（what）所代表意義為何？這個政策問題是何時（when）發生？這項政策問題是涉及到何人（who）？易言之，這些都是教育政策問題分析應掌握的重點。

一、爲何（why）？

為何有此教育政策問題？是否需要進行政策制定才能解決該項問題？如果要制定政策，其政策問題緣起與依據為何？例如我國的教育政策應以憲法與民意為依歸。政策分析者應深入了解為何此問題會發生？例如：1.民眾需要；2.技術變遷需要；3.政黨

政治需要；4.解決民眾困擾的需要。如果已制定完成的教育政策，應分析教育政策目標為何要如此訂定？它是否與預期要改善的問題與要達到的方向接近？教育政策涉及的政策標的團體為何？為何是由某一特定的組織負責執行？為何不由其他的教育行政組織執行？教育政策為何會有此效果？政策為何需要這些經費？為何要運用政策配套方案等。

二、如何（how）？

主要在分析教育政策問題如何產生？例如：1.人民陳情；2.行政官員研擬的政策；或是3.上級機關交辦的政策。如果政策制定要進行，要有多少專家學者、社會大眾、行政官員的參與；政策如何達到政策目標？是透過由上而下的行政運作模式，還是由下而上的行政運作？如何讓此政策問題更具體明確，以便納入教育政策議程？也就是，在考量政策如何運作時須考量技術層面與實務層面的因素。

三、何處（where）？

此向度主要在分析政策問題是在哪裡發生？是否有地域上的差異問題？地域之間的政策問題是否相同？政策問題在不同的地域與環境如要進行規劃，所要解決的範圍又有哪些？

四、問題內容為何（what）？

主要在分析政策問題的性質為何，是高等教育政策問題？中等教育政策問題？國民教育政策問題？教育經費分配問題？高等教育政策問題中的大學自主？經費自主？抑或是校長遴選政策問

題？也就是說該政策問題性質所代表的意義為何？

五、何時（when）？

它要告訴政策分析者此政策問題是何時發生？目前的問題與過去的問題是否一樣或不同？現階段的政策問題可能影響力有多少？目前的政策問題複雜度為何？如果要制定政策來解決此問題，應該在何時完成較易解決此問題？

六、何人（who）？

它要告知政策分析者，此政策問題影響何人？也就是其標的團體或個人是誰？此政策問題是何人提出來？是專家學者或是其他的政府機關？此政策問題如果要制定政策解決應由何人來規劃？政策設計的方向又應以哪些標的人口或政策利害關係人為對象呢？

第二節　教育政策規劃分析

壹、教育政策規劃

一、政策規劃的重要、原則與步驟

公共政策規劃旨在政策形成之後，隨即提出因應的具體方案、法案、配套措施，以及策略總稱。它是由上位的政策目標概

念而來。政策規劃讓政府執行政策更具體與明確，也讓政策所需要的各種人、事、時、地、物等資源能明確列舉，讓政策完整呈現。民國八十九年的行政程序法第五章第一百六十三條規定「本法所稱行政計畫，係指行政機關為將來一定期限內達成特定之目的或實現一定之構想，事前就達成該目的或實現該構想有關之方法、步驟或措施等所為之設計與規劃」。第一百六十四條規定「行政計畫有關一定地區土地之特定利用或重大公共設施之設置，涉及多數不同利益之人及多數不同行政機關權限者，確定其計畫之裁決，應經公開及聽證程序，並得有集中事權之效果」。

　　換言之，政策計畫與政策規劃不同，政策計畫是一種結果，也是一種活動。行政院研考會（民72）指出長程計畫為七年或以上、中程計畫為三至六年、短程計畫為二年以下。行政院亦規定一般行政計畫由行政院研考會管制考核，而經濟建設計畫由行政院經建會負責管制考核。而政策規劃是一種過程與活動，吳定（民87）就認為政策規劃是指為解決已經由政府分析人員確定的問題，而非未經由認定的問題。政策規劃運用問卷法、次級資料分析法、訪問法等方法；它更是以選擇適當政策為導向的歷程，原則上政策規劃是理性過程。

　　教育政策規劃應掌握幾項原則：1.多數獲益原則，即以多數學生、教師或行政人員權益為主；2.個別差異，即有多數人員考量，亦應注意不同族群差異，就如特殊教育學生與原住民學生應有個別差異；3.公平原則，即應讓所有的受教主體得到應有的教育機會；就如九年義務教育就是要讓所有的國民有同樣九年的教育機會；4.合理原則，即教育政策規劃應以可行、具體與合理為考量，就如有多少教育經費預算，規劃多少教育政策，不可畫餅

充饑；5.地區差異，即不同的地區應有不同的教育政策待遇，就如台灣的斷層地帶、偏遠地區或離島地區應給與積極性的差別待遇；6.優先順序原則，重要的問題應優先規劃；7.學習他國優良的教育政策經驗。例如 Guthrie 與 Reed（1991）指出美國的教育政策一直以來就朝著公平、效率與自由的方向在保護所有學生。因此二次大戰後，在教育機會公平上，美國政府就提供更多的機會給所有國民，例如一九六〇年代提供雙語教育給外籍人士，以及增加更多教育經費，以及一九六〇年代中葉的補償教育（compensatory education）。在效率上，有零基預算、在學校應用目標管理，以及能力本位的師資培育制度；而在自由上，美國政府補助更多私立學校與讓教育資源分配更均等。因為前述的教育政策發展，一九五五至一九八〇年因而有社區控制運動、另類學校以及教育行政分權產生，影響到後來的教育政策。這些經驗或有可供我國學習與借鏡之處。

Havelock 與 Huberman（1978）認為訂定教育計畫有幾個步驟：一是定義需求；二是界定目標；三是分析期望結果；四是分析預期利益；五是分析財務成本；六是分析預期非財務成本；七是估計人力需求；八是估計材料需求；九是界定計畫所需的組織結構；十是畫出組織要進行的計畫進度圖；十一是畫出計畫中每項要進行步驟進度之關係；十二是對計畫所需時間、成本及財務進行整體分析；十三是界定評估程序；十四是界定計畫程序所要進行的策略。

Havelock 與 Huberman（1978）也指出一個國家進行政策規劃（計畫）有以下結果：一是使教育政策執行更為快速，並降低錯誤及減少執行成本，且得到計畫以外的非預期效果；二是更理性

運用有限資源；三是確保政策計畫執行，以配合了解先前計畫願景之達成；四是告知社會大眾，政府將要進行何種教育政策或告知社會大眾了解政策的重要性，或告知政策執行機構在計畫階段要進行何種策略；五是評估方案成果是否達成與每個階段有關的目標？

綜上所述，政策規劃的步驟應先掌握政策問題；其次是了解政策問題（民眾需求，須為顧客導向）與預期效果差異多寡；第三，進行政策方案研擬；第四，從第三步驟的較多方案中選出較適當（擇優）且可行的方案，最後將政策規劃合法化，以利後續執行與評估。

相對的，如未能提出政策規劃，也有以下結果：一是無法明確掌控資源，無法了解政策執行之後的進度與成效；二是對政策執行規劃人員及資源無法有效分配，造成政策無權責單位及無人管理；三是對政策規劃執行之後的每個階段，沒有標準衡量是否達到預期成果；四是沒有政策規劃，將無法告知社會大眾及官僚體制的政策執行人員要執行何種政策、如何進行，以及如何分配政策任務。最後，沒有政策規劃將無法讓政策延續。若干政策具延續性，如沒有政策規劃指引，將會形成人去政去、人在政在，因而讓政策無法延續執行。

二、政策規劃分析重點

教育政策分析應掌握政策規劃方向。理性主義認為要制定一項公共政策，就要遵循一些步驟：1.了解社會中的所有價值偏好；2.發現所有可能採行的方案；3.洞察每一個政策方案可能產生的後果；4.考慮若採行甲方案，對其他的方案是否會產生不同

的後果；5.從社會價值與利益觀點，選擇一個成本最低、獲益最高的方案（魏鏞、朱志宏、詹中原與黃德福，民81）。在政策規劃中如果有藍本，將可以具體的分析政策。行政院經建會（民90）對於年度施政計畫先期作業要點明白指出，計畫分析應掌握幾項：1.計畫目的與效益──政策目標何在？2.計畫性質──是年度新增或年度性的經常業務；3.計畫依據或編訂的理由為何？是為了國家長程計畫，或僅是行政首長意念？4.計畫實施策略步驟與重要工作項目；5.所需經費概算為何？經費項目計算方法與標準為何？6.計畫是否有替代方法或是不採行理由。至於政府中長程計畫格式，見本書附錄。申言之，教育政策分析者對政策規劃分析，應考量以下向度：

㈠教育政策規劃周延性

政策規劃是否已將所要解決的政策問題、政策目標、政策標的人口、政策資源、權責機關分工等納入至政策規劃。政策規劃對政策執行人員分配、有關機關權責問題、資源及經費分配及來源、政策可能面臨問題等都須掌握。

㈡教育政策規劃可行性

政策規劃的可行性有政治可行性：是否與政治體制配合？是否符合政治文化？技術可行性：專業人員是否充足、專業機構能力足夠？經費或財務可行性：經費是否不足？需要運用其他的資源與否？道德可行性：此政策是否會違反多數人的認知？政策目標及策略的可行性等都應分析。

㈢教育政策規劃創新性

政策規劃旨在解決政策問題，政策問題解決的前提並不一定要有新的解決策略。創新性係指政策規劃除了是否能提出明確政

策願景，並讓此願景與過去政策結合之外，更可以針對未來社會需要、國家需求及人民的需求提出新願景。

㈣教育政策規劃合理性

須考量政策規劃根據為何？這樣的根據是理論基礎，也是一種現實需求。以理論基礎而言，政策規劃是否符合法令規章需要；以現實情境而言，政策規劃是否合於國家需求，也合於社會需要等。此外，政策規劃的哲學基礎、社會學基礎、行政學基礎何在？

㈤教育政策規劃效益性

政策規劃所形成的政策在執行之後，可能的產出與成果。易言之，此政策如執行之後，是否可達到政策目標？執行之後，預期目標與實際目標差距多少？政策執行之後，有無非預期效果？如果沒有此效益，政策是否就不實施？

以上都是教育政策分析者在規劃政策時應注意的重點，當然政策規劃理由、依據、政策規劃經費，以及是否有替代教育政策方案，也是分析者應掌握的。

貳、教育政策審議

一、政策審議的目的

教育政策審議旨讓政府單位提出教育政策之後，為讓教育政策執行度提高、教育政策問題減少、教育政策成本降低或讓教育政策更能與執行單位溝通，因此就有審議機制（或稱為教育政策審查制度）。政策審議主要在讓政策形成之後，可以經由行政機

關之間、專家學者之間、教育政策分析人員之間，透過公開及面對面的辯論、分析、審查，讓教育政策形成之後與執行之前，有更完整與具體的呈現。透過教育政策審議能達成以下目的：

㈠作為政策的溝通橋樑

提供政策讓有關單位分析，讓相關單位了解政府即將或正在進行何種政策，以減少政策執行過程的衝突。

㈡作為政策執行前的參考

在政策執行之前，先行邀集各有關機關及專業人員進行政策的分析，讓政策在執行前，可先將政策可能面臨的問題先行列入考量。

㈢作為不成熟政策修正與調整的參考

審議的目的在讓未成熟的政策可以在專家及機構的腦力激盪下，提出政策的修改意見，讓政策可行性提高。

㈣降低政策執行風險

透過政策審議讓政策可能面臨的問題在審查會中討論，讓重要的問題浮現，並事先模擬與預防，避免政策執行後的反效果。

㈤尋求政策資源支持

政策審議透過公開會議，讓行政機關之間了解政策所需要的資源，同時可讓其他機構提供應配合的資源及人員，讓政策順利執行。

㈥政策執行人員及權責分配參考

政策審議的重要目的在分配政策執行的權責輕重。透過審議，政府可以分配政策內涵中所涉及的方案與規劃，也就是透過審議讓政策的權責劃分。

簡言之，政策審議是從不同機關、專業人員、不同角度及觀

點，來了解此政策的可行性，最終的目的在形成共識與讓政策在合法化與執行上更為順利。

二、審議方式與機構

審議方式如果從政策形成流程而言，是政府機關已將具體可行的教育政策選定之後，讓政策風險性降低，所進行的審查與分析。從審議類型而言，有以下幾項：1.專家學者審議；2.機構內部審議；3.機構之間的審議；4.行政人員審議；5.政黨審議；6.公共輿論審議；7.學術專業團體審議；8.民意機關審議。

㈠專家學者審議

專家學者從其專業領域，提出對該項政策的意見及看法，其優點在於深入分析政策，缺點在於專家學者可能會有見樹不見林的問題。

㈡機構內部審議

指提出政策的單位，自行依據行政程序所進行的審議。就如教育部內部在進行重要的教育政策時，都會經過部務會報，經過各業務單位及人員，以行政機關的角度審查。其優點是機構內部審議易於充分溝通，且較易進入政策了解的情況。其缺點在於可能本位主義，無法宏觀了解整體國家政策。

㈢機構之間審議

指政府在提出政策之後，為求審慎，上一級單位或提出政策單位，邀集相關單位共同研商，審查該項政策的可行性及相關問題。其優點是不同單位依其觀點及立場深入分析該項政策，政策考量較為周延，但缺點是易造成各說各話、外行審查內行的問題。

㈣行政人員審議

指的是進行規劃政策,或在政策形成時,參與政策制定者的人員所進行的審議。是類審議優點在於易掌握政策的各種狀況,但缺點則在於易有各單位、機關與個人或行政首長的本位主義產生。

㈤政黨審議

它是由執政黨依其執政的權限,進行執政當局所提出的政策審議。其優點在於黨政一元化,可以讓政策執行問題減少;其缺點在於政黨會以利益考量,不會以多數人的利益考量。

㈥公共輿論審議

它是透過民眾參與政策的過程,了解政策意涵,所提出的政策意見。就如政府在提出政策時,應舉辦公聽會或是與民間對話的機制。因為民眾參與而了解政策,提出對政策的看法及觀點。其優點是政策參與人員增加,可以讓政策更為透明,人民更易了解政府施政,並支持施政,但其缺點是此種審議耗時、成本高、加以參與審議人員素質不齊,並無法對政策深入分析。

㈦學術專業團體審議

它旨在讓民間、大學校院或是學術團體針對政策進行審議。學術團體具有專業的政策專家,不但具有質化與量化的分析技術,且能以專業及宏觀的角度進行政策審查。此項審議的優點在於審議人員屬於政策專家,可以其專業思考點審查,其缺點在於可能過於專業,無法考量政府運作的實際狀況,因而有學術社群與實務社群之間的政策知識差距產生。

㈧民意機關審議

在民主國家,民選公務人員對於政策之形成、制定及執行具

有監督之責。因此不管是中央或地方的民意機關，都對於行政機關所擬定的政策具有審查及監督責任。例如：我國每年度教育部預算案都會經過立法院三讀審議、三讀表決通過之後才可以動支。民意機關審議政策的優點在於政策更與民眾結合，避免行政機關專斷，但缺點在於民意機關委員如果素質不齊，對急迫性的政策，將無法杯水車薪；同時民意機關對於政策審議常有利益團體、政黨左右、遊說團體與民意選票的考量，容易形成政治分贓，民眾並不一定能獲益。

第三節　教育政策合法化分析

　　教育政策分析需要掌握教育政策是否合法化？教育政策合法化是教育政策執行基礎。如果教育政策沒有合法化過程，就不算是教育政策。政策合法化的意義是教育政策為社會大眾接受、政府將該項政策問題納入議程、政府行政首長對方案支持或獲得正當程序的一種過程，這些內涵都是政策合法化。就廣義而言，教育政策合法化是教育政策取得政治合法地位、讓不同政黨認同以及讓主政者支持。就狹義而言，教育政策合法化主要是以教育政策立法為主，也就是說教育法案經由行政機關的提案，法案審查，民意機關的一讀會、二讀會、三讀會，國家元首公布等歷程（張芳全，民89）。教育政策合法化是教育政策法案經過民意機關嚴格審查，所取得合法地位。

　　本節所指的是後者。在教育政策分析之中，教育合法化所要分析的是教育政策立法時機、為何要立此教育法案？教育法案立

法之後應如何分析，讓該項教育法案更為具體可行？此外，教育
政策合法化的內涵包含教育經費預算案，執行教育預算案也需要
民意機關合法化。也就是說，該法案在行政機關審議、民意機關
審查等都是教育政策分析重點。

壹、教育政策立法分析

一、為何要教育政策立法？

　　立法有其重要性，政策立法有其益處，不同法案對不同社會
團體、機關與對象，有不同立法作用。一般而言，立法目的在於
維持社會秩序、保障人民權利與義務、強制或懲罰違法失職者、
促進社會和諧與進步等。周旺生（民77）認為立法有以下益處：
1.使立法活動取得預定的社會效果；2.使立法工作成為社會意義
的法律文件；3.限制不必要的法律創制活動；4.使各機關有參加
法律創制工作的準備；5.消除法律創制工作或分散的問題；6.使
國家機關工作劃一協調；7.使政策研究與立法發展的研究配合。

　　教育政策立法原因有：1.關心教師、學生或大眾的權利與義
務，需要經由法律來保障者，就如民國八十六年的教師輔導學生
管理辦法就是關心學生權益，民國八十四年的教師法則規定教師
的權利與義務；2.關心機關組織的變革與調整，需要經由法案讓
機關組織有法源，就如對學校或新建置組織提出教育法案；3.機
關組織為了推行某些重要教育政策、計畫或方案，需要透過法案
配合者，此時亦需要經過民意機關立法，讓該項政策、計畫或方
案具有法源；4.其他應以法訂定之重要事項，例如公文程式條例

等。

簡言之，教育政策立法的原因在於保障教育主體的權利與義務、為教育制度提供適當的經營方式、提供教育體制的罰則。

二、立法草案的研擬分析

當教育法案已經進行草擬或起草階段時，就應掌握研擬政策需要立法機關所擔負的責任。Zander（1990）指出有幾項責任應擔負：1.掌握時機（timeliness）；2.立法程序應合法（procedur-allegitimacy）；3.法制應調合（legal compatibility）；4.掌握法律效果（legal effectiveness）；5.立法應明確（certainty）；6.簡明清楚（brevity）；7.清楚易了解（comprehensibility）；8.容易接受法規（acceptability）；9.草案可辯論（debatability）。此時教育法案的草擬分析應該注意幾個重點：1.所擬具的法條是否完備？2.所擬具的法案是否找出其法案的位階？3.是否已找出該項法案的立法目標？4.該法案草擬的教育政策專業與法律專業人員是否充足？5.草擬階段的法案是否經過完備、詳細與周延的討論；6.法案草擬是否具有法制的要求？

三、草擬完成之後的法案分析

草擬完成之後的法案是一種草案，此時教育主管機關應針對草案進行分析。這階段的分析重點有幾項：1.立法目標是否明確與具體？2.立法法案位階是否已定位清楚？3.法案法源是否明確？4.法案所涉及對象是否具體且不含糊？是針對教師為主立法？或是以學生為主的立法？或是以教育人員為主的立法？或是針對教育體制的立法？5.法案的章節條款是否清楚明瞭？6.法案

體例是否正確？例如是否依據民國五十九年政府頒定的中央法規標準法的相關規定制定？7.是否已完成公開的聽證會？

　　例如在法律目次的編排應掌握幾項原則：1.法規的條文繁多者，常先分章，章下再分節；2.法規條文如繁多者，常於章下分節，如無分節之必要者，則不意強為分節；3.法規編次、章次、節次、款次與目次之次序數不用大寫；4.章節名稱應簡潔有力（羅傳賢，民85）。

　　在政策立法中重要的一環是聽證會或公聽會。主要是提出政策的立法政策機關、民意機關公開的與立法利害關係人、團體、專家學者、民意代表與行政官員等，進行意見交流的管道。如果此種是在行政機關舉行，則稱為法案聽證，如是在立法機關則稱為立法聽證（李建聰，民89）。

四、教育法案執行分析

　　教育法案執行之後，常面臨無法與所要規範的主體需求一致。這些主體可能有師生、教育行政人員與教育行政機關。因此，教育法案如果無法符合個體及體制需求，此時就應進行調整。當然，如果教育法案執行之後，有可能需要進行調整，就必須進行分析。教育法案執行之後的分析，應掌握以下幾個重點：

　　1.教育法案執行之後，是否已達到規範或政策目標。例如教育經費編列管理法規定教育經費應不得低於前三年歲入決算的平均值21.5%；政策分析者應掌握。尤其是關係受教主體、教師及教育行政人員的權利義務者。

　　2.教育法案執行之後，整體的文字與條文是否與現狀相違背？

　　3.教育法案執行之後，所規範的主體、政黨、機關是否相互

扞格，不願配合？如是，政策分析者應掌握這些標的團體為何不配合？不接受教育法的規範？

4.教育法案執行之後，保障所要規範的主體與否？同時是否也對不遵守教育法規者給與適當的罰則？換言之，教育法規對於消極的規範與積極的目的是否已達到？

5.教育法案是否與其他的行政法案、命令、辦法、教育法等有牴觸，此時就必預要廢止教育法。

6.教育法案執行之後，發現與現有法規重疊，且前後矛盾者或不合時宜者，此時需要進行法規的增、刪、修正。

總之，教育法案執行之後，主要在保障人民、學生的學習與受教權，提高人民對於教育體制的認同，同時對於違法失職者可以透過教育法案規範，因此，教育法案的執行與分析，在教育政策分析之中是不可或缺的。

貳、教育預算案分析

教育政策分析的另一個重點在於分析教育政策所投入的經費是否適當？以及是否投入經費產生浪費等。在此要分析的層次分為三項，一是在教育行政機關編列年度或中長程計畫的政策經費預算，應分析哪些重點？二是教育經費案要經過民意機關時應掌握的重點；三是教育經費案經過執行之後，應該分析哪些內容？說明如下：

一、教育行政機關規劃的分析重點

教育經費是否能爭取到年度預算，必須要有行政或政策計畫

為依據。易言之，教育經費案的分析從教育政策計畫的內涵中分析。分析向度如下：

　　1.教育經費是否與政策計畫期程相當？有無超出計畫期程者？

　　2.教育經費是否與計畫內容中的配套措施相符合？

　　3.教育經費是否有財務分配計畫，即年度或每月的經費執行進度？

　　4.教育經費是否有管制執行成效制度？

　　5.教育經費是否能將政策計畫所需購買或投入的項目，分項舉列？

　　6.本項的教育經費是否能與其他的政策計畫經費相配合？

　　7.教育政策計畫經費是否有重複編列？有無浮報情形？是否依據預算法與決算法的相關規定執行？

　　總之，教育經費分析在執行之前，應確定其計畫內部的合法地位。

二、教育預算案經民意機關的分析重點

　　教育政策計畫經費合法化之後，才能依法行事，進行經費的執行，讓政策落實。因此為了要讓教育經費案能在民意機關受審查，取得合法地位，應掌握幾項重點：

　　1.教育行政機關應依每年度的歲入歲出之預定計畫提出經費需求。就如我國憲法第五十九條規定，預算案提出屬行政院權責，因此預算案提出以行政院為之。行政機關應提出年度需求，才易完成整體經費規劃。

　　2.一讀會。行政院函請立法院審議之後，立法院將列入議程，院會將擬請行政院院長、主計長、財政部或教育部長官列席

報告。民意機關委員得就政策計畫的預算案一一對行政機關提出質詢。接著將預算案交由委員會審查,總預算案交付審查之後,由預算委員會召集全院各委員聯席會議進行大體審查,並決定分組審查辦法。分組審查之後,由該審查會議推定三至五人,將審查結果進行書面報告(國家總預算案審查程序第三、四、五與六條)。

　　3.二讀會。教育預算案經過聯席會審查之後,即提請立法院會進行二讀,先由預算委員會出席報告審查經過,並進行討論與逐項決議(林水波與張世賢,民85)。

　　4.三讀會。教育預算案可由主席徵詢委員同意,繼續進行三讀。

　　5.咨請總統公布並函行政院執行。

　　上述過程中,教育政策分析者應掌握如何與民意機關互動,保持良好關係,取得民意代表支持等。分析重點應要求教育行政機關:1.設立國會聯絡制度,讓民意機關與行政機關的溝通保持暢通;2.政策分析人員在行政首長接受民意機關備詢時應在現場聽證,並隨時記錄相關的重點,適時提供教育預算案資訊;3.必要時將過去的教育預算審查制度與經驗,經由模擬的方式,針對民意機關所可能提出的問題,進行模擬;4.政策分析者可與民意機關代表之國會助理保持密切關係,從國會助理中取得民意代表的審查重點。

三、教育預算案執行後的分析重點

　　教育經費經過執行之後,仍應進行細部分析,以作為後續政策規劃參考。進行此項分析,應掌握的重點有以下幾項:

1.此預算案是否如期完成？有無經費執行進度落後者？

2.此預算案是否在執行之後達到政策預期目標？有無解決政策問題？

3.此預算案有無浪費與不足之處？是因為何種原因造成浪費與經費運用不足？

4.此預算案在執行期間有無依法定進度執行？最後的結果是否能依法進行政策預算案的終結？

5.此預算案在終結之後是否經過每一細項的管制考核，了解每項細部計畫經費的運用效率為何？

總之，此政策計畫預算案之終結分析，應掌握依法行事、有多少預算案進行多少政策執行以及專業考核與分析等重要過程。

第四節　教育政策執行分析

教育政策在執行之後，究竟執行效果為何？是否達到預期效果？或是未能達到預期效果？此時就應對該項教育政策進行分析。教育政策執行，受到執行機關、執行人員、經費配當、機關之間的溝通、政策期程、政策本身因素、法案配當與否等等因素影響，因此教育政策執行的分析就格外的複雜與困難。

一、政策執行機關分析

教育政策執行機關對於教育政策執行具有擔負成敗之責任，因此機關在教育政策執行分析時就格外重要。在政策執行過程中，與機關有密切關係者，有以下幾項。這些向度正是教育政策

分析者在進行政策執行分析時應掌握的重點。

　　1.執行機關是集權式或是分權式？

　　2.執行機關的人員編制是否合理？

　　3.執行機關的權責是否能擔負該政策之成敗，是否給與應有的執行公權力？

　　4.執行機關是一種純執行機關，或是諮詢機關，或是混合型的機關？

　　5.執行機關是新機關或是舊機關？新成立的機關雖然較有衝力，但也較無政策執行經驗；舊機關較具有執行經驗，但也較具官僚體制特色，容易僵化政策執行程序，無法變通與彈性。

　　6.執行機關的組織結構是扁平式的或是較為多層級的？

二、政策執行人員分析

　　教育政策執行的效果好壞，除了執行機關權責是否相稱之外，更重要的是執行機關人員是否具備執行任務感。因此，教育政策執行分析，在執行人員的部分，應掌握以下幾個問題：

　　1.執行人員是否充足？執行人員是否在編制的人員及領導的控制幅度之內。

　　2.執行人員是否具有執行該項政策的專業能力？

　　3.執行人員是否具有危機處理能力？

　　4.執行人員是否掌握教育政策法規與經費配當？

　　5.執行人員是否掌握該項政策目標？

　　6.執行人員能否具有溝通、協調與領導的能力？

　　7.執行人員是否具有科學化的分析能力？

　　8.執行人員是否具有電腦素養的能力？

9.執行人員的態度與意向，是否忠於機關組織，對於所執行的政策亦表認同？

三、政策執行經費分析

教育政策執行除了需要有執行機關、執行人員之外，更重要的是需要有政策的執行經費。對於教育政策執行的經費分析，分析者應掌握以下幾個重點。

1.經費是否依據年度的政策計畫執行？

2.經費執行進度是否超前或是落後？

3.細部政策計畫的經費執行是否依據預期進度執行？

四、政策本身與外在因素分析

林水波與張世賢（民85）認為政策本身條件與外在因素的特性也影響教育政策的執行。他們指出政策本身的因素有：1.是否具有合理的規劃與推介？2.是否具有合法化的政策過程？3.是否有健全的理論基礎？4.是否具有清楚而具體的政策目標？5.是否具有完備的資源？6.是否具有政策標準？而外在因素有：1.標的團體的順服程度？2.機關之間的溝通與整合程度？3.執行機關的特性為何？4.執行人員的意向與工作態度為何？5.政策執行之監督情形？6.有無領導管理技術？政治與社會經濟環境為何？外在的因素已在前面分析過，以下則就政策本身的因素說明。

Dye（1998）則以政策系統角度來看政策分析，他認為有三個政策系統應分析，一是政策利害關係人、二是公共政策本身、三是政策環境系統。第一項是要分析哪些人員將受到政策影響或將會影響政策形成與執行，它包括政策分析者、市民團體、勞工

團體、政黨、機關組織等。第二是在分析政策立法、經濟型態、教育政策執行人員或機關等。第三則在分析究竟有哪些環境因素影響政策執行與形成，例如政策本身性質、政策期程、政策配套措施等。

　　教育政策執行分析，應掌握教育政策本身影響執行成效的因素。也就是說，政策分析者在分析此階段的政策時應掌握幾個重點：1.該項教育政策是否僅由少數的精英規劃，並沒有專家學者或相關的行政機關參與討論。2.該項教育政策規劃時是否未能取得合法化的地位？也就是說，某項政策僅是教育主管機關首長的意見、理念或願景，並未經過民意機關、其他行政諮詢機關的審議，因而無法取得合法地位。3.該項教育政策是否具有爭議性？此種爭議可能是社會各界對此政策並不能認同、支持與接受，因此持保留態度。4.該項教育政策雖然已合法化，但是教育資源及配套措施不足。就如缺乏專業執行人員、經費不足、執行機關所在地點偏遠，無法與社會或標的團體或是其他機關有效溝通。5.該項教育政策因為規劃之前，並未設定明確的執行標準，所以在執行之後無法了解該政策執行是否達成目標。

　　總之，如果教育政策本身就是一項爭議的、不易為人接受的政策，若在執行之後，將有更多的反對意見，必無法順利執行。

五、政策期程與終結分析

　　教育政策執行並非無限期進行，配合期程，其必有終結之時。教育政策終結之後，應分析哪些內涵？說明如下：

　　1.政策期程是否與經費配合？

　　2.政策期程是否能延續先前的教育政策？

3.政策期程是否在執行機關權責或能力範圍內？是否需要其他機關配合？

4.政策期程是否反映出政策問題的需求？

5.政策期程是否可以解決教育問題？能否達到教育政策目標？

6.政策終結之後，是否提出新的教育政策作為延續之必要？

7.政策終結之後，是否已解決教育政策問題？並達到教育政策目標？

8.政策終結之後，應了解其政策效果與非預期效果。

總之，政策終結之後應思考如何延續或修正教育政策。

第五節　教育政策評估分析

壹、教育政策評估的重要性

教育政策並非能有無窮盡的資源及人力，因此無論是在建構政策問題、政策規劃、政策執行與政策合法化都應進行政策管制與評估。尤其是在教育政策執行之後，成效、成果為何？是否具有政策執行效果，此時就應進行評估。從教育資源的有限性之外，進行教育政策評估，更可以從以下幾方面了解其重要性：

一、教育政策問題層面

評估教育政策問題是否重要？評估教育政策問題影響力以及政策問題需要投入多少資源等。

二、教育政策規劃層面

規劃教育政策應評估該政策是否可以解決政策問題，以滿足人民對政府的期待；評估政策環境或社會環境是否值得規劃該項政策？如果在規劃政策階段，可評估政策規劃完成之後，進入執行完成階段，其影響層面為何？另外，規劃評估從資源掌控，亦可以讓政策規劃更具效率。

三、教育政策執行層面

教育政策執行之前的評估（事前評估，主要在診斷教育政策執行環境、機關能力、人員的執行力）、執行中的評估（歷程評估，即在了解政策執行之中所面臨的問題，以及有哪些成果、有哪些值得調整、有哪些執行進度落後）、執行後評估（總結評估，即在了解政策執行的成效與對政策提供反省及回饋）。透過評估能讓教育政策執行更為順利。

四、教育政策終結層面

教育政策終結評估旨在讓教育政策結果、產出、影響力能夠明確的掌握，如此可以作為教育政策延續、改進、調整與修改的參考。

教育政策評估可以了解政策執行成效、了解政策執行機關在執行時可能面臨的問題，以及了解政策執行之後，人民或師生對教育政策支持或反對的程度。此外，如從政策制定歷程而言，評估可重新思考教育政策，經由評估，了解未來政策規劃或應執行方向。

貳、教育政策評估類型

教育政策評估類型有很多方式。Perkins（1977）就以政策形成的方式說明政策評估，他指出包含有社會問題評估、立法目的評估、政策目標評估、行政結構評估、社會介入評估、政策結果評估。其實，教育政策評估的方式很多，說明如下：

一、投入、歷程與產出評估

它是從政策資源的投入情形而言，教育政策執行必然有資源投入，例如專業人員、機關組織、教育經費與空間等，此時需要經過投入評估才易掌握究竟何種投入量對於教育政策執行最為有效。另外，投入之後，政策評估者應了解在政策執行過程中，所有投入的資源，在執行歷程中究竟會有何反應、有何效果、有何問題等，接著就會有政策執行的產出，它是在評估究竟政策執行之後的效果如何？是否達到預期的政策目標。

二、內在與外在評估（inside-outside evaluation）

它主要是指教育政策、教育計畫、教育方案等在執行之後，係由機關組織內部執行的人員評估，抑或是由執行機關組織以外的專業評估組織、專家學者等進行評估。前者是指內部評估，後者是外部評估。前者優點是政策執行機關與人員都與評估者一致，所以較易了解執行過程的問題或效果，但缺點是易造成本位主義，形成不易說真話，而有報喜不報憂的評估效應。後者的優點是易產生客觀、多元觀點、專業較強以及中立等優點，但因為

對於政策較不熟悉，不易短時間掌握政策執行重點，容易產生走馬看花的現象。

　　因此，哪一種方式較佳，應視政策的重要性與類型而定。如果教育行政機關首長對於機關內的人員信任，且也較客觀行事，此時政策評估可以由機關內部進行，但是如果非上述條件，則以機關外人員進行較為適當，如此可以提高政策評估的適當性與合理性。

三、Owen 的分法

　　Owen（1999）將評估分為：1.前瞻評估（proactive evaluation）；2.澄清評估（clarificative evaluation）；3.互動式的評估（interactive evaluation）；4.管制評估（monitoring evaluation）；5.影響評估（impact evaluation）。第一種評估的主要問題是在了解「這是方案所需要的嗎？」。它是在進行政策方案之前所進行，焦點集中在方案環境之中。運用的方式是透過需求評估、研究文獻掌握以及對於最好的政策方案進行了解與分析（例如：了解誰做得最好？如何進行？如果我們的方案進行了是否會比過去最佳方案更好？我們所要的最好政策為何？）。其資料蒐集方法有問卷調查、從資料庫與文獻中評閱、現場觀察、焦點團體、政策德懷術（Policy Delphi technique）。第二種評估方式主要在澄清政策方案的設計。此方式的典型問題在了解「政策方案的成果為何？以及如何設計政策方案達到此目標？」、「方案中何種細部方案應調整，如此才可達到政策方案最大效果？」。因此主要焦點集中在所有政策方案的細部策略或措施。它主要依賴文獻分析、訪談與觀察。第三種評估方式是已進行方案，要作為方案改

善為導向的評估。它所關心的問題是「究竟此政策方案試著要達到的目標為何？」、「這樣的服務是如何進行的？」。主要焦點在傳達方案，但也經由評估中發現現象，經由發現來影響方案計畫。主要的取向有回應、行動研究、質性訪談。評估資料有依據定點式的密集訪談、有系統的依據前述取向蒐集資料等。第四種評估為評估政策方案的歷程與結果。主要問題是在了解「這個政策方案是否已達到標的團體之需要？」、「是否政策執行已滿足方案目標與標竿？」、「如何進行前一個月與後一個月的政策方案結果比較？」。主要取向有系統分析與發展表現評估制度，資料來源是透過資料管理系統中的資訊進行掌握。最後一種評估的主要導向為方案價值的建立。它在了解「這項政策方案的執行是否依預定計畫進行？」、「已經設定的政策目標是否已完成？」、「不預期的政策結果為何？」。主要的取向是以目標為基礎的評估、需求為基礎的評估、目標自由的評估（不設定預期目標）、歷程結果的研究、表現管制等。它的資料需要經由研究設計、團體控制與處理。

四、Guba 與 Lincoln 的分法

Guba 與 Lincoln（1989）將政策評估以時代區分，分為第一代評估、第二代評估、第三代評估與第四代評估等。第一代評估主要是技術導向，且以實證典範進行評估。主要在執行結果進行評量。第二代評估是在第一次世界大戰至一九五七年間，此時評估者是以描述角色針對政策做深入的描述與報導，尤其說明政策執行的優劣。第三代評估則是一九五七至一九八○年代以前，此階段的評估者是一種判斷角色，即評估對於政策執行結果進行價

值判斷。第四代評估則是一九八〇年代以後，此階段是將評估人員視為一種協調者，這些評估者以社會福址與政策利害關係人互動中進行評估。

參、教育政策評估前置作業

不管是教育政策執行前、執行中、執行後的評估，進行教育政策評估應對教育政策或相關事項有完整的前置作業，也就是應掌握以下事項：

一、建立專業的評估團體

教育政策評估並非「人人都可評估」或是「只要是教育行政機關的行政人員就可評估」。教育政策評估應建立專業導向且「權責相稱」的評估團隊，在專業團體已組成之後，才有教育政策評估的條件。專業團體應包括教育政策的專業人員與專業技術，前者如具有教育政策分析能力與技術的人員、該方面的學者專家、該政策的負責組織或行政單位與人員。後者如應有教育政策評估的測量工具、評估標準、評估方法、評估技術等。在教育政策評估團體建立時，應考量此團體在專業人員、技術人員、行政人員或社會公正人士的人數分配。如果是技術性的評估，則技術人員應增加，如果是國家政策方向的決策評估，專業人員應增加，甚至應有教育行政首長在其中為佳。評估的人數除應以政策屬性、評估期程、評估經費、評估重要性，以及評估的方法與技術的專精性等確定之外，一般而言，此團體人數不宜過多，一般以六至十名為宜，否則評估人數過多，將造成「權責不相稱」、

「意見紛歧」等現象。

二、確認教育政策評估標準

教育政策評估的重點在於執行的教育政策、計畫、方案是否達到預期設定的政策目標。此一政策目標在政策形成時，教育政策分析者即已事先規劃出「事實需求」、「預期目標」，以及事實需求與預期目標之間的「差距」。易言之，它已經事先設定在一定的政策期程要完成的差距。而教育政策評估除了要了解政策目標的達成程度之外，也要了解此差距究竟是否減少或已完成。在此，就需要有政策評估的標準。此標準就如一把尺在衡量政策執行之後，政策差距或政策目標還有多少尚未完成。

確認或建立教育政策評估的標準，應掌握幾個重點：1.評估指標應具體可行，不可以模糊與界定不清；2.評估指標訂定應由專家學者與評估人員及政策執行者協同認定，並經由教育行政首長認可；3.評估標準應依不同的政策執行方案、年代、區域或學校有變革或調整，除非是要以執行前後、或政策延續參考，需要統一指標；4.政策評估指標應多元，除了重視歷程評估標準，亦應重視評估結果與投入標準；5.評估標準應隨時間與方案進行調整與比較。

三、研擬政策評估方式與評估內容

教育政策評估的另一項重要的前置作業是要掌握政策評估的方式，也就是由組織內部人員評估或是由政策執行組織以外的專業人員評估。前者的優點是易掌握執行的狀況，評估結果較能符合執行組織的需要，缺點則是易產生本位主義、報喜不報憂的問

題，不易將真正的問題顯示出來。後者的優點是可以在中立且客觀的立場提出政策執行的問題，並可以沒有包袱的明確指出問題，缺點則是不易產生執行組織所需資訊與所要的問題，同時也較易產生皮毛評估的結果。

　　評估的另一個重點要掌握政策評估的內容，內容應包括：1.政策形成時所面臨的問題是否已解決？或有無法在政策執行中發生？2.政策執行在法規、人員與組織的配合情形；3.政策期程是否延誤？有無進度超前者？如果有，原因何在？4.政策執行經費是否適當？有無浪費或不足之處？5.政策執行中的標的團體支持與反對情形如何？6.政策執行中，執行人員的順服程度為何？7.是否有達到預期的政策目標？

肆、教育政策評估分析原則

　　前述指出教育政策評估方法及類型，以下說明教育政策評估原則。教育政策評估應掌握以下原則：1.結果與歷程兼重；2.追蹤與輔導兼顧；3.質性與量化方法均要；4.內部與外部人員均備；5.事前、事中與事後評估兼具。說明如下：

一、結果與歷程兼重

　　教育政策評估的分析，不能僅看到政策執行結果或其影響力，教育政策分析者應在過程就掌握教育政策執行時可能的相關問題。例如：執行過程的環境、執行人員的執行態度、政策執行之後標的團體的順服程度、政策接受程度、政策反對程度，乃至於教育政策執行經費是否不足或超出先前的預算。或教育政策執

行過程遭遇哪些突發問題等，都應在政策執行中評估。

在評估教育政策執行結果時應掌握幾個重點：1.教育政策終結與預期目標之差異程度；2.教育政策結果是否可量化，以作為評估標準；3.教育政策執行之後的「非預期結果」是否產生？4.教育政策影響力是否已產生？5.是否已改善學生或教育工作者的教育問題？6.教育政策執行結果是否浪費教育經費或資源情形等。

二、追蹤與輔導兼顧

教育政策評估的分析不僅要掌握教育政策結果與影響力，更重要的是要追蹤教育政策執行之後，政策結果與影響力是否持續發揮。也就是說，先前執行的教育政策僅在短時間解決教育體制問題而已，還是該項政策對後續發生的教育問題亦可提供適當解決處方。易言之，教育政策評估分析除追蹤教育政策執行成效之外，更應輔導教育政策執行機關與教育政策利害關係人對教育政策了解與支持的程度。就輔導執行機關而言，教育政策分析應分析政策執行機關在執行該項政策之官僚體制的架構是否足以因應？機關人員的專業能力與知識是否得以承擔責任而能執行？機關組織在該項教育政策執行時是否權責相稱？執行機關執行教育政策時是否需要相關法制或經費配合等。

三、質性與量化方法均要

教育政策評估分析不宜單以個人的主觀、直觀、個人經驗、組織經驗或官大學問大的方式進行評估，宜根據政策執行的結果、事實、進行現場，配合相關資料進行評估。教育政策評估分析應重視評估方法與技術。前者所指的是運用科學的方法與技術

進行評估，例如量化的方法，即實驗法、社會指標、教育指標、多元迴歸分析、民意調查、多變項統計方法等，此部分可見本書第三章。因為政策評估主要在提供政策績效、釐清政府責任、重新檢視政策目標與執行妥切性、作為擬定政策建議依據，以及作為執行人員的資訊（李允傑與邱昌泰，民88）。因此教育政策評估分析應有科學評估技術與方法。當然教育政策評估也需適時與情境配合的質性方法與技術，例如運用自然調查法、個人經驗、團體經驗、機關經驗、歸納分析等進行評估。李允傑與邱昌泰（民88，頁339-341）認為質化評估可以強化量化評估、質化與量化評估可以互補等。

四、內部與外部人員均備

　　教育政策評估分析應接納各方的政策分析專家，透過他們的專業及知識進行評估分析，較能掌握教育政策執行或擬制定政策之真相。易言之，教育政策評估分析應兼納教育政策執行機關內部與外部的專業人士或政策專家的意見進行分析，如此才不會見樹不見林，評估過程中也不會報喜不報憂，評估結果亦不會形成老王賣瓜自賣自誇的問題。而執行組織內部人員是最了解教育政策執行與形成的過程，所提出的自評分析可能是最為真切與實際的，但因為組織競爭或為過度掩飾政策執行缺失，因此由執行機關之外部人員進行評估分析，更能從第三者角度、客觀與公正的立場，指出政策執行與形成的疏失，如此才易讓政策執行成效與問題顯現出來。

五、事前、事中與事後評估兼具

　　教育政策評估分析不僅在教育政策執行時進行評估。依據行政院研考會（民84）的〈行政院暨所屬機關計畫法規彙編〉指出：1.事前評估是指政府的年度施政計畫的先期作業；2.事中評估是針對政策執行中進行評估；3.事後評估是針對政策執行終結的評估。第一項的評估項目有計畫需求、計畫可行性、計畫效果或效益、計畫協調、計畫影響以及計畫的優先順序。第二種評估主要是因政策執行之後可能會因為重大事故（如九二一大地震）、機關組織調整（如執行機關被裁撤）、執行機關人員缺乏對計畫的執行能力或因為預算經費受到外在環境影響，例如通貨膨脹，而經費不足需要調整計畫等所進行的評估。現行體制對事中評估分為三層，重要的政策與計畫由行政院列管，次重要的項目由各主管機關（部、會）列管，再次者由執行機關自行列管。第三種評估依行政院所屬機關考成辦法規定（行政院，民92），其評估方式為：1.先由主辦單位自評；2.其次由主管機關研考單位就所屬單位所提自評資料進行初核；3.最後再由行政院就各部會所提送之自評與初核有關資料加以複核。

　　總之，教育政策評估是對教育政策執行之後的評估，以了解政策執行的結果是否已達到預期？這項任務，在討論政策時是不可或缺的。

本章討論問題

一、試說明教育問題的重要性、教育問題類型與教育問題分析重點。

二、試說明教育政策審議的類型。

三、試說明教育政策規劃步驟。

四、試說明教育政策規劃的分析重點。

五、試說明教育政策執行分析的重點。

六、試說明教育政策立法的步驟。

七、試說明教育政策立法的分析重點。

八、試說明教育政策分析科技整合的重要。

九、試說明教育政策評估的類型。

十、試說明教育政策評估的前置作業。

參考書目

王海南等（民85）。<u>法學緒論</u>。台北：元照。

行政院（民92）。<u>行政院所屬機關九十一年度工作考成作業要點</u>。
　　台北：行政院。

行政院研考會（民72）。<u>行政計畫作業手冊</u>。台北：行政院研究
　　發展考核委員會。

行政院研考會（民77）。<u>中長程計畫作業要領</u>。台北：行政院研
　　究發展考核委員會。

行政院研考會（民84）。<u>行政院暨所屬機關計畫法規彙編</u>。台北：
　　研考會。

行政院經建會（民90）。<u>中長程計畫作業要領</u>。台北：行政院經
　　建會。

李允傑與邱昌泰（民88）。<u>政策執行與評估</u>。台北：空大。

李建聰（民89）。<u>立法技術與法制作業</u>。台北：三民。

吳定（民87）。<u>公共政策辭典</u>。台北：五南。

周旺生（民77）。<u>立法學</u>。北京：北京大學出版社。

林水波與張世賢（民85）。<u>公共政策</u>。台北：五南。

秦夢群（民90）。<u>教育行政——理論與實務</u>。台北：五南。

許劍英（民87）。<u>立法審查論</u>。台北：五南。

張芳全（民89）。<u>教育政策立法</u>。台北：五南。

張芳全編（民90）。<u>大陸教育法規</u>。台北：商鼎。

張潤書（民 88）。行政學。台北：三民。

張世賢與陳恆鈞（民 86）。公共政策——政府與市場的觀點。台北：商鼎。

張明貴（民 87）。政策分析。台北：五南。

謝文全（民 83）。教育行政——理論與實務。台北：文景。

羅傳賢（民 85）。立法程序與技術。台北：五南。

魏鏞、朱志宏、詹中原與黃德福（民 81）。公共政策。台北：空大。

Anderson, J. E. (1979). *Public policy-making*. (*2nd ed.*). New York: Holt, Rinehart & Winston.

Dye, T. R. (1998). *Understanding public policy*. Englewood Cliffs, NJ: Prentice Hall.

Gaynor, A. K. (1997). *Analyzing problems in schools and school system: A theoretical approach*. Boston University Press.

Guba, E. G., & Lincoln, Y. S. (1989). *Forth generation evaluation*. Newbury Park, CA: Sage Publications.

Guthrie, J. W., & Reed, R. J. (1991). *Educational administration and policy effective leadership for American education*. Boston: Allyn and Bacon.

Havelock, R.G., & Huberman, A. M. (1978). *Solving educational problems: the theory and reality of innovation in developing countries*. Praeger publishers.

Owen, J. M. (1999). *Program evaluation: Forms and approaches*. London: Sage Publications.

Perkins, D. N. T. (1977). Evaluating social interventions: A conceptual schema, *Evaluation Quarterly*, *1* (4), 639-645.

Zander, M.（1990）. *The law-making process.*（*3rd*）. London: Butterworth and Nicolson.

{第三章}
統計在教育政策分析的應用

本章學習目標

一、可說明統計在政策分析的功用。

二、會指出統計在政策分析的誤用。

三、能指出平均數與標準差在教育政策分析實例的意義。

四、會運用公平指數於教育政策分析。

五、能指出平均數 t 檢定、相依樣本平均數檢定、獨立樣本平均數檢定差異。

六、會指出卡方考驗運用的類型。

七、能說出皮爾遜積差相關的特性。

八、會運用變異數分析、共變數分析、線性規劃於教育政策分析之中。

九、能指出區別分析與集群分析的差異。

十、能掌握多元迴歸分析的方法特性。

十一、能掌握結構方程模式的原理。

（第一節）統計在教育政策分析的功用

教育政策分析中大部分需要以統計作為分析工具，本節提供幾項統計分析方法供政策分析者參考。

壹、統計在教育政策分析的重要

一、統計對科學分析的重要

教育統計可以讓混雜的訊息有系統、有組織以及有意義的呈現給社會大眾或是政策關係人，乃至於政策執行、規劃、分析者。因為統計工具使得教育政策分析更具有意義，且更為科學化。教育統計學的專門工具書坊間很多，例如 Akaike（1987）、Bartholomew 與 Knott（1999）、Freedman（1987）、Heck 與 Thomas（2000）、Morrison（1990）；林清山（民85）、余民寧（民84）、朱經明（民87）等的著作。林清山（民85）指出研究教育統計的理由有：1.教育專業實際工作的需要；2.心理實驗和教育實驗上的需要；3.閱讀或撰寫論文研究報告上的需要；4.使用現成統計套裝軟體程式上的需要；5.科學訓練上的需要。

教育政策分析的最好工具之一是運用統計方法，政策分析者應了解統計方法之應用。統計工具之運用是從統計資料歸納出合於教育政策分析所需要的訊息，而不在於統計計算，或背統計公式。能有運用統計方法者，對教育政策分析有幾個優勢：第一，

運用數量的資料進行分析，可以將教育政策資料，有系統、有組織及有體系與科學方式地分析，不會如其他的政策分析方法，僅以個人臆測、直觀方式分析教育政策，因而形成一人一義、十人十義的無法決策的情境。第二，讓教育政策分析結果更客觀與具體，因為以統計分析政策，較具有邏輯性及可操作性。原因不外是統計要求要有精確測量，以及在「操作型定義」（operational definition）之後，讓教育政策可在科學方式下進行分析，較具說服力。第三，可以進行事後的驗證與追蹤，它讓教育政策分析有既定操作型定義，運用相同資料，獲得一致結果，此讓教育政策分析結果的信度提高，建立理論更容易。

因為以統計資料進行政策分析，統計資料分析即為實證研究（empirical research），要進行好的實證研究，馬信行（民89，頁4-11）指出有四個要素：一是對變項要下操作型定義；二是明確測量；三是邏輯推理要嚴謹；四是對於研究中的定義要封閉及完整。他同時指出在進行資料分析時，勢必要蒐集資料，他認為資料蒐集的方法有計質研究，例如人種誌研究法、內容分析法、歷史研究法、個案研究法等。計量研究資料蒐集方法有觀察法、調查法（問卷調查法、實地調查法、觀察法、訪談法及電話訪問法）、問卷法、實驗法等。當然，蒐集官方發布資料也是。

進行資料分析宜先對變項的尺度掌握。資料類型有四，即類別尺度（nominal variable）（主要在區分類別，類別所代表符號並無法進行加總），例如性別、球員號碼；等級尺度（ordinal variable）（主要在比較大小，並無法加總），例如第一名、第二名、第三名、高年級、中年級與低年級等；等距尺度（interval variable），它具有相等單位，可以加減，例如溫度、明暗度等，

在平均數、標準差與相關係數等統計方法都適用此資料；比率尺
度（ratio variable）（可以加總、單位一致、有絕對零點，它是
一種自然原點，可以測量更精確的數字），例如身高、體重、國
民所得等。前二種尺度僅可運用「無母數統計」；後二者可運用
「母數統計」。因為後二者資料特性具有變項的單位一致與可以
加減。

貳、教育統計在政策分析的正誤用

教育統計可以解決政策分析者在了解與掌握社會現象、教育
問題及教育制度的問題真實現象。適切運用統計分析可掌握教育
政策重點，但誤用教育統計於教育政策分析，亦可能造成對教育
統計誤用與濫用，形成為分析而分析。更重要的是提供錯誤的教
育政策資訊，造成決策者或政策分析人員在推介教育政策時的困
擾。這種困擾，小則無法掌握政策問題、政策目標、政策方案、
政策計畫、政策評估的真相，嚴重者可能讓一項好教育政策錯誤
分析，造成更多社會大眾有更多的教育問題，學生學習壓力增
加，甚至造成另一項的教育政策問題。

一、正向功能

如前所述，教育統計是科學分析的工具之一。如果能善用統
計分析，可以解決龐大的教育資料與混雜的教育現象。因此教育
政策分析如能善用統計工具，有以下的功能：

㈠具體客觀

讓數字會說話，使政策分析更為客觀與具體，不易產生人云

亦云的狀況。

㈡科學化

　　讓政策分析科學化，進行政策推介時更可以具體，不會以形式上的思考教育政策，造成規劃與執行困擾。

㈢操作容易

　　讓政策分析可以重複的進行，因為在政策分析對變項的操作型定義明確之後，後來者可以依據前述的研究進行分析。

㈣重複進行容易

　　如果在明確的操作型定義或是在具體明確的實驗處理之下，運用相同的工具，以及選用相同的統計分析方法，此時所得到的結果應一致。

　　總之，統計方法運用得當，將讓教育現象更為客觀、具體，亦較能形成教育理論與法則。

二、誤用結果

　　統計在政策分析的誤用與盲點，可從幾個方面分析：一是對於標的團體與樣本的抽樣誤解，產生樣本誤取，造成統計上的偏差。就如政策分析者為了了解某項教育政策支持度，因此設計問卷進行了解，當問卷設計完之後，隨即要進行樣本取樣及施測；政策分析人員如未能掌握樣本施測方式，就任意取樣，此時就無法取到標的團體樣本，原本應該符合隨機取樣，後來因為變成隨便取樣，造成樣本不具代表性，所得到的結果當然就沒有意義。二是標的團體樣本取樣的不足，在統計分析之後，過度對研究結果推論，因而將政策研究結果轉介為政策方案時，將其他或不相干的政策標的團體也納入政策解決方案之對象中。三是進行政策

分析時，如果是要進行統計資料處理，對於資料屬性並未能掌握，就如所蒐集到的資料是屬於類別尺度、等級尺度、等距尺度、等比尺度等，並未能正確的判斷，因而誤用了統計方法。例如將類別尺度的性別、班級、個人信仰的宗教、政黨等，視為一種連續變項，因此就以迴歸分析、皮爾遜積差相關等須以連續變項為基本假設的統計方法進行分析，此即違反統計原理。

例如：有一項研究在了解文化資本（culture capital）對於學童成就的影響，因而設計了測量工具。主要題目問完之後，要填答者勾出「經常如此」、「很少如此」、「從來沒有」等。但其測量工具有很多題目未能「一個問題詢問填答者一個概念」，而是「一個題目有多個概念」，造成填答者在某一項概念有所混淆，也就是對某一題目可能「從來沒有」，但同題另一概念卻是「經常如此」。

就如有一題問：「我的父母會到附近的圖書館看書報、借書『或』查閱資料」。

填答者的父母可能「從來沒有」在圖書館中「查閱資料」，但卻是「經常如此」的借書，卻「很少如此」的「看書報」。也就是說這問題中已有多重的概念，令填答者深感困擾，因而亂填，所以所獲得的資料可能會有偏誤，進行統計分析就可能有誤。如以哲學中所討論的「三段論法」而言，即「大前題」、「小前題」、「結論」。如果大前題錯，小前題當然會錯，而結論當然就會有誤。在研究工具如有題目是一個問題有「多種概念」、「多種屬性」、「多樣選項」的設計，可能會造成研究信度的降低。

第二節　**單變項統計在教育政策分析的應用**

本節將說明單變項統計在政策分析的應用，說明集中量數、變異量數、標準分數、公平指數、平均數的假設t檢定、相依樣本的二個平均數檢定、獨立樣本的二個平均數檢定、卡方考驗、皮爾遜積差相關、變異數分析、共變數分析、線性規劃。說明如下：

壹、集中量數

教育政策分析中有些要掌握一個標的團體或教育現象集中趨勢，此時就須以集中量數進行分析。集中量數包括算術平均數（又稱為平均數）、幾何平均數、中位數、眾數等，其中以平均數在政策分析中運用最廣。平均數主要在了解某一項教育現象的整體集中情形。在教育政策分析之中，有很多現象是要了解一項教育政策的滿意度，教育政策執行之後學生學習成效的改變情形，或教師對一項教育政策的支持情形。此時，教育政策分析者可以計算所測量或所蒐集到的數據之集中情形。

它的基本原理是：

$X = \Sigma f_i * X_i / N$

式中的 f_i 為該分組次數，X_i 為該組的數量，N 為所有樣本數。

教育政策分析人員可能要了解不同國家的高等教育發展情形，於是以高等教育在學率作為比較基準。教育政策分析者可運用不同國家的高等教育在學率平均數高低做比較。平均數是一組

數列，如果政策分析者要了解該組數列的整體集中情形，即可運用算數平均數，來了解團體的平均情形。

　　例如，教育政策分析者可能要了解我國的義務教育年數是否比世界各國為高或低，於是就從《二千年世界教育報告書》（*World education report 2000*）中找到一九九六年全球各地理區域的義務教育年數，經過平均數統計之後，可以發現如表 3-1 所示的結果。表中可看出全球一百七十個國家，義務教育年數之平均為8.20 年，非洲國家為 7.27 年最低，而歐洲的 9.29 年為五大地理區域中最高，顯示歐洲的義務教育較為發達，而非洲則否。另外，台灣的義務教育為九年，已高於世界水準，但低於歐洲國家的平均水準。

貳、變異量數

　　教育政策分析中有些要掌握標的團體或教育現象的變異或分散情形，此時需要以變異量數進行分析。變異量數包括全距、平均差、標準差、四分差等，其中以標準差在政策分析中運用最廣。標準差主要在了解教育現象，某一個教育數據、指標或變項分散情形。就如教育政策分析者在執行某一項教育政策之後，除了要了解某一個標的團體在某項政策支持集中情形，他更要了解該標的團體對某項教育數據的分散情形，也就是有哪些對政策反對？反對者有多少？有哪些標的團體是無意見？而又有哪些標的團體是支持者？支持者有多少？這些支持與反對者與大多數人，即平均值有何差異？進而了解團體差異，此時就要運用標準差。

　　它的計算公式如下：

$$S = \sqrt{\dfrac{\Sigma X^2 - \dfrac{(\Sigma X)^2}{N}}{N}}$$

式中 X 為該組變項，N 為樣本數。

例如，教育政策分析人員可能掌握幾個國家的教育發展情形，如高等教育在學率的高低，並了解每個國家的高等教育在學率平均情形。但是政策分析者更需要了解在不同國家的高等教育在學率的平均值背後，這些國家高等教育在學率的分散情形，即是否有些國家集中在偏高、有些國家則偏低。簡言之，標準差是在了解一組數列其分散的情形。如果教育政策分析者擬了解一個群體對某項意見、變項或指標的分散情形，即可運用標準差。

又如前述《二千年世界教育報告書》中找到全球各地理區域的義務教育年數，經過平均數統計之後也發現（如表 3-1 所示），表中五大地理區域的國家之義務教育年數的標準差，以亞洲國家的 2.09 最高，表示亞洲國家的義務教育年數，高者非常高，低者非常低，因而有國家與國家之間較大的差異。但是以非洲的標準差 1.50 最低，顯示非洲國家的義務教育年數差異較低。

◆表 3-1　1996 年世界各地理區域的義務教育年數

區域	平均數	標準差	國家數
非 洲	7.27	1.50	48
美 洲	8.46	2.05	37
亞 洲	8.03	2.09	38
歐 洲	9.29	1.25	38
大洋洲	8.33	1.32	9
世界總計	8.2	1.85	170

資料來源：整理自 *World education report 2000*, UNESCO. 2000. Paris.

參、標準分數

　　政策分析者進行政策分析時，常要了解二個標的團體在某一項教育政策的支持程度高低，或是要了解教育現象中，某一個國家的教育表現情形在整體中的相對地位，此時就需要以標準分數進行比較。最常用的標準分數為 Z 分數，它的表示方式為：

Z= X-K/S

　　它表示每一個分數與平均數之差除以標準差。式中 X 代表某一個分數，K 代表該團體的平均數，S 代表該團體的標準差。它的意義是假如 Z 分數是一個單位，那某一個分數在平均數之上下究竟有多少個單位。在政策分析時有很多情形是在掌握不同指標或不同教育現象之高低，因為二個或二個以上的教育現象或教育指標單位並不同，無法直接比較，此時就需要轉化為標準分數才可以進行分析。當轉化為 Z 分數之後，可以發現有變數具有二個重要的性質：一是 Z 分數的平均數為 0，而它們的變異數為 1，標準差為 1。

　　在政策分析的實例中，張芳全（民 90，民 93）進行國家發展指標之探索，他以全球一百零一個國家，包括台灣等，進行經濟指標、教育指標、社會指標與文化指標等分析，主要在了解台灣在全球各國中不同指標向度的相對地位，此時他所運用的分析方式為將各指標轉化為 Z 分數，所得到的結果是經濟指標、教育指標、文化指標與社會指標在全球一百零一個國家中分別排名

為二十九、十三、三十六、三十三名。

肆、公平指數

　　教育政策分析人員可能要了解一項教育政策的資源分配是否適當——即是否有教育機會或教育資源不均等情形，此時可以運用羅倫茲曲線（Lorenz curve）及吉尼指數（Gini's concentration coefficient）進行測度。前者係以圖示法表示所要分析的教育資源或教育政策狀況，圖示後，為一個正方形，其對角直線代表該資源或所分析的教育政策指標完全均等，如果所分析的指標或變項分配不均時，該條直線必會在一條對等直線下方有一個弧線曲線，此曲線與對角直線之距離，即可測度某一項資源或政策分配不均等情形。如果距離斜對角線愈遠，代表資源分配愈不均等，反之則否。

　　後者是以羅倫茲曲線與完全均等直線間所包含的面積，對完全直線以下整個三角形面積之比率。此項係數如果愈大，表示不均等的程度愈高，反之係數愈小，表示均等的程度愈低。吉尼指數的計算公式如下（行政院主計處，民85）：

$G=g/2X$

　　式中G代表吉尼指數集中數；g為均互差；X為算數平均數。

　　例如，在《二千年的世界教育報告書》的統計指標中，以一九六五年（包含男女性高等教育在學率）、一九七五年、一九八五年、一九九五年（包含男女性）等五年的高等教育在學率為指

標，進行吉尼係數的檢定，以了解世界各國在每隔十年之間的高等教育機會均等情形。

經過吉尼係數檢定，得到的結果如表 3-2 所示。表中可看出從一九六五至一九九五年的高等教育在學率的公平性，有逐年下降的趨勢，表示高等教育機會有逐年呈現公平的現象。而在男女性的高等教育機會均等方面，一九六五年及一九九五年的女性高等教育在學率，比男性高等教育在學率的機會較為不公平。不過，在二個年度中，男女性的高等教育在學率吉尼係數都有下降現象，表示男女性在三十年來，高等教育在學率的公平性都有提升。

如果將表中一九九五年的女性與男性的高等教育在學率，以圖形表示，繪製如圖 3-1 所示。圖中也可以看出女性的高等教育在學率的機會小於男性。

■▷表 3-2　1965-1995 年的高等教育在學率的吉尼係數

年度／向度	整體高教在學率	男性高教在學率	女性高教在學率
1965	0.61	0.59	0.67
1975	0.53		
1985	0.50		
1995	0.51	0.47	0.55

國內也有運用此方法於教育政策分析的研究。讀者可詳見林文達（民 77）《教育經濟學》中第九章我國教育財分配的實際；馬信行（民 80），〈我國教育分布之均等度及未來高等教育發展策略〉，以及張芳全（民 92）研究的一九九○年與一九九六年男女教育量差異與發展類型探索等相關文章。

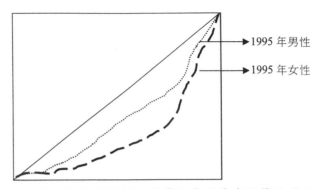

●▶圖 3-1　1995 年的女性與男性的高等教育在學率的勞倫茲曲線

伍、平均數的假設 t 檢定

一、一個平均數的假數檢定

　　教育政策分析者如要了解從一個母群體中獲得的一群樣本中，在一項教育政策滿意度，或一個教育現象發展情形，分析者要了解是否該現象或調查結果與母群體平均數具有顯著差異，此時教育政策分析者即可進行平均數的假設檢定。若檢定樣本平均數與母群體平均數無差異，表示樣本平均數與母群體無差異，反之，則是有顯著差異。顯著差異值是以機率值表示，有以.01 考驗、有以.05 考驗，前者意義是如有一百次差異情形，可能會有一次沒有差異，即可能此種差異是錯誤的。

　　進行此項檢定的教育政策分析有幾項目的：第一，如果是所要設定的政策目標，政策分析者可以先了解他國的教育政策目標是否與本國目標有差異，如果有差異則可作為政策規劃目標，即要追求完成標的。第二，如果是政策執行之後，可讓政策分析者

評估政策執行效果與預先設定目標之間的差距是否減少，了解教育政策目標的達成率為何。第三，平均數檢定是因二群組平均差異，所以教育政策分析者如果欲了解不同的政策標的團體（例如：女性與男性、校長與教師、高社會階層與低社會階層）對於某一項政策支持或反對的差異，此時也可以運用，以了解不同標的團體對政策目標的認知、對政策執行效果的滿意度、對政策問題的感受程度等。以下舉一個例子說明之。

　　教育政策分析者為了解全球各國男性與女性文盲率的差異性為何，是否女性因為受到社會地位限制、教育資源與其他因素限制，因而不識字的人口比率比男性為高。政策分析者從《二千年世界教育報告書》的統計指標中統計出男性與女性文盲的比率，經過獨立樣本平均數檢定，所得到的結果如表 3-3 所示。表中顯示在一百二十七個國家之中，女性的文盲率高於男性 11.26%，經過檢定之後，發現已達到統計的.01 顯著水準，表示女性的文盲率顯著高於男性。這個結果的政策意涵是各國政府應持續的提高女性識字率，避免兩性文盲率差距過大。

■>表 3-3　1996 年男性與女性的文盲率差異檢定　國家數=127

性別	平均數	標準差	差異	t 值	自由度	顯著水準
男性	19.64	18.0	-11.26	-10.91	126	.00**
女性	30.91	26.7				

**表示 p<.01

二、相依樣本的二個平均數檢定

　　很多教育政策情境中，教育政策分析者為了解一項政策實驗

是否有效，他所運用的實驗樣本頗為類似（例如：同卵雙生）或一群實驗樣本被進行二次實驗；或是一項政策執行之前的情形與執行之後的政策效果；或是一個教育政策現象在不同年代或時間背景之中可能產生的差異情形。因為該組或該二組的樣本特性極為接近，或是政策執行先後以及政策現象的時間先後不同，因此，政策分析者為了解該被實驗組受試者或政策現象的先後情形，此時應運用相依樣本的平均數檢定，它又稱為「關聯樣本」檢定。計算公式如下：

$$ t = \frac{\overline{X_1} - \overline{X_2}}{\sqrt{\dfrac{s_1^2 + s_1^2 - 2rs_1s_2}{N}}} \qquad df = N - 1 $$

式中$\overline{X_1}$、$\overline{X_2}$為二組變項平均數，S_1與S_2為二組分數之各別標準差，N為樣本數。在分母中有扣掉兩倍共變數。r是相關係數。

教育政策分析者擬要了解全球各國的學前教育生師比差異情形，以作為規劃學前政策生師互動相關政策參考。於是從《二千年世界教育報告書》的統計指標中找出一九九○年與一九九六年的學前教育生師比，經過相依樣本的平均數檢定，所得到的結果如表3-4所示。表中顯示一九九○年全球八十九個國家的學前教育生師比為20.24，一九九六年已降為19.35，顯示二個年度已降0.89人，經統計檢定已達.05顯著水準。在政策意涵上表示各國政府已有降低學前教育生師比現象，但未來仍應持續降低生師比，以減輕教師教學負擔，並增加學生學習機會。

➡️ 表 3-4　1990 年與 1996 年學前教育生師比差異檢定　國家數=89

年度	平均數	標準差	差異	t 值	自由度	顯著水準
1990 年	20.24	8.0	0.89	2.10	88	.039*
1996 年	19.35	8.4				

*表示 p<.05

三、獨立樣本的二個平均數檢定

很多教育政策情境中,教育政策分析者欲了解一項教育政策執行是否有效,或是不同的類別之間,在教育政策表現、教育在學率、教育政策達到的標準等是否有顯著差異。另外,教育政策分析者也可能進行一項教育政策實驗。在教育政策實驗設計及教育政策分析與研究時所運用的二群樣本極為不同,因為該二組的樣本特性並不相同。因此,教育政策分析者為了解實驗組受試者與控制組樣本之表現情形差異,此時應運用獨立樣本的平均數檢定。因為二個母群體的樣本相互獨立,教育政策分析者可能可預知該二母群體在某一項教育數據的標準差,或是不了解二個母群體在教育數據的標準差。因為母群體的標準差已知與否,其所運用的統計公式即有不同。

它的計算公式如下:

$$t = \frac{\overline{X_1} - \overline{X_2}}{\sqrt{s_p^2\left(\dfrac{1}{N_1} + \dfrac{1}{N_2}\right)}} \qquad df = N_1 + N_2 - 2$$

式中 X_1、X_2 為二組變項平均數,N 為樣本數。

陸、卡方考驗

教育政策分析人員可能想要了解某一項教育政策的調查，了解調查得到的資料之觀察值是否與「期望數值」（理論上的次數）有顯著差異，此時可運用「卡方考驗」。卡方考驗的定義公式為：

$$\chi^2 = \frac{\Sigma_o \left(f_o - f_e \right)^2}{f_e}$$

式中 f_o 為實際次數或觀察次數，f_e 為理論次數。直言之，它有以下用法：

㈠適合度考驗

政策分析者常要分析或考驗同一個變項或反應，在實際的觀察次數與期望的次數是否有差異，此時要運用此檢定。此變項或反應須為類別變項。

㈡獨立性考驗

如果政策分析者在進行一項濫用藥物與體力狀況是否有關聯的調查。在藥物濫用分為學生濫用藥物與沒有濫用藥物二向度，體力方面則分為體力不佳與體力甚佳等二向度，諸如此類將變項或反應是依政策分析者所設計（Design）出來的變項，而政策分析者又要考驗二者之間是否獨立，此時即運用獨立性考驗。

㈢改變顯著性考驗

政策分析者常常針對一群社會大眾調查對某項教育政策的支持情形，政策分析者可能年初時調查一次，年末時又調查一次，如此要了解該群（要同一群）樣本對該教育政策的前後支持程

度,此時須運用改變顯著性考驗。

㈣百分比同質性考驗

政策分析人員可能常針對不同的社會大眾,例如高、中、低的社會階層,調查他們對於一項政策的支持程度,如支持或反對,此時政策分析者所要分析的問題是:不同社會階層的人員對政策的支持度為何?此時就需要運用百分比同質性檢定。

有關此部分的應用見本書第五章。

柒、皮爾遜積差相關

教育政策分析者可能要了解教育現象中某些變項或因素之間是否有高度相關或顯著相關,此時可運用統計學中皮爾遜積差相關係數(Person correlation),它是指二個或二個以上變項,變項是等比或等距尺度所進行二者相關程度。所得到的值稱為 r,其值介於-1 至 1 之間。1 稱為「完全相關」,-1 則稱為「完全負相關」。二個變項所計算出的相關係數是否達到統計學的顯著水準,必須要經由統計考驗,考量樣本大小、拒絕虛無假設的風險高低等,進行考驗,才能了解是否變項與變項之間達到顯著水準。

它的計算公式如下:

$$r_{XY} = \frac{\Sigma XY - \dfrac{\Sigma X \Sigma Y}{N}}{\sqrt{\Sigma X^2 - \dfrac{(\Sigma X)^2}{N}} \sqrt{\Sigma Y^2 - \dfrac{(\Sigma Y)^2}{N}}}$$

式中 X、Y 為二組變項,N 為樣本數,r 為相關係數。

例如教育政策分析者為了解一個國家的高等教育在學率與國

民所得高低、人口成長率高低、生育率高低是否有顯著關係，於是從《二千年世界教育報告書》的統計指標中找出一九九六年的前述資料，經過積差相關分析，所得到的結果如表 3-5 所示。表中看出高教在學率與國民所得有.724 的顯著關係；與人口成長率與生育率各有-.58 及-.701 的顯著相關。政策意涵表示，國家的經濟發展水準愈高，高等教育在學率也愈高；另外，人口成長率如果愈快，則高等教育在學率也愈低。

■>表 3-5　1996 年高教在學率、國民所得、人口成長率、生育率之積差相關　樣本=117

變項	高教在學率	國民所得	人口成長率	生育率
高教在學率	1.00			
國民所得	.724**	1.00		
人口成長率	-.580**	-.345**	1.00	
生育率	-.701**	-.472**	.829**	1.00

**表示 p<.01

　　相關係數有很多變形，主要是因為投入的變項屬性不同，皮氏是二個變項都是等距或等比以上的屬性。如果二個變數之中，有一個是等級尺度，則須運用斯皮爾曼等級相關（Spearman rank order correlation coefficient）。如果一個為連續，另一個為二分類別，則要運用點二系列相關。此外，必須說明的是相關係數僅是一種關係，並不可以推論為二者之間是否有因果關係。

捌、變異數分析

　　教育政策分析者可能要針對二組（或二個水準）以上的樣本

平均數差異進行考驗的檢定方法為變異數分析。政策分析者如果僅在了解一個自變項對於依變項的平均數影響，此時稱為單因子變異數分析。如果教育政策分析者在政策情境中所考量的是多個類別或類型的變數，也就是有多個變項水準（level），檢定其樣本平均數的差異，此時即為多因子變異數分析。變異數分析與 t考驗一樣有重複量數（相依樣本）、獨立樣本不同的樣本特性的統計公式及計算方法。變異數分析的基本假設有四，即資料的常態性、獨立性、變異數同質性及隨機抽樣等（Kirk, 1995）。當變異數分析 F 考驗達到顯著水準，即表示至少有二組或二組以上的平均數存有差異，究竟是哪些組別有差異，就需要進行事後比較。

　　例如，教育政策分析者要了解世界不同的地理區域之高等教育在學率與中等教育在學率是否有差異，於是從《二千年世界教育報告書》統計指標找出一九九六年的前述資料，經過單因子變異數分析，所得到的結果如表 3-6 所示。一九九六年中等教育在學率、高等教育在學率，在不同地理區域均有顯著差異。經Scheffé 法事後比較，在中等教育在學率方面，除大洋洲與歐洲之外，其餘各組均有顯著差異（但應注意大洋洲僅有三個國家）。例如歐洲的中等教育在學率有 99.1%，非洲僅有 32.3%，非洲低於世界平均水準的 67.5%。而高等教育在學率，也是如中等教育在學率一樣達顯著水準，各組之間有差異。就如歐洲國家有37.9%，非洲國家僅有 4.75%，非洲也低於世界水準的 22.5%。在政策意涵上表示，非洲、亞洲與美洲國家的中等教育應更為普及，尤其是非洲國家；而高等教育上，非洲國家更需要進行投資，才可以提高非洲國家的人力素質。

➡️表 3-6　1996 年各地理區域的中教在學率與高教在學率差異檢定　國家數=122

指標／區域	全球	非洲 (1)	美洲 (2)	亞洲 (3)	歐洲 (4)	大洋洲 (5)	F 考驗	Scheffé 法事後比較[a]
中教在學率	67.5 (34.1)	32.3 (23.8)	65.7 (20.2)	66.9 (20.8)	99.1 (23.0)	92.0 (69.7)	$F(4, 117)$ =32.8**	1<2；1<3；1<4；1<5；2<4；3<4
高教在學率	22.5 (19.9)	4.75 (5.2)	26.5 (22.2)	18.6 (14.4)	37.9 (14.6)	48.5 (40.2)	$F(4, 117)$ =22.5**	1<2；1<3；1<4；1<5；3<4；3<5
國家數	122	31	19	35	34	3		

註：1. ** 表示 $p<.01$。括弧中的數字為標準差。2. a 代表所列於欄位中的各組之間都有達到 .01 顯著差異。

玖、共變數分析

　　教育政策分析者在進行一項政策分析時，例如在原先進行實驗研究中要了解電腦輔助教學（自變項，也是操弄的變項）對於學生在數學科成就（依變項）是否有影響。他的實驗處理是電腦輔助教學，進行實驗的該組稱為實驗組，而另有一個對照組稱為控制組。實驗研究的基本假設是二組的起點行為應一樣，因為受試者都是「隨機取樣」，同時也是在「隨機分組」（random group）下，分為實驗組與控制組。但是政策分析者在進行此實驗之後，才發現實驗組的受試者對於電腦的敏感度較高，大多數樣本具有電腦學習興趣或偏好。因此在實驗一段時間之後，真的明顯高於控制組。由於實驗組樣本特性在實驗後才發現，此時因顧及到受試者已完成實驗，加以政策分析人員迫於時間限制，無

法再進行一次實驗。此時政策分析者可運用統計方法，即運用共
變數分析，將政策分析者所要掌握的數學科成就與電腦興趣或偏
好相關部分排除，這時運用共變數分析最恰當。也就是說，它主
要在讓已進行過的政策實驗無法再回覆，但卻發現某項因素對政
策方案有影響，此時就可應用此種方式分析。

拾、線性規劃

教育政策分析的主要目的，在掌握或獲得預期教育政策執行
之後得到最大的教育政策效果。由於教育政策環境複雜，政策執
行、政策形成或政策效果並無法在短時間掌握，此時需要以模擬
方式，估算某項教育政策最佳的效果。就如以系統模式分析，有
投入、歷程、產出等，教育政策分析者期待最少的投入獲得最大
的產出，此時才可達到最大效應。為了讓此教育政策情境可以簡
化、分析容易，且掌握預期教育政策的最大效果，即可運用線性
規劃。

簡單線性規劃是以兩向度空間軸，將所要分析項目，運用數
學代號進行線性關係陳述，最後再將模擬的線性方程式，依據線
性代數原理，或在空間座標軸畫出最佳點，此時即可得到某項教
育政策的最佳效果或最佳預期效果。

例如有二所師範學院在培育師資。一所是要以二十名教授以
及十名工讀生，培養出二十名的教師；另一所則是僅需要十名教
授以及三十名工讀生，就能培養三十名的師資。若今天您是一個
教育政策分析者，可否以最適當的投入教授及工讀生名額，得到
二所學校最好的需要教授與工讀生人數的最佳組合。分析此問

題，即可將教授視為 x，工讀生視為 y，整體線性規劃結果如圖
3-2 所示。

所以：$\begin{cases} 20x+10y=20 \\ 10x+30y=30 \end{cases}$ max（3/5,4/5）

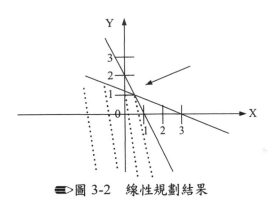

➡圖 3-2　線性規劃結果

 第三節　多變項統計在教育政策分析的應用

　　政策是在一種非常複雜的環境下執行。為了掌握複雜環境，
此時應有掌握複雜因素的統計分析方法。前節中所提到的都是僅
有一種變數的分析，但在教育政策分析之中，受到多種因素的影
響，因此需要運用多變項來觀察教育政策環境，如此更能掌握教
育政策。因此本節要說明幾種多變項統計分析在政策分析上的應
用。有關多變項觀念，可參閱林清山（民81）、馬信行（民89）、
陳順宇（民90）、周文賢（民91）的著作。

壹、多元迴歸分析

一、基本原理

　　教育政策分析中，常要了解究竟哪些因素影響教育政策執行，或是究竟有哪些因素是具預測力，可對未來政策目標進行掌握與預測。政策分析應對未來政策目標掌握，也要掌握未來表現。迴歸分析就可提供預測未來政策的分析方法。

　　迴歸分析是在進行多種變項的線性關係，從變項中找出自變項及依變項，以了解自變項及依變項間的關係（陳順宇，民89）。迴歸分析有單元迴歸分析及多元迴歸分析。前者是一個自變項與一個依變項（它屬於單變項的統計分析，下一章中將有更多的說明），後者是一個依變項，而有多個依變項。

　　多迴歸分析模式如：$y = a+b_1X_1+b_2X_2+ b_2X_2 +b_3X_3+b_4X_4........+ b_NX_N+e$。

　　式中 y 為依變項，x 為自變項，a 為常數項，b 為估計的權重項，e 為誤差項。

　　進行迴歸分析應先提出假設性的迴歸方程式；其次，進行迴歸參數估計和檢定；第三，針對整體的迴歸方程式及個別的迴歸係數檢定；第四，進行整體的迴歸模式校正，尤其對資料分析之極端值（outlier data）及影響值（influential data）者應予以處理；最後，對於各個變項間的意義進行解釋。

　　進行迴歸分析檢定包括對資料常態性檢定、對樣本間自我相關檢定（autocorrelation）、對於極端值及影響值檢定，更重要的

是變項間線性重合的檢定。線性重合的檢定有幾個指標可供判讀，如 VIF = 1/（1 - R_j^2），如果 VIF 在 10 以下，則表示變項間的重疊性不高；如果它大於 10，自變項就可能有重疊的問題（Afifi, 1990）。

迴歸分析應進行變項殘差值檢定，從殘差值了解幾個重要訊息：一是迴歸模型線性假設是否合於直線性；二是變異數的齊一性；三是掌握是否具有獨立性假設；四是檢定常態性假設；五是對於極端值的測度。進行殘差分析常用的是圖形法，它有：1.全面圖；2.對應時間數列圖；3.對應預測的計值圖；4.對應自變項的圖；5.常態機率圖（林真真與鄒幼涵，民 79）。

二、實例分析

例如，政策分析者擬了解一個國家的高等教育在學率，是否受到國民所得高低、人口成長率高低、生育率高低的影響，於是從《二千年世界教育報告書》統計指標找出一九九六年的前述資料，經過多元迴歸分析，所得結果如表 3-7 所示。

最先進入模型的自變項為國民所得與生育率，與依變項呈現正向與負向的關係，且達.01 顯著水準，解釋高等教育在學率分別為 52.0% 與 16.4%（見模型一）。表示生育率愈高，高等教育在學率愈低；而國民所得愈高，高等教育在學率也愈高。將生育率與國民所得刪除之後，重新估計（模型二），則人口成長率對高等教育在學率也有負向顯著影響，解釋力有 26%，表示人口成長快，高等教育在學率就可能減少。變異數波動因素（VIF）在模型中僅 3.24，顯示自變項間並未高度重合。模型一、二都無極端值。在政策意涵上，各國政府應該一方面減少人口出生率，避

免過高的人口成長率，無法滿足高等教育需求；另一方面人口成長率偏向於低度開發的國家更應管制人口成長。

表 3-7　自變項對高等教育在學率的迴歸分析摘要

模型	參數	常數	人口成長	生育率	國民所得	$\overline{R}^2$	F 值
一	B	33.4	-.074	-.640	.001	.520	F（1, 115）=126.8**
	β		-.074	-.462	.505	.684	
	P	.00**	.434	.00**	.00**		
	VIF		3.24	1.3	1.1		
二	B	34.8	-8.2			.286	F（1, 130）=53.0**
	β		-.54				
	P	.00**	.00**				
	VIF		1.0				

註:*1.* ** 表示 P<.01。*2.* R²為調整後之數值。

貳、因素分析

一、基本原理

　　教育政策分析者進行政策分析時，尤其要掌握社會複雜變項，須將複雜的研究變項（例如：以一份政策問卷來了解政策支持度，欲因問卷題數過多，無法在短時間內掌握）進行簡化。此時教育政策分析者可運用統計分析方法的因素分析進行掌握。因素分析的基本假定是任何一組變項所形成的觀察值，一部分是由

「共同因素」（common factor）所組成，另一部分是由「特殊因素」（special factor）所組成。也就是：

所有數值＝特殊因素＋一般因素

進行因素分析步驟為：1.先計算要分析的「相關係數矩陣」或共變數矩陣，接著進行「共同性」（communality）的估計。2.進行抽取共同因素。當共同因素抽取之後，所得到的資料結構，並不一定直交（即因素與因素之間並非呈現有意義的現象）。3.第三個步驟就應進行因素「轉軸」。進行過程需要決定共同因素數目，決定方式可運用「特徵值」（重要值）大於 1 者保留，或以陡坡（screen）考驗，來篩選重要的特徵因素。4.為了要讓共同因素具有意義，宜先將具有較大的因素負荷量（factor lading）找出，並了解這些因素負荷量的共同特性，再給與因素命名。政策分析者再決定要賦與該因素何種意義。有關這方面的計算可參考林清山（民 81）所著《多變項分析統計法》。

二、實例分析

教育政策分析人員可能要進行生育率、人口依賴率（六至十四歲人口占總人口比率）、國民所得、經濟成長率以及教育經費占國民生產毛額等變項的分析。因為要將這些變項精簡，以便於在進行政策規劃、分析或提供給民眾了解時容易掌握，於是從《二千年世界教育報告書》的統計指標中找出一九九六年的前述資料，擬以因素分析將這些變項進行精簡整併。經過因素分析的所得結果如表 3-8 所示。

●▷表3-8　各國人口成長率、生育率與六至十四歲人口依賴率因素分析

變項	共同性	因素負荷量一	因素負荷量二
人口成長率	.818	.818	.386
六至十四歲依賴率	.957	.975	.08
生育率	.891	.936	.121
國民所得	.613	-.715	.318
經濟成長率	.874	-.066	.933
教育經費占國民生產毛額率	.188	-.297	-.315

　　在因素分析之後，投入的六個變項之Kaiser-Meyer-Olkin（為取樣適當數量，KMO值）為.648，自由度為15，達.01顯著水準，表示這些變項之間的共同因素多，適合進行因素分析。六個變項所抽出的共通性以及因素負荷量如表3-8所示。在六個變項僅抽出二個因素，其特徵值各為3.16與1.19，可以解釋六個變項有72.3%。另外，六個因素的因素負荷量顯示人口成長率、六至十四歲的人口依賴率與生育率一個因素，因為都與人口有關，所以被命名為「人口因素」；而國民所得、經濟成長率與教育經費占國民生產毛額比率為另外一個因素，因為都與經濟有關，所以稱為「經濟因素」。如表3-9所示。

■▶表 3-9　各國人口成長率、生育率與六至十四歲人口依賴率因素
　　　　　分析特徵值

因素	特徵值	解釋量	累積解釋量
因素一（人口因素）	3.15	52.5%	52.5%
因素二（經濟因素）	1.19	19.8%	72.3%
因素三	.949	15.8%	88.1%
因素四	.513	8.5%	96.7%
因素五	.172	2.9%	99.6%
因素六	.026	.44%	100.0%

參、集群分析

　　教育政策分析者可能要分析究竟何種學生易於翹課、或有哪
些國家的教育投資較高，於是根據要分析的議題，將該問題所需
要的研究變項一一蒐集。例如教育投資較高的國家，可從幾個向
度來分析，即以教育經費占國民生產毛額比率、高等教育獲得
率、中等教育獲得率、初等教育每生的教育經費支出、中等教育
每生的教育經費支出、高等教育每生的教育經費支出等六個變
項，來分析各國的教育投資情形。政策分析者更擬將各國區分為
高度投資、中度投資以及低度教育投資的國家。因為所要分析的
國家究竟是屬於哪一類型並不了解，此時政策分析者就將這些變
項投入要分析的方程式之中。

　　進行集群分析時有二種方法，一為 K-Means 集群分析，二為
階層式的分析法。進行分析時最好將每個變項進行標準化，讓每
個變項可在相同標準之下進行分析。為了讓某一集群與另一集群
的差異性最高，而在同一集群之內差異性最低，統計學家設計了

幾種距離的量尺計算方式，例如歐基里得法等。最後再將所投入的分析資料，透過集群聯結法，進行合併組別。值得說明的是合併組別的方法亦有華德法、形心集群法等八種。

有關此部分見本書第四章的實例說明。

肆、區別分析

政策分析者已經了解某一項政策區分為多種類型的組合，就如前一小節政策分析人員運用六個教育變項將各國區分為三類型國家；可是如果政策分析者又發現某一個國家尚未納入分析，但要了解該國屬哪類型國家，此時即可運用區別分析方法，從區別函數中計算該國家屬於哪類型。

區別分析後可以得到區別函數。區別函數如特徵值（eigenvalues）愈大，表示它有愈高區別力。區別分析亦顯示出典型相關係數（canonical correlation），它表示區別函數與群組間的關聯程度。此外，在區別分析時可求得所投入的指標之典型區別函數的標準化係數（standardized canonical discriminant function coefficients），也稱為標準化典型區別函數。如果所投入的有四群組，分析中即會有三個標準化的區別函數（比起原先的組別少一個）。經過區別分析，可以得到本研究的分類函數係數（classification function coefficients），它的分類是採取（Fisher's linear discriminant functions）將所要的分類類型都有一組係數。如果有一個樣本，不知道它是屬於哪一組，可以由已知的變項分數，即運用分類函數係數，來預測它的分類。最後，區別分析還有一種功能，即可以了解所區別的樣本數之準確度為何。

有關此部分見本書第四章的實例說明。

伍、主成分分析

一、基本原理

　　教育政策分析人員在複雜的情境中要將很多的變項予以簡化，並且簡化之後，變成由少數幾個互為獨立的線性組合，經由此線性組合所得到的成分可以讓其變異數為最大，也就是讓受試者或觀察值在這些成分顯示出最大的個別差異。

　　主成分分析的公式如下：

$Y = b_1X_1 + b_2X_2 + b_3X_3 + b_4X_4 \cdots\cdots + b_kX_k$

　　Y 為總指標，亦即第一個主成分。X_N 為第 k 個行為變數。b_k 為第 k 個行為變數之主成分。

　　它與因素分析不同在於因素分析的目的在找出共同因素，即強調相同點，但是主成分則不是（林清山，民 81）。主成分分析法的基本原理如下：第一是先求得所要分析變項的變異數——共變數矩陣或是相關係數矩陣；第二，依先前的矩陣求得該矩陣的特徵向量及特徵值，在多個特徵值中找出最大者，此即為前述所指出的最大變異效果，隨即從該特徵值計算出主成分係數（component coefficient）。第三步是繼續找出第二個或第三個主成分係數，但主成分係數與主成分係數之間應該獨立。最後可以找出該組變項的主成分係數個數。從每個特徵值所計算出的主成分係數可了解每個主成分占總變異量多寡，亦可以了解該組成分的相對重要性。如要進一步了解其主成分的重要性，可進行顯著性考驗。

二、實例分析

　　教育政策分析人員為了要了解生育率、人口依賴率（六至十四歲人口占總人口比率）以及人口成長率對於高等教育在學率的影響，於是從《二千年世界教育報告書》統計指標找出一九九六年的前述資料。分析時擬將人口因素列為自變項，而以高等教育在學率為依變項。由於前述三個自變項均是人口變因，可能在進行迴歸分析時會有多元共線性的問題。因此，就以因素分析將這些人口變項精簡。經過分析所得到之結果如表 3-10 所示。

　　共有一百三十一個國家納入分析，經主成分分析之後，投入的人口變項之 Kaiser-Meyer-Olkin（為取樣適當數量，KMO 值）為.67，自由度為 3，達.01 顯著水準，表示人口變項之間共同性高。三個人口變項所抽出的共通性，以及主成分係數，如表 3-10。可以看出生育率在該因素中的共通性最高，所以主成分係數也最高，其次是六至十四歲人口成長率。而特徵值及累積變異量如表 3-11 所示。在三個人口變項中僅抽出一個共同且較高的成分，其特徵值為 2.53，可以解釋三個人口變項的 84.4%。

■>表 3-10　各國人口成長率、生育率與六至十四歲人口依賴率主成分分析

變項	共同性	因素負荷量
人口成長率	.696	.834
六至十四歲依賴率	.915	.956
生育率	.922	.960

●>表 3-11　各國人口成長率、生育率與六至十四歲人口依賴率主
成分分析特徵值

主成分	特徵值	解釋量	累積解釋量
成分一	2.53	84.4%	84.4%
成分二	.42	14.0%	98.4%
成分三	.05	1.6%	100%

因為主成分僅將三個人口變項濃縮為一個成分，接著進行迴歸分析，以「人口成分」對高等教育在學率進行分析之後，所得迴歸方程式如下：

1.高等教育在學率 = － .696*（人口因素）（標準化迴歸方程）

2.高等教育在學率 = 19.96 － 13.64*（人口因素）（未標準化迴歸方程）

R^2=.480（t=15.93）（-11.0）　F（1,129）=121.2**　**P<.01

此迴歸方程代表人口因素與高等教育在學率有負向顯著關係，且是重要因素，解釋力共有48%。

陸、典型相關

一、基本原理

教育政策分析人員可能在進行政策分析資料時，會得到一組由多個 X 變項組成的資料，以及多個 Y 變項所組成的數值。此時，政策分析者如果要以更簡單的方式了解整群的 X 變項與 Y

變項之間的關係，就可以運用典型相關先找出 X 變項的加權值
與 Y 變項的加權值，使得二組變項之間的線性組合之相關係數
達到最大。基本原理是先提出相關係數矩陣，接著計算該矩陣的
特徵值，並將特徵值開平方即得到典型相關係數。在得到特徵向
量之後，也可以得到相對應的特徵向量，此特徵向量即所要求得
的加權係數。因為 X 變項與 Y 變項各有不同的「加權係數」，
這些加權係數各可形成典型的加權值。如果將 X 變項的相關係
數矩陣乘以典型加權值，即可得到 X 變項的因素結構，同理亦
可以得到 Y 變項的因素結構。最後必須要計算 X 變項與 Y 變項
之間的重疊性，即共同的變異百分比，並針對典型相關係數進行
考驗。

二、實例分析

　　以下就以張勉懿（民93）的《台北縣市國民小學教師資訊素
養與知識管理之關係研究》為例進行說明。該研究欲了解教育資
訊素養與知識管理之間的關係，於是以典型相關估計進行研究，
所得到之結果如表 3-12 所示。

●▶表 3-12　教師資訊素養與教師知識管理典型相關顯著性考驗

典型變項	特徵值	解釋變異量（%）	累積解釋變異量（%）	典型相關（ρ）	決定係數（ρ^2）	自由度	顯著考驗（p）
1	.969	85.119	85.119	.702	.492	20	.000
2	.153	13.400	98.519	.364	.132	12	.000
3	.014	1.270	99.789	.119	.014	6	.082
4	.002	.211	100.000	.049	.002	2	.449

　　由表 3-12 可知，教師資訊素養四大層面與教師知識管理五大層面之間，在p值達.001 的標準下，只有兩組典型相關因素達到顯著水準。茲將教師資訊素養與教師知識管理各因素之典型相關分析摘要如表 3-13。

●▶表 3-13　教師資訊素養與教師知識管理各因素之典型相關分析

控制變項（X 變項）	典型因素		效標變項（Y 變項）	典型因素	
	χ_1	χ_2		η_1	η_2
資訊認知	-.806	-.050	知識取得	-.870	.124
資訊搜尋	-.900	-.270	知識儲存	-.742	.536
資訊評估	-.724	-.360	知識應用	-.785	-.523
資訊利用	-.777	.613	知識分享	-.645	-.190
			知識創新	-.686	-.159
抽出變異數百分比	.64667	.14528		.56210	.12744
重疊	.31825	.01923		.27663	.01687
			ρ^2	.492	.132
			典型相關（ρ）	.702***	.364***

註：＊表示 $p<.05$；＊＊表示 $p<.01$；＊＊＊表示 $p<.001$。

　　由表 3-13 可知，χ_1與η_1、χ_2與η_2間有顯著相關，二個典型相

關係數均達.05 以上的顯著水準,第一典型相關係數為.702(p<.001),第二典型相關係數為.364(p<.001),四個控制變項主要透過二個典型因素影響到效標變項(依變項)。典型相關模式及典型相關分析路徑圖如圖 3-3 所示。

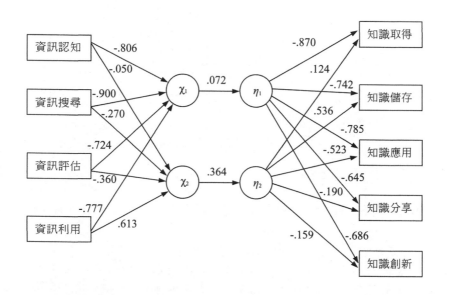

●▶圖 3-3　教師資訊素養與知識管理典型相關分析路徑圖

柒、結構方程模式

一、基本原理

有很多的社會科學研究探討因果模式,同時在建立理論與法則,結構方程模式就在解決上述的問題。它是由測量模式(measurement model)與結構方程模式(structual model)所構成。前

者是由幾項可觀察到的變項所組成，後者則由測量變項形成的潛在變項所形成因果關係。

結構方程模式的基本執行程序是：1.掌握所要考驗的理論，政策分析者應掌握考驗的理論為何；2.進行模型設定，例如究竟哪些是可觀察變項，哪些是結構模型的變項？結構模型之間，何者為原因？何者為結果？3.進行模型辨認；4.抽樣與測量或針對現有官方資料進行登錄；5.進行參數估計，此時應先計算所要估計的共變數矩陣或是相關係數矩陣，接著撰寫研究中所需要的結構方程模式程式語法；6.在進行估計之後，將有模型適配度考驗，如能符合模型的適配度指標，則不必要進行模型的調整，如果模型無法適配，則需要對模型進行調整；7.最後再依前述的估計結果，進行模型的討論與結論。

二、實例分析

例如有一項研究擬了解影響教育、經濟、人口與醫療對平均餘命之潛在變項因果模型，而提出以下的結構方程模式：如以初等教育在學率、中等教育在學率、文盲率、高等教育在學率代表教育潛在變項；健康經費支出占國民生產毛額比率與每萬名人口的醫生數代表醫療指標；國民所得與都市化程度代表經濟潛在變項；人口成長率與人口密度代表人口潛在變項；女性平均餘命與男性平均餘命代表平均餘命潛在變項。因此，教育潛在變項、經濟潛在變項、人口潛在變項與醫療潛在變項對平均餘命之因果模型是否存在？這樣的結構方程式如圖 3-4 所示。

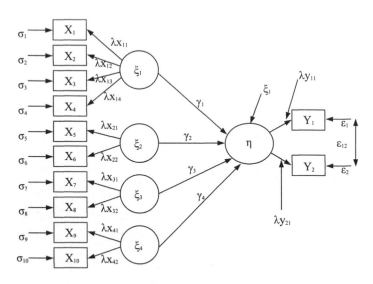

▇▷圖 3-4 教育、經濟、醫療與人口對平均餘命之潛在變項因果模式

圖中各符號說明如下：○中的符號ξ_1、ξ_2、ξ_3與ξ_4分別表無法觀察到的教育、醫療、經濟、人口與潛在自變項（以下同）或稱為外因變項（exogenous variables）；η代表健康潛在依變項，或稱為內因變項（endogenous variables）；□代表可觀察到的，即在X_1、X_2、X_3、X_4的□中分別代表可觀察的初等教育在學率、中等教育在學率、文盲率、高等教育在學率等教育變項（人）；X_7、X_8代表國民所得（美元）與都市化程度（%）；X_9、X_{10}代表人口成長率（%）與人口密度；Y_1與 Y_2代表女性與男性壽命（歲）。λx_{11}、λx_{12}、λx_{13}、λx_{14}、λx_{21}、λx_{22}、λx_{31}、λx_{32}、λx_{41}、λx_{42}、λy_{11}、λy_{12}等分別代表對 X_1、X_2、X_3、X_4、X_5、X_6、X_7、X_8、X_9、X_{10}、Y_1、Y_2對ξ_1、ξ_2、ξ_3、ξ_4與η的估計值。δ_1、δ_2、δ_3、δ_4、δ_5、δ_6、δ_7、δ_8、δ_9、δ_{10}、ε_1、ε_2等分別代表對 X_1、X_2、X_3、X_4、X_5、X_6、

X_7、X_8、X_9、X_{10}、Y_1、Y_2對ξ_1、ξ_2、ξ_3、ξ_4與η的估計誤差。ε_{12}代表 Y_1、Y_2兩個誤差項之間的相關（不同模式可能有不同誤差項，本 模式僅提供參考）；γ_1、γ_2、γ_3、γ_4代表ξ_1、ξ_2、ξ_3、ξ_4對η影響。ξ_1 代表潛在變項η的誤差。

本模式的方程式如下：

1.結構模式方程式：$\eta = \gamma_1\xi_1 + \gamma_2\xi_2 + \gamma_3\xi_3 + \gamma_4\xi_4 + \zeta_1$

2. X 測量模式方程式：$X_1 = \lambda x_{11}\xi_1 + \delta_1$；$X_2 = \lambda x_{12}\xi_1 + \delta_2$；

$$X_3 = \lambda x_{13}\xi_1 + \delta_3 \text{；} X_4 = \lambda x_{14}\xi_1 + \delta_4 \text{；}$$

$$X_5 = \lambda x_{21}\xi_2 + \delta_5 \text{；} X_6 = \lambda x_{22}\xi_2 + \delta_6 \text{；}$$

$$X_7 = \lambda x_{31}\xi_3 + \delta_7 \text{；} X_8 = \lambda x_{32}\xi_3 + \delta_8 \text{；}$$

$$X_9 = \lambda x_{41}\xi_4 + \delta_9 \text{；} X_{10} = \lambda x_{42}\xi_4 + \delta_{10} \text{。}$$

3. Y 測量模式方程式：$Y_1 = \lambda y_{11}\eta + \varepsilon_1$；$Y_2 = \lambda y_{12}\eta + \varepsilon_2$。

結構方程模型判定模型適合度的檢定標準，以整體模型適配 度與模型內在標準為根據（Jöreskog & Sörbom, 1993；馬信行， 民89），亦即以下標準：1.Chi-Square（χ^2），卡方值在理想情形 下是經統計檢定之後，不達顯著水準。2. Goodness-Of-Fit Index （GFI），理想數值至少在.90以上，最高為1.0。3. Adjusted Good- ness-Of-Fit Index（AGFI），理想數值至少在.90 以上，最高為 1.0。4. Root Mean Squared Residual（RMSR），理想數值應低 於.05，最好低於.025。5. Q-plot 殘差分布線應在45 度或高於45 度（即斜率大於1）。

另有適合度指標PGFI，它旨在說明結構方程模型的簡單化程 度，其值在0-1，如果大於.5以上較佳；NFI是在考驗假設模型與 獨立模型的卡方值差異，其值在0-1之間，大於.9以上較佳。而 另有替代性指標，例如CN在反應樣本數大小之適當性，如果估

計值在 200 以上較佳；AIC 旨在了解簡約模型的適配度，其值愈小愈好，RMSEA 則在比較理論模式與飽和模式差距，其值也在 0-1 之間，如小於.05 最好。至於相關的結構方程模式作品說明，可 參 考 Bollen（2002）、Bollen（1989）、Bentler & Bonett（1980）等的著作，和黃芳銘（民 91）所寫的《結構方程模式》，以及邱浩政（民 92）所寫的《結構方程模式》。

　　本節主要說明幾個重要的多變項統計分析技術。由於社會科學處理的變項愈來愈龐雜，且研究問題愈來愈複雜，加以資料多，配合電腦，目前的研究又講求高信度，因此多變量統計分析在教育政策分析的運用將日益提高它的重要性。

本章討論問題

一、試說明統計在政策分析的功用。

二、試指出統計在政策分析的誤用。

三、試指出平均數與標準差在教育政策分析實例的意義。

四、試找一份資料運用公平指數於教育政策分析。

五、試找一份資料進行平均數 t 檢定、相依樣本平均數檢定、獨立樣本平均數檢定差異。

六、試指出卡方考驗運用的類型。

七、試說明皮爾遜積差相關的特性。

八、試找一份資料運用變異數分析、共變數分析、線性規劃於教育政策分析。

九、試指出區別分析與集群分析的差異。

十、試找一份資料以多元迴歸分析方法進行資料分析。

參考書目

行政院主計處（民85）。社會指標。台北：行政院主計處。

朱經明（民87）。教育統計。台北：五南。

余民寧（民84）。心理與教育統計。台北：三民。

林文達（民77）。教育經濟學。台北：三民。

林真真與鄒幼涵（民79）。迴歸分析。台北：華泰。

林清山（民80）。多變項統計分析。台北：東華。

林清山（民85）。心理與教育統計學。台北：東華。

周文賢（民91）。多變量統計分析——SAS/STAT使用方法。台北：智勝。

邱浩政（民92）。結構方程模式。台北：雙葉。

馬信行（民77）。國家發展指標之探索——以教育與經濟發展指標為主，國立政治大學學報，58，229-271。

馬信行（民80）。我國教育分布之均等度及未來高等教育發展的策略。國立政治大學學報，62，1-28。

馬信行（民89）。教育科學研究法。台北：五南。

陳順宇（民89）。迴歸分析。台北：華泰。

陳順宇（民90）。多變項統計。台北：華泰。

張芳全（民90）。國家發展指標之探索。國立政治大學教育學系博士論文。未出版。

張芳全（民92）。1990年與1996年男女教育量差異與發展類

型探索，<u>國立政治大學教育與心理研究</u>，26 (2)，120-155。

張芳全（民 93）。<u>國家發展指標研究</u>。台北：五南。

張勉懿（民 93）。<u>台北縣市國民小學教師資訊素養與知識管理之關係研究</u>。國立台北師範學院國民教育研究所碩士論文。未出版。

黃芳銘（民 91）。<u>結構方程模式</u>。台北：五南。

Afifi, A. A.（1990）. *Computer-aided multivariate analysis*（*2rd*）. New York: Van Nostrand Reinhold Company.

Akaike, H.（1987）. Factor analysis and AIC. *Psychometrika, 52*, 317-322.

Bartholomew, D. J., & Knott, M.（1999）. *Latent variable models and factor analysis*. London: Arnold.

Bentler, P. M., & Bonett, D. G.（1980）. Significance tests and goodness of fit in the analysis of covariance structures. *Psychological Bulletin, 88*, 588-606.

Bollen, K. A.（1989）. A new incremental fit index for general structural equation models. *Sociological Methods and Research, 17*, 303-316.

Bollen, K. A.（2002）. Latent variables in psychology and the social sciences. *Annual Review of Psychology, 53*, 605-634.

Freedman, D. A.（1987）. As others see us: Acase study in path analysis. *Journal of Educational Statistics, 12,* 101-128.

Heck, R. H., & Thomas, S. L.（2000）. *An introduction to multilevel modeling techniques*. Mahwah, NJ: Lawrence Erlbaum Associates, Incs.

Jöreskog, K. G., & Sörbom, D.（1993）. *LISREL8: Structual equation modeling with the SIMPLIS command language.* US: Scientific Software International, Inc.

Kirk, R. E.（1995）. *Experimental design procedures for the behavior sciences（3rd）.* Pacific Grove: Books.

Morrison, D. F. (1990). *Multivariate statistical method（3rd）.* McGraw-Hill Book Co.

UNESCO（2000）. *World education report 2000.* Paris.

{第四章}

教育政策指標分析

本章學習目標

一、可指出教育指標意義。

二、可以說出教育指標功能。

三、可以指出國際教育指標有哪些組織在進行建置。

四、可以說出幾個重要教育指標與國民所得的關係。

五、可以指出歐洲經濟發展組織的教育指標。

六、可以說明本章在教育指標與國民所得之間關係的重要啟
示。

七、可以指出男性與女性教育指標的差異。

第一節　教育政策指標界說

壹、教育指標

一、教育指標意義

　　教育指標是運用統計量數所計算出來的一種標準。此種標準運用所測量到的數據，進行計算所得到的一個數值，最後再進行價值判斷。Johnstone（1981）認為指標有幾種意義：1.指標可作為評論的工具；2.指標與變項有區別，指標是對整體現象的說明，它是將幾個變項整併式的計算所得到的數值。就如高等教育淨在學率，是指十八至二十一歲的學齡人口就學高等教育的人數除以該群的學齡人口所得到的數值。變項則僅就某項特定屬性的現象說明，如就智商、人格、體重等都是一種屬性而已；3.指標代表數量價值，指標應客觀數字，就如國民所得指標，台灣在民國九十二年的國民所得為 12,879 美元，而美國為 36,243 美元；4.指標具短暫價值，它會隨著時間的改變而改變，就如民國七十年的台灣高等教育在學率為 10.1%，而民國八十五年則為 46.7%（教育部，民 92）；5.指標是理論發展的基本單位，它可以作為教育研究的分析單位，以及教育研究理論建立的參考。最後，指標是對事物現象的描述，就如台灣的「經濟成長率」，經濟成長率是一個明確的指標，它可能是某一個百分比，但它僅可能對台

灣的現象描述。簡言之，指標是一種以統計數字，據一定的標準或數值對社會現象描述，同時對該現象進行某種程度的價值判斷。就如一個國家的中等教育淨在學率、高等教育淨在學率指標，它是以就學於該等級教育的人數，除以該等級的學齡人口數，所得到的一個比率值。此種比率可以指出一個國家在該級教育中，該學齡人口的就學情形，同時如果在同樣基準點上，不同的國家可以比較其教育發展的高低。

二、教育指標功能

教育政策分析中，吾人常會運用教育指標作為分析的資料。教育指標具有監控、掌握品質、了解發展方向的功能。教育指標可以提供教育系統的各種發展訊息。指標可作為對教育制度監控、表現成效的管制及預測未來的發展。張鈿富（民88）指出教育指標有四項功能：一是品質管制；二是達成契約義務的程度；三是確定達成教育目標的方法；四是提供消費者選擇所需的訊息。

張芳全（民90）認為教育指標有幾個功能：1.顯示教育表現成效，即從指標中可了解教育發展的成效好壞；2.預測未來，教育發展可以經由教育指標的預估，掌握未來的發展。就如一個國家如果未來要將高等教育在學率由30%提高為40%，此時可以運用有關指標的預測方式，對未來進行估計；3.政策追蹤，即可以運用指標對政策發展及執行的效果，經由政策目標與執行後的成果之間的比較了解政策執行成效。而在政策執行後的評估，就需要指標的介入；4.評估參考，即可以提供政策應如何進行調整，有哪些應改進，或有哪些應維持。總之，教育指標在教育政策情境之中，具有監控教育政策執行程度、追蹤教育政策執行成效、

評估教育政策效果與產出或影響、預測教育政策是否執行得當、
提供消費者對於教育政策的完整訊息（例如：大學學費政策，公
私立大學都應提出各校歷年的學費）等功能。

貳、國際教育指標

一、聯合國教科文組織

　　聯合國教科文組織在西元二○○三年公布的教育指標有以下
幾項：

　　1.學校就學的發生率（Apparent and Net Intake Rates），包括
男性與女性的初等教育發生率〔Gross（Apparent）Intake Rate. Pri-
mary. Both sexes〕，它代表學生有到學校學習的比率，如果它愈
高代表教育發展愈好。

　　2.整合三級教育在學率（Combined Gross Enrolment Ratio）以
及性別差異指數（Gender Parity Index），所公布的年度有
1998/1999, 1999/2000, 2000/2001 年等。它反應出一個國家在三級
教育加總後的教育程度，如果愈高，在某種程度上代表教育愈發
達。但它有缺點，即可能因為加總之後，並無法了解各教育層級
的教育在學率。

　　3.高等教育就學率（Enrolment in Tertiary Education）公布的
年度有 1998/1999, 1999/2000, 2000/2001 年。它代表一個國家的高
等教育及高級人力投資的高低。

　　4.學前教育的粗在學率與淨在學率（Gross and Net Enrolment
ratios, Pre-primary）公布的年度有 1998/1999, 1999/2000 與 2000/2001

年。它代表一個國家對於幼兒教育的重視程度，如果此值愈高代表愈重視學前教育。

5. 初等教育粗在學率與淨在學率（Primary Gross and Net Enrolment Ratios）以及性別差異指標（Gender Parity Index, primary，依據 International Standard Classification of Education, ISCED 1），公布年度有 1998/1999, 1999/2000 與 2000/2001 年。初等教育在學率可以了解一個國家普及教育的程度，如果該值愈高，代表愈普及。而初等教育兩性差異指標，代表一個國家對於兩性教育平等的重視，如果它愈高代表兩性愈均等。

6. 中等教育粗在學率與淨在學率（Secondary Enrollment Ratios）以及性別差異指標〔Gender Parity Index, secondary（ISCED 2 & 3）〕，公布的年度有 1998/1999, 1999/2000 與 2000/2001 年。它代表一個國家重視教育投資的轉型，如果它愈高代表政府對於教育愈重視。而兩性差異指標代表國家對兩性教育平等重視，如果它愈高代表兩性愈均等。因為開發中國家或低度國家的人民往往無法接受中等教育，所以它可反應出低度發展國家對教育的重視程度。

7. 高等教育粗在學率（tertiary Gross Enrolment Ratios）以及性別差異指標〔Gender Parity Index, tertiary（ISCED 5 & 6）〕，公布的年度有 1998/1999, 1999/2000 與 2000/2001 年。它代表國家對於高級人力投資的情形，如果此值高代表國家對於人力資本重視。

8. 就學預期年數（School life expectancy）、重讀率（percentage of repeaters）以及初等教育四至五年級的存活率（survival rates to grade 4 and 5）。它代表國家在教育投資的浪費情形，如果一個國家的初等教育存活率很低，代表該國浪費教育投資，因為已

投入教育資源,但學生卻在中途就輟學,因而形成浪費。

9. 估計文盲率(Estimated illiteracy rate)以及以國別區分的十五至二十四歲文盲人口(illiterate population aged 15 to 24 years old, by country),公布的年度為 1970-2015 年,所指文盲是指無法讀與寫的能力所占有的人口數。

10. 估計文盲率(Estimated illiteracy rate),以及以國別區分的十五歲以上文盲人口(illiterate population aged 15 years and older, by country),公布的年度為 1970-2015 年。

11. 估計文盲人口(Estimated illiteracy rate),以及以區域區分的十五歲以上、以及十四至二十四歲的文盲人口 (illiterate population aged 15 years and older, and 15 to 24 years, by region),公布的年度為 1970-2015 年。

第九至十一項是文盲人口率以及人口數,如果此值愈高代表該國的人力素質較低,因為人民沒有接受教育,所以文盲人口增加,是國家人力素質無法提高的另一種原因。

12. 勞動力獲得年數比率(percentage population educational attainment),它是由六個教育層級的教育獲得年數所計算,教育程度計算的標準以(ISCED)分類為基準。各層級的教育定義如下:未就學(No schooling)所指的是少於完成初等教育一年(refers to persons who have completed less than one year of primary education)。未完成初等教育者(Primary education incomplete)包括至少完成初等教育一年級者,但並未完成初等教育所有年級(all persons who have completed at least one grade of primary education but who did not complete the final grade of this level of education)。完成初等教育年級者(Primary education completed)指的是已經完成

初等教育最後一年級，但是並未進入中等教育者（all persons who have completed the final grade of primary education but did not enter secondary education）。已完成中等教育前段學業，但未完成中等教育後期者〔Attended lower secondary education comprises all persons who have attended lower secondary education but not （upper） secondary education〕。獲得中等教育後期者，但未進入後中等教育階段者（Attended upper secondary education includes all persons who have attended upper secondary education but not post-secondary education）。後中等教育（Post-secondary education）所指的是已完成中等教育以及獲得後中等教育學業者（all persons who have completed secondary education and attended post-secondary education）。

　　13.義務教育年數與起始年齡（Length and starting age of compulsory education），它代表一個國家對於義務教育的重視，也是一個國家對於人權的保障。

　　14.教育經費分配於各層級教育的比率（Percentage distribution of public expenditure on education by level of education），公布的年度有 1998/1999, 1999/2000 以及 2000/2001 年。它反應出政府對於教育投資的多寡，如果它愈多代表政府愈重視教育。另外在三級教育經費的分配上，也可反應出該國對某一種教育層級的重視。

　　15.學前教育、初等教育、中等教育女性教師比率（Percentage of female teachers），公布年度有 1998/1999, 1999/2000, 2000/2001 年。它代表一個國家女性在教育職場上的重要性。

　　16.不同的教育層級已接受訓練過的教師比率（Percentage of trained teachers by level of education）。它代表一個國家的教師素質，如果愈高代表教師素質愈好。

　　17.教育經費占國民所得比（Public Expenditure on Education as % of Gross National Income, GNI）、教育經費占國民生產毛額比（ % of Gross Domestic Product , GDP）及教育經費占政府支出比率（ as % of Government expenditure by country）。它代表國家對於教育投資的多寡，如果此比值愈高，表示國家愈重視教育。

　　18.不同層級教育的生師比（Pupil teacher ratio by level of education）。即學前教育、初等教育、中等教育與高等教育生師比（Pupil-teacher ratio Pre-Primary; Pupil-teacher ratio Primary; Pupil-teacher ratio Secondary; Pupil-teacher ratio Tertiary）。它代表一個國家教育品質的好壞。如果生師比愈高，代表一位教師所要負擔的學生人數愈多，因而可能無法有更多的時間與學生互動。

　　以上是聯合國教科文組織對於全球各國的教育統計指標的類型。

二、教育指標實例

　　以下舉例說明聯合國教科文組織（UNESCO, 2003）所公布的高等教育粗在學率。如表 4-1 所示。表中所顯示的是兩性的高等教育粗在學率、女性與男性的高等教育粗在學率，以及1998-2001 年的高等教育兩性差異指標。以高等教育在學率而言，如果一個國家的教育在學率愈高，代表該國對於人力資本有更多的投資。就如表中的澳洲有 63%、奧地利也有 58%；但是孟加拉、阿爾巴尼亞僅有 7%與 15%。而兩性教育差異是以女性教育在學率除以男性的教育在學率所得到的值，如果此值愈高，代表該國對於女性教育愈重視，也代表該國兩性教育機會愈一致，就如表中的澳州有 1.24，而孟加拉僅有 0.55。這可以發現，如果愈是先進的國家，女性受教育的機會愈多，反之則較少。

● 表 4-1　高等教育粗在學率與兩性差異指標　單位：%

指標 國家／年度	兩性 2000/2001	男性 2000/2001	女性 2000/2001	兩性差異 1998/1999	兩性差異 1999/2000	兩性差異 2000/2001
阿爾巴尼亞	15	11	19	...	1.58	1.69
Aruba	29	24	35	1.14	1.46	1.49
澳洲	63	57	70	...	1.24	1.24
奧地利	58	54	62	1.05	1.1	1.14
孟加拉	7	8	5	0.51	0.51	0.55
巴貝多	38	22	55	2.29	2.63	2.45
白俄羅斯	56	49	63	1.29	1.29	1.29
比利時	58	54	62	...	1.13	1.16
貝南	...	...	...	0.26	0.24	...
波札納	5	5	4	0.79	0.74	0.89
巴西	17	14	19	1.22	1.26	1.29
汶萊	15	10	20	1.99	2.11	1.99
保加利亞	41	35	47	1.53	1.4	1.35
蒲隆地	1	2	1	0.41	0.35	0.36
柬埔寨	3	4	2	...	0.34	0.38
加拿大	59	51	68	1.32	1.33	1.34
智利	38	39	36	0.88	0.91	0.92
中國大陸	13	...	...	...	0.52	...
哥倫比亞	23	22	24	...	1.11	1.09
剛果	5	9	1	...	0.3	0.13
哥斯大黎加	16	15	18	1.15	1.2	1.21

資料來源：*Statistical Yearbook*. UNESCO. 2003. Paris.

第二節　OECD 國家教育政策指標分析

　　欲了解OECD國家之教育指標與國民所得之間的關係，這些教育指標見本節第三部分變項操作型定義。本節就以 OECD 國家幾個重要的教育指標進行分析，以及對有關教育指標之相關概念說明。

壹、教育與經濟發展

　　教育是一種人力技能投資。它可協助國家經濟發展與提高工作者的生產力。教育能提升個人及社會的發展，並促進社會階級流動，而減少社會不平等。教育投資就如同其他經濟投資一樣，具有成本及投資報酬大小問題。自一九六○年代以來，經濟學家已努力了解哪些因素讓經濟成長。Denison（1962）以美國的資料研究顯示，教育投資的生產價值超過資本及勞動力投入。他曾將教育投資造成經濟成長視為殘餘因素，但後來將此因素視為勞動力品質改善的原因。就某種程度而言，勞動力品質高低代表勞動力接受教育程度高低。

　　Mingant與Tan（1996）以世界銀行資料進行研究發現，高所得國家有較高的高等教育發展，但是低所得國家則處於中等及初等教育有較高的發展，但他們發現教育投資報酬率仍隨著教育等級增加而減少。OECD（2000, p. 79）研究指出如有更多資源投入教育制度，則該國每人有較高的國民所得。他更以每人接受教育

年數與每人國民所得進行相關分析，發現有較高學習年數，則該國國民所得較高。有良好的知識份子與良好教育訓練的勞動力，才有國家經濟生產力。教育扮演著擴增知識及轉移生產力於勞動及產業。因此，如果有好的教育可以提升技能及增加勞動生產力是不爭的事實。一個國家人口之中，教育獲得比率可作為勞動生產力素質代表指標之一，因為它決定經濟發展、個人生活品質及對社會表現的一種指標。不過，提高國民的教育獲得率將影響到政府及民間家計經濟投入，亦會提高政府教育成本。現代社會中，人民如果獲得教育的機會較少，可能在社會亦較為不利，尤其是在勞動市場之中。

其實，教育對國家亦有其他貢獻，例如教育投資愈多，人民愈健康、壽命愈長。Taubman 與 Rosen（1982）以美國的資料研究顯示，如果控制其他因素，學校就學多寡與嬰兒死亡率呈負向顯著關係。Grossman（1975）以美國資料研究高所得的國民，而Desail（1987）以低所得的國民為樣本，指出如對樣本投資教育，對健康有幫助。Rosenzweig 與 Schultz（1991）也發現家長的教育程度對下一代子女體重有顯著且重要的影響。從上述可發現，接受教育或得到更多教育者，他們在健康方面的表現比沒有接受教育者來得優越。

持平而言，經濟愈發展的國家，政府對教育投資應愈多，因為政府有足夠經費，因此可投入教育的也愈多。以個人而言，如果家計或個人所得愈高，其購買教育機會愈大。雖然 OECD 國家在經濟方面有成長，但是否每人國民所得增加或成長，教育經費占國民生產毛額比率也有成長呢？一個國家如果有較高國民所得，國家在初等教育及中等教育生師比是否亦較低呢？此外，是

否國家的經濟成長愈高,該國的教學時數亦會增加。經濟發展如
果愈先進,是否該國在教學時數亦有趨勢可掌握?是本節所要觀
察的。

貳、OECD 國家教育指標

本小節將說明幾個OECD國家的教育指標表現情形,說明如
下:

OECD國家在二十四至六十五歲的人口中,在「中等教育後
段所擁有教育比率指標」,超過60%以上的國家有德國、挪威、
瑞士及美國。而葡萄牙、西班牙及土耳其各僅有80%、11%及13%
而已。可見,OECD國家在這指標上有不同。在二十二個 OECD
國家中,此指標整體平均數為38.7%。

教育經費投資是生產投資。教育有幾項效果:1.加速經濟發
展;2.提高生產力;3.對個人及社會發展有其貢獻;4.減少社會
的不公平。Behrman & Stacey(1997)的研究也指出,如果能接
受教育,則早期的教育較少輟學與減少在學校中的學習失敗,因
而能夠避免犯罪。Barnett(1995)以美國樣本研究指出,早年教
育有長期效果,教育讓學生有較好的學習成就、學習分數保留,
以及社會調適等。但他也指出此種教育效果受到教育品質、所設
計課程與投資效果好壞影響。

在教育層面中,能夠代表國家教育投資多寡的指標是教育經
費占國民生產毛額比率。一般而言,如果一國教育在學率愈高,
其他條件不變,應需要有更多教育經費支持。換言之,如果學齡
人口或青少年人口愈多,對教育需求亦愈高,因此教育經費需求

就愈多。政府在教育經費占國民生產毛額的比率就應愈高。近年來,因為各國經濟發展改變,各國在該項指標亦有變化。一九七〇年加拿大、愛爾蘭及英國在此指標各為 10.2%、6.2%及 6.2%,至一九九三年降為 6.9%、5.1%與 5.1%。在二十五個 OECD 國家中,此指標的整體平均數為 5.7%(OECD, 1996)。

OECD國家在近年來面臨一項教育問題,即在一定教育品質要求,究竟學生的教育成本過高或過低或剛剛好?就另一方面而言,是否會增加納稅人負擔?教育政策分析者應了解並掌握在擴充教育機會的同時,教育品質也能夠掌握。因此,教育政策分析者及政府官員應了解不同的教育層級中,如何分配每位學生的教育經費支出。此種教育經費分配亦包括繼續教育(countining education)、成人教育及正規教育等。就如有些國家強調的重點在於如何讓更多人民接受高等教育,但有些國家則強調如何普及國民教育。以OECD國家而言,整體教育經費支出,平均每位學生每年支出4,760美元。其中初等教育學生為每年每位 3,320美元,中等教育及高等教育的學生則各為 4,730 及 9,670 美元。不過,OECD國家在各級教育的教育經費支出差異非常大。就如初等教育而言,最多者為 4,900 美元,最少者為 1,900 美元。其實,每位學生每年的教育經費支出多寡受到師生比高低、教師人員型態、教師薪資高低、教學設備及材料精緻與否、教學方案與學校類型影響。然而,是否OECD國家國民所得愈高,在初等教育、中等教育及高等教育上,每生的教育經費支出亦愈高,這是教育政策分析者應了解的。

教師在教育情境中是重要資源,他們對學生產生影響;如果沒有老師教學,將無法引起學生學習。然而,教師多寡影響與學

生互動的品質。是故,如要衡量教育品質高低可運用師生比替代。由於出生率下降,學齡人口減少,OECD國家的各級學校師生比亦降低。就如一九八五年的奧地利、丹麥及西班牙,初等教育與中等教育師生比(加總)各為11.4、12.2、21.7,至一九九四年降為9.1、9.8及17.0(OECD, 1996, p. 102)。在同期間亦有增加者,例如加拿大及荷蘭各由16.9、16.3增加為17.7及19.1。

　　教學時數多寡可能決定一位學生學習成果。教學時間可充分提供給學生,但受到班級大小、教師教學負擔、師生比高低的影響。同時不同科目亦有不同教學時數。教師工作時間對教育財政,以及能否吸引教師進入職場都具關鍵。如在低工作薪資、有長假期、彈性工作分配及相對自主能運用時間等好處,將吸引教師進入工作,尤其是女性教師。

　　一九九五年的OECD國家,十二歲學生──相當於國中一年級──每年的平均被教學時數有九百零八小時,十三歲學生有九百三十一小時,十四歲學生有九百三十五小時。若是十二至十四歲學生,教導母語與外語的時間占28%為最高,其次是教導數學及科學時間,約占有40%。在OECD國家中,一九九六年十三歲學生接受教學時數最多為奧地利,共有一千一百零五小時,最少為土耳其的七百二十小時。十四歲學生接受最多及最少者亦是奧地利與土耳其,各有一千零七十三及六百九十六小時。如果是教導數學及科學的時數,十二至十四歲學生以奧地利的九百七十五個小時最多,以挪威的五百零四個小時最少。

　　教學是否適當可從學生學習成果反應出來。學生學習成果如在一個相同基準點進行比較,更可了解學生的國際競爭力與該國未來實力。以微觀而言,學生學習成果愈佳,可能代表教學品質

及學習品質亦較高。在國際可得到這方面的資訊是由國際教育評量局所進行的第三次世界數學及科學評量。OECD國家,在一九九四至一九九五年,數學科最高及最低的國家為南韓及葡萄牙,各為六百零七分及四百五十四分;而科學最高及最低各為捷克及比利時,各為五百七十四分及四百七十一分。

　　現代化國家的勞動力需要普遍性高度技能的勞動者,而不要將高度技能的勞動者集中在精英手中。社會大眾了解家中子弟低成就者在學校畢業之後,將可能面臨失業問題。因此,一個國家的學生在數學及科學有最好表現,將在畢業後有較高的生產力,尤其是在數學、工程及科學領域。從此方面思考,如果國家經濟愈發展,代表國家愈現代化,理應在學生數學及科學成績上有較好表現。因此,本節擬了解經濟與數學及科學成績分數之間的關係。

　　前述分析,如果一個國家教學時數愈多,是否在科學及數學科的國際表現成績愈高,二者是否有某種程度關係,亦是本節所要分析的主題。

參、分析方法、模式與操作型定義

一、分析方法與模式

　　本文將以多元迴歸分析,進行OECD國家教育指標與每人國民所得指標分析。迴歸分析在進行多種變項線性關係,從中找出自變項及依變項之加權關係,以了解自變項及依變項間關係。本研究所考驗方程式有以下幾項:

模式一：$Y_1 = a + bX$；　　　模式二：$Y_2 = a + bX$；

模式三：$Y_3 = a + bX$；　　　模式四：$Y_4 = a + bX$；

模式五：$Y_5 = a + bX$；　　　模式六：$Y_6 = a + bX$；

模式七：$Y_7 = a + bX$；　　　模式八：$Y_8 = a + bX$；

模式九：$Y_9 = a + bX$；　　　模式十：$Y_{10} = a + bX$；

模式十一：$Y_{11} = a + bX$；　　模式十二：$Y_{12} = a + bX$

模式一至模式十一的 Y_1 至 Y_{11} 為所代表的依變項如操作型定義一節中所列，X表示國民所得，模式十二的X表示教學時數，Y_{12} 為數學科成就，a 為常數項。

二、變項操作型定義

本節所要分析的變項之操作型定義如下：

Y_1（中等教育後期獲得率）：它是指二十五至六十四歲的人口中，有多少人口比率是已接受中等教育後期的教育，它以百分比為單位。

Y_2（中等教育後期教育在學率）：它是指十五至十八歲的人口中，有多少的人口接受中等教育後期的比率，也是以百分比為單位。

Y_3（高等教育獲得率）：它是指二十五至六十四歲的人口中，有多少人口比率是已接受高等教育，它以百分比為單位。

Y_4（教育經費占國民生產毛額比率）：它是以政府每年支出於教育的經費，除以該年度的政府國民生產毛額的比率，它是以百分比為單位。

Y_5（初等教育每生的教育經費）：每位初等教育學生運用政府的教育經費多寡，它是以美元為單位。

Y_6（中等教育每生的教育經費）：每位中等教育學生運用政府的教育經費多寡，它是以美元為單位。

Y_7（高等教育每生的教育經費）：每位高等教育學生運用政府的教育經費多寡，它是以美元為單位。

Y_8（初等教育師生比率）：初等教育的學生人數除以初等教育的教師人數。

Y_9（中等教育師生比率）：中等教育的學生人數除以中等教育的教師人數。

Y_{10}（十二至十四歲的每年教學時數）：每年度十二至十四歲的年級中，學校運用的教學數，單位為小時。

Y_{11}與Y_{12}（第三次數學及科學成就評量數學科成就）：它是第三次數學評量所測得的數學科成績。

肆、分析結果

上述模式第一至第十一項以各種教育指標為依變項，國民所得為自變項（模式十二為教學時數為自變項，數學成就為依變項），經迴歸分析發現，OECD國家的教育指標與國民所得，所得到的結果如表4-2所示。

表中的結果顯示幾種意義：第一，國民所得對中等教育獲得率、中等教育在學率、教育經費占國民生產毛額比、初等教育每生經費、中等教育每生經費、高等教育每生經費等具有正向顯著影響，且達到.01以上的顯著水準。第二，教學時數的多寡對於數學科成就沒有顯著影響。第三，國民所得對高等教育獲得率、初等教育生師比、中等教育生師比、教學時數及數學科成就的高

低並沒有顯著的影響。第四，在各模型的解釋度之中，如以具顯
著性的模型而言，中等教育每生教育經費的解釋力.774 最高，以
教育經費占國民生產毛額比率最低。第五，在國民所得對教育指
標有達顯著者，經過 F 值的考驗之後，也都達到.01 以上的顯著
水準，它更表示國民所得對這些教育指標具有影響。第六，在各
教育指標中，經過極端值檢定，其檢定標準是標準差超過 3.0 以
上僅有高等教育獲得率，它是加拿大。表中發現，極端值超過者
很少，因此並不考量刪除。

為讓 OECD 國家的教育指標與國民所得之間的關係更為具體，
以下將各個指標與國民所得之間的關係以座標圖繪製如圖 4.1 至
圖 4.12 所示。

伍、政策啓示及建議

從前面分析結果可得到以下啟示：

一、政策啓示

㈠國民所得愈高的國家對教育投資愈多

從研究中發現 OECD 國家如果國民所得愈高，即經濟發展程
度愈好，則中等教育獲得比率、中等教育在學率、教育經費占國
民生產毛額的比率、初等教育每生教育經費支出、中等教育每生
教育經費支出、高等教育每生教育經費支出等指標都比較高。換
言之，國家如果要對教育投資更多經費，需要更好的經濟發展，
如此才可以讓國家教育有更好品質。這些研究結果可說明，如果
一個國家經濟發展程度愈高，則該國在教育表現上相對的也愈好。

㈡教學時數與數學科成就高低，不一定與國民所得高低有關

　　從分析中發現OECD國家如果國民所得愈高，教學時數並不一定最高，可能是國家愈發達，對於學校教學的時數並不一定有強制性的規定。同時國民所得愈高，其學生的數學科學習成就，也並不一定最高。這可以從一九九六年的第三次數學科成就評量中發現，南韓與日本在二十六個國家中是最高的，各為六百零七分及六百零五分。南韓的經濟發展並不高，但是在該次成就測驗中是最高的。因此，一個國家的數學科成就高低，並不必然與國民所得有關，可能與國家的歷史、文化及民族性、家長期望與學生特性有關。

㈢國民所得愈高，教育品質愈高

　　從分析中發現OECD國家如果國民所得愈高，初等、中等及高等教育的每生教育經費支出亦愈高，但是如果以國民所得與初等教育、中等教育生師比而言，卻沒有得到相同的結果。生師比與每生教育經費支出是代表教育品質指標的一種方式，但是二者之間會有不同的結果，待後續的研究。然而可確定的是，如果每生的教育經費支出愈高，應該每生資源愈多，但並不一定表現在生師比的指標上。

㈣教學時數與數學科成就沒有顯著關係

　　從分析結果發現，一個國家如果教學時數愈多，學生的數學成就不一定愈高。這可能的原因是教學時數多，並不必然讓學生的學習成就提高。因為學習成就可能受到教學因素、師資素質、民族性格及學生特性所影響。所以數學成就的高低，並無法從教學時數中了解。

➡表 4-2　各種教育指標與國民所得之迴歸分析摘要

模式／依變項	常數／自變項	B值	β值	顯著水準	R^2	F值	國家數	極端值國家	極端值
模式一中教獲	常數	16.53		*	.324	F（1,20）=9.58**	22	無	
	所得	.001	.569	**					
模式二中教率	常數	55.87		**	.373	F（1,20）=11.92**	22	無	
	所得	.0010	.611	**					
模式三高教獲	常數	12.29		*	.142	F（1,20）=3.322	22	加拿大	3.267
	所得	.00034	.377						
模式四教經比	常數	4.706		**	.207	F（1,23）=5.991*	25	無	
	所得	.000477	.455	*					
模式五初生經	常數	857.16		*	.729	F（1,20）=53.71**	22	無	
	所得	.109	.854	**					
模式六中生經	常數	1016.35		*	.774	F（1,21）=71.89**	23	無	
	所得	.154	.880	**					
模式七高生經	常數	3067.06		**	.484	F（1,23）=21.61**	25	無	
	所得	.210	.696	**					
模式八初生師	常數	21.03		**	.091	F（1,19）=17.01**	21	無	
	所得	-.000166	-.301						
模式九中生師	常數	16.39		**	.112	F（1,18）=2.263	20	無	
	所得	-.000127	-.334						
模式十教學時數	常數	861.5		**	.066	F（1,13）=.919	15	無	
	所得	.00275	.257						
模式十一數學成就	常數	501.6		**	.088	F（1,19）=1.835	21	無	
	所得	.0009	.297						
模式十二數學成就	常數	380.25		**	.175	F（1,10）=2.115	12	無	
	教學時數	.138	.418						

註：**表示 p<.01；*表示 p<.05。

二、政策建議

基於以上結果，有以下的教育政策推介：

㈠教育經費應維持

台灣的經濟在過去幾十年來都逐年成長，對教育經費投資也固定，未來如果要提高，並維持在一定教育水準，應先有更好的經濟發展。

㈡經濟與教育發展配合

如果有更好的經濟發展，教育經費才可以提高，直接反應出在中等教育及高等教育在學率上。

㈢影響學習成果因素多元

教學時數並不一定與數學科成就有關，因此，台灣的中小學教育並不一定要提供過多的教學時數或節數，相對的應該從掌握如何提高課堂的教育品質著手。

三、對未來研究建議

對未來有以下建議：

㈠建構教育政策指標

聯合國教科文組織已提出國際教育的標準分類（International Standard Classification of Education, ISCED），它將教育指標依不同教育等級區分，就如學前教育歸類為 ISCED1、初等教育為 ISCED2、中等教育前段為 ISCED3、中等教育後段為 ISCED4、後中等教育的正規教育為 ISCED5、後中等教育的非正規教育為 ISCED6。它以統一的標準將各國的教育統計指標進行計算，並進行比較。台灣在此項的教育指標尚未建構。此外，又如中等教

育獲得率、高等教育獲得率、教學時數等指標建構均缺乏。如果
台灣要學習他國或與他國進行比較可能會有困難。因此,當局應
建立該類教育政策指標。

㈡分析影響因素應增加

本文僅以單元迴歸進行各種教育指標與國民所得之間的關
聯,因為僅考量一個自變項,在研究推論時應謹慎。就如一個國
家的教育素質是否應包含更多因素,本文僅有教學時數、數學科
成就,以及生師比等指標,研究因素是否不足,有待後續進行研
究。因此,如要探討教育指標與國民所得之間關係,是否應包含
民族性、家長期望及相關因素等,可能較能了解整體表現。

教育政策指標可作為政策分析的重要參考,政策規劃者應適
時運用指標,透過政策指標分析,掌握教育政策執行。

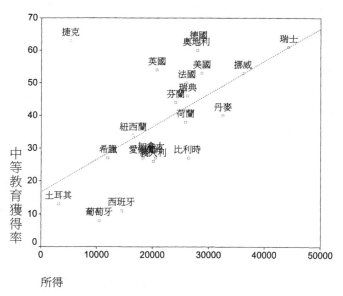

■▷圖 4-1　中等教育獲得率與國民所得

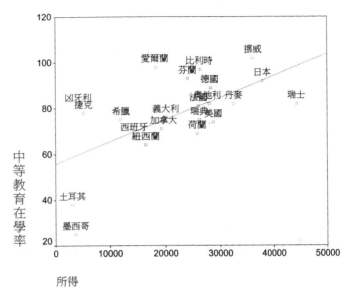

■>圖 4-2　中等教育在學率與國民所得

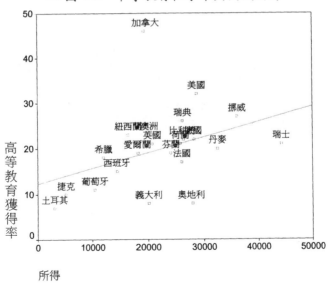

■>圖 4-3　高等教育獲得率與國民所得

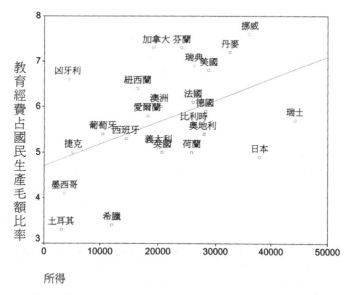

教育經費占國民生產毛額比率

所得

◀▷圖 4-4 教育經費占國民生產毛額比率與國民所得

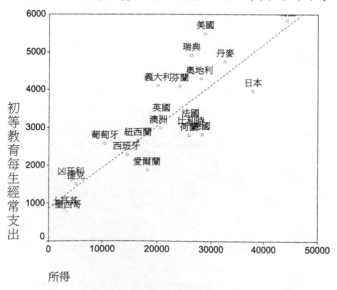

初等教育每生經常支出

所得

◀▷圖 4-5 初等教育每生經常支出與國民所得

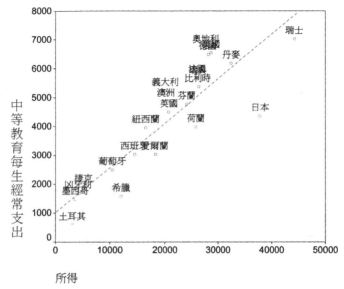

➡️ 圖 4-6　中等教育每生經常支出與國民所得

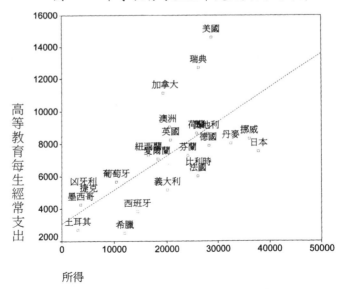

➡️ 圖 4-7　高等教育每生經常支出與國民所得

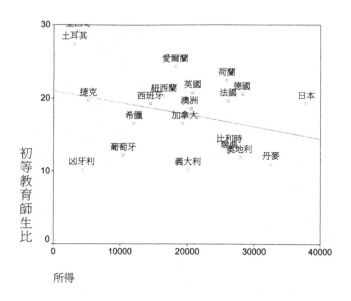

➡️圖 4-8　初等教育師生比與國民所得

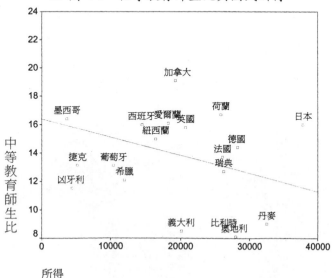

➡️圖 4-9　中等教育師生比與國民所得

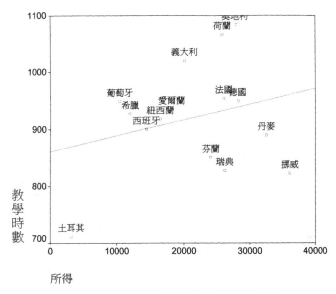

➡️圖 4-10　教學時數與國民所得

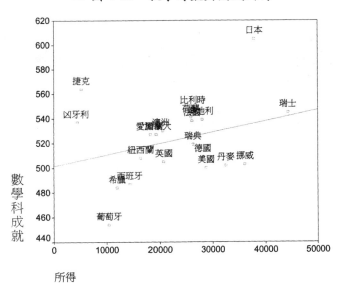

➡️圖 4-11　數學科成就與國民所得

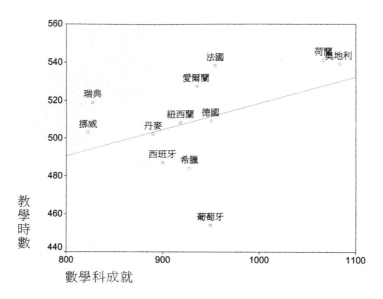

➾圖 4-12　教學時數與數學科成就

第三節　男女教育在學機會差異檢定

壹、影響女性就學率的因素

　　女性教育在學機會遠低於男性，從過去以來是各國常有現象。這種現象尤其是在開發中國家或低度開發國家更為嚴重。究竟女性就學機會為何會較男性少？經歸納發現，影響女性教育在學率因素，據UNESCO（2000）指出有需求因素與供給因素兩種。前者包括社會經濟因素以及文化因素；後者為政治機構因素，以

及與學校有關因素。

　　社會經濟因素有貧窮、直接成本，例如學費、制服與交通、高度機會成本與低度教育投資報酬率、女性需要做家事、學校距家遠、畢業之後仍有就業限制、女性低度識字情形。

　　文化因素有家長的低度教育程度、家長認為女性就學優先性較低、女性受到傳統因素或宗教因素的限制而無法就學、早婚與懷孕、女性有的擔任母親、要教導小孩不應就學的刻板印象。

　　就供給面的政治與機構因素有預算限制、貧窮者沒有提供應有協助、政治不穩定，尤其政治與教育政策不一、教育方案品質較差、教育制度提供不良的地方學習需求、缺乏對女性提供誘因策略、限制女性就學機會、資料缺乏提供給女性就學資訊（Birdsall & Griffin, 1988）。

　　與學校有關因素有學校空間限制、高學費、較低女性教師比率、教師並沒有接受訓練。因為許多開發中國家將學校嚴格區分為女性學校，也雇用女性教師，但女性教師卻缺乏；學校刻板印象，就如課程與教材中以男性為主、女性內容缺乏、學校課程與傳統文化衝突、女性的就學導向於非科學化、缺乏年輕懷孕女性的休息空間、性騷擾造成學校不安全、就學至學校遠近、衛生設備的缺乏、學校行事曆與農忙時間無法配合，即因為女性可能需要協助農忙，無法就學，但學校沒有提供適當的方式提供女性補救教學（Kelley & Schmidt, 1995）。

　　因為前述因素，造成女性就學率低，女性就學而輟學率增加，尤其女性懷孕、參與科學技術領域的人數較低、高度女性文盲率、女性就業機會減少、減少女性對國家經濟與社會貢獻、限制女性參與協商機會與權力、缺乏參與政治決定機會（Ettner,

1996）。

　　基於前述，可知女性在社會地位較男性低的理由。而本節所要了解與分析的是究竟女性在識字率、初等教育在學率、中等教育在學率與高等教育在學率等，是否真的低於男性。本節將以國際資料，進行男性與女性教育在學率的差異檢定。其分析目的在掌握各國的兩性教育在學率發展情形，作為政策制定參考。

貳、分析目的

　　各國的男女教育在學率從二次世界大戰以來，女性已逐年增加，但男女教育在學率仍有差異，本節分析目的有以下幾項：

　　第一，了解各國在一九九六年，以下各項教育在學率的差異，即識字率、初等教育在學率、中等教育在學率、高等教育在學率、可以讀到初等教育二年級、可以讀到初等教育五年級比率的差異。

　　第二，探討一九九六年的男女識字率差異（女性扣除男性，以下同）、初等教育在學率差異、中等教育在學率差異，以及高等教育在學率差異，為男女教育差異指標在國家分類情形。如果將各國區分為高度、中度與低度的兩性教育在學率差異之國家有哪些？

　　第三，前述第二個問題之四個教育指標差異分類，國家分類的確度情形。

　　第四，前述第二個問題的國家分類結果，在高度、中度與低度男性與女性教育在學率差異的國家群，在男女教育指標差異情形。

第五，針對分析結果，提出相關建議，供未來研究與政策參考。

參、分析方法

　　針對本節所提出的問題，擬以下分析方法進行。第一項問題將以 t 考驗進行檢定。第二個問題是以集群分析華得法（Ward method）進行檢定，將各國的男女識字率差異（即女性扣除男性，以下同）、初等教育在學率差異、中等教育在學率差異以及高等教育在學率差異，區分為高度差異、中度差異及低度差異的男女教育在學率的發展型態。第三個問題是以區別分析進行檢定，了解前述三種類型的分類準確度。第四個問題則以單因子變異數分析，對高度、中度及低度男女教育在學率差異的國家，作國家群與國家群之間的平均數差異檢定。

肆、分析結果

一、差異情形

　　各國一九九六年的男女識字率、初等教育在學率、中等教育在學率、高等教育在學率、可以讀到初等教育二年級、可以讀到初等教育五年級比率的差異情形為何？

　　經過統計分析，結果如表 4-3 所示。表中顯示出男性與女性在識字率、初等教育在學率、高等教育在學率已有顯著差異。而在可以讀到初等教育二年級比率與五年級比率，以及中等教育在學率則沒有顯著差異。

●▶表 4-3　男女教育在學率差異檢定情形

變項	性別	平均數	標準差	差異	t 值	自由度	顯著水準	國家數
識字率	男性	80.2	18.0	-11.3	-10.9	126	.00**	127
	女性	69.1	26.7					127
初教率	男性	99.0	19.2	6.7	7.5	138	.00**	139
	女性	92.4	23.3					139
初教二	男性	93.3	8.1	-11.3	-.30	78	.768	79
	女性	93.4	8.6					79
初教五	男性	83.3	17.1	-.43	-.55	78	.58	79
	女性	83.8	17.9					79
中教率	男性	65.2	32.3	1.2	1.5	134	.131	135
	女性	64.0	36.8					135
高教率	男性	21.9	18.9	-2.04	-2.7	113	.007**	114
	女性	23.9	22.3					114

註：**表示 p<.01；*表示 p<.05。

二、各國類型

　　以一九九六年的男女識字率差異、初等教育在學率差異、中等教育在學率差異以及高等教育在學率差異，為男女教育量差異指標，進行國家分類。如將各國區分為高度、中度與低度的兩性教育在學率差異的國家各有哪些？

　　此問題以集群分析法進行分析，運用的指標有女性與男性識字率、初等教育在學率、中等教育在學率以及高等教育在學率等四個教育指標，經過集群分析，結果如附表 1（本章之末），而區別方程的「形心值」見表 4-4。從附表中可以看出以下幾個情

形。

全球七十二個被分析國家之中，以四個男女教育量的差異指標進行分類，高度差異（男女教育機會最不均等）、中度差異（男女教育機會中均等）及低度差異（男女教育機會最均等）的發展國家數各有四個、二十八個及四十個。男女教育機會最不均等的國家是貝南、多哥、葉門以及查德，以非洲國家最多。另外男女教育差異中度者也以非洲、中南美洲以及亞洲國家為多。男女教育機會均等國家多以歐洲國家、先進國家為多。

▄▶表 4-4　三組國家在二個方程式所求出的區別平均值（即該組的形心值）

國家組別	方程式一	方程式二
中度差異發展的國家（中度均）	-1.95	-.922
高度差異發展的國家（最不均）	-5.93	3.195
低度差異發展的國家（最均等）	1.96	.33

三、國家分類準確度

以前述第二項問題之四個教育指標差異分類，準確度是否達百分之百？

經過區別分析，將先前所分類的七十二國，重新檢定其分類準確度，所得結果如表 4-5 所示。表中顯示七十二國之中，三類群的國家分類都百分之百的準確，整體的分類亦是百分之百正確，所以本小節的分法是合理且正確的。

◀▶表 4-5　將有國家重新分類的結果　單位：國、％

向度	高度差異國家	中度差異國家	低度差異國家	總數＝72
高度差異國家	4（100％）	0（0％）	0（0％）	4
中度差異國家	0（0％）	28（100％）	0（0％）	28
低度差異國家	0（0％）	0（0％）	40（100％）	40

註：表格中未括弧的數字表示分類的國家數，而括弧中的數字則是
　　該群分類結果的百分比。整體的國家分類準確度為100％。

四、各組國家群差異

　　高度、中度與低度男女教育在學率差異的國家群，在指標上
是否有顯著差異？

　　本節為了解女性與男性的識字率差異、初等教育在學率差
異、中等教育在學率差異以及高等教育在學率差異，在高度、中
度及低度差異國家的情形為何？經過單因子變異數分析，結果如
表 4-6 所示，表中看出，四項女性與男性的教育在學率差異指
標，整體上都達.05 顯著水準，即表示高度、中度及低度差異國
家在四項的教育指標都有顯著差異，因此，再以 Scheffé 法進行
事後比較。所得到結果，如表中最後一欄所示。表中可看出在識
字率差異、初等教育在學率差異與中等教育在學率差異，三組都
有顯著差異，而在高等教育在學率差異則中度與高度差異國家群
未達.05 顯著水準，其餘都達.01 顯著水準。表中看出高度與低度
男女教育差異國家在識字率、初等教育在學率、中等教育在學
率、高等教育在學率各有32％、43％、18％與8％差異。顯示高度
差異國家在男女教育機會差異非常大。

■▶表 4-6　各群組中的平均值、差異及 Scheffé 法之事後比較結果

指標／國家群	中度差異國家 (1)	高度差異國家 (2)	低度差異國家 (3)	世界各國	F 考驗	Scheffé 法之事後比較
識字率差	-19.1 (7.6)	-33.8 (7.0)	-1.1 (4.9)	-9.9 (12.1)	F（2,69）=101.0**	1 > 2**；1 < 3**；2 < 3**
初教率差	-11.1 (8.1)	-44.8 (10.3)	-1.4 (3.2)	-7.6 (11.8)	F（2,69）=103.3**	1 > 2**；1 < 3**；2 < 3**
中教率差	-8.2 (5.2)	-22.8 (12.6)	4.7 (4.8)	-1.9 (9.7)	F（2,69）=75.3**	1 > 2**；1 < 3**；2 < 3**
高教率差	-4.8 (6.0)	-3.8 (2.1)	5.2 (6.8)	0.8 (8.0)	F（2,69）=21.6**	1 < 3**；2 < 3**

註：1.**表示 p<.01；*表示 p<.05。2.高度、中度及低度差異國家欄中括弧內之數字為該組的標準差，未括弧之數字為該組平均數。

伍、建議

針對前述的分析結果，有以下的建議：

一、各國應持續提高女性教育機會，期待與男性相同

從前面的男性與女性教育在學率檢定發現，女性的識字率、初等教育在學率與高等教育在學率都低於男性，這正顯示女性教育機會低於男性，因此各國應提高女性教育在學率，讓女性可以提高識字率。尤其可發現，一九九六年的初等教育在學率，女性仍低於男性，它顯示在已普及化的初等教育政策之中，各國仍有女性教育在學率過低的情形，是各國政府應該注意的部分。

二、女性與男性教育在學率差異分類分析值得嘗試

　　本節中以四個女性與男性的教育指標差異值，進行國家發展分類。此方式主要在了解究竟有哪些國家屬於男性與女性教育在學率差異最多的國家？哪些則是差異最少的國家？經由這樣的政策分析，可以掌握各國男性與女性的教育在學率差異，更可以了解究竟哪些國家的女性教育在學率還是偏低。本小節中發現，七十二國中有四個國家是男性與女性差異量最大，也是女性相對於男性教育在學率最多者。而有二十八國的男性與女性的教育在學率差異是中等者。另有四十國的女性與男性的教育在學率差異頗為接近，也是兩性教育在學率最為接近。

　　本節所運用分群是以集群分析華德法，另外再以區別分析檢定本節中對高度差異、中度差異與低度差異國家的分類準確度檢定，結果發現本節分類為百分之百正確。顯示本節所分類方式頗為準確，如果在進行兩性教育在學率的教育政策分析時，是可以經由此方式進行。此外本節結果亦可供為政策制定參考，也就是說，教育政策制定者應避免男性與女性教育在學率差異過大，一者如果過大代表兩性教育機會不均，二來這可能讓兩性在社會階層流動差距擴大，女性地位流動不利。因此，對於女性教育機會應給與保障，避免女性教育機會過少，造成女性地位低落。易言之，政府制定政策時，可了解哪些國家目前仍是兩性教育在學率差異過多，而差異較少者，不要重蹈覆轍。

三、兩性教育差異高者應縮減，向差異少的國家學習

　　本節所分類的三群國家，在兩性教育在學率差異高者應向差

異低者學習。本節顯示男女在識字率、初等教育在學率、中等教育在學率各有 32%、43%、18%差異，這表示男女教育高度差異者，女性受教機會很少。因為兩性教育在學率高度差異者，代表女性接受教育的機會少於男性，雖有社會、文化、政治、經濟與資源上的先天限制，但有些國家並非是前述因素的限制，而是教育機會提供並不多，或教育制度因課程安排、政府未對女性教育在學率提供保障、未能提供適合女性的教育設施或未能增加兩性平等教育。因此女性的就學機會或就學管道少於男性。面對這些問題，各國政府，尤其非洲國家或中南美洲國家應檢討女性教育在學率為何會低於男性，從問題中提出解決方案。

四、未來在分析方法與教育指標可再調整與改進

　　本節提供的教育政策分析方法，先以兩性的教育在學率平均數檢定，接著以集群分析與區別分析對七十二個國家進行男性與女性教育在學率差異分類，後來又以單因子變異數分析了解前述三群國家在四個教育指標的差異性。以集群分析與區別分析的政策分析，張芳全（民 91，民 92）曾研究過，因此本節僅對前述研究再分析。在此要建議的是，未來在此方面的政策分析應對更多的兩性教育指標進行分析，更能掌握到兩性教育差異情形，也更能掌握兩性教育不平等的問題與現象。

　　總之，本節提供一個教育政策分析方式。也就是透過跨國資料，針對男性與女性在教育在學率的高低，從事兩性教育在學率的差異比較，同時也以兩性的教育在學率差異進行國家分類，透過國家分類可以了解究竟哪些國家兩性教育在學率差異較高，哪些差異較低。經由分析結果，提供幾項政策建議供參考。

■>附表 1　七十二個國家的兩性教育量差異分類

國家／指標	識字率差異	初等教育差異	中等教育差異	高等教育差異	分類情形
安哥拉	-22.8	-11	-3	-4.2	1
貝南	-30.6	-41	-15	-3.8	2
波札納	5.1	1	7	-0.6	3
查德	-26.9	-37	-11	-0.9	2
象牙海岸	-17.6	-22	-18	-6.6	1
吉布地	-27.2	-11	-5	-0.1	1
埃及	-24.1	-14	-10	-8.3	1
衣索比亞	-12.2	-25	-4	-1	1
甘比亞	-14.1	-20	-11	-1	1
幾內亞	-28.1	-27	-13	-1.7	1
獅子山	22.2	12	11	0.4	3
馬拉威	-29.6	-13	-9	-0.5	1
馬利	-14.7	-18	-9	-1.7	1
毛利塔尼亞	-21.2	-9	-10	-5	1
模里西斯	-7.5	0	3	0.2	3
摩洛哥	-26.6	-23	-10	-3.6	1
莫三比克	-31.4	-20	-4	-0.5	1
納米比亞	-2.5	3	10	3.6	3
南非	-1.5	-4	15	-1.5	3
史瓦濟蘭	-2.5	-6	-1	0.2	3
多哥	-34.4	-41	-26	-4.7	2
突尼西亞	-21.8	-8	-3	-2.5	1
烏干達	-22.4	-13	-6	-1.3	1
坦尚尼亞	-19.8	-1	-1	-0.8	1
尚比亞	-15.6	-5	-13	-2.2	1
辛巴威	-9.2	-4	-7	-5.5	1

（續）

哥斯大黎加	0.1	-1	4	-5.4	3
古巴	-0.2	-4	9	5.6	3
多明尼加	-0.2	0	14	7.8	3
所羅門	-5.9	-2	4	0.2	3
墨西哥	-4.2	-3	0	-1.5	3
尼加拉瓜	2.9	3	10	1.1	3
千里達與托巴哥	-1.6	-1	3	-2.4	3
智利	-0.5	-3	6	-4.1	3
哥倫比亞	-0.1	-1	9	1.5	3
蓋內亞	-1.1	-1	5	0.2	3
巴拿馬	-2.6	-3	3	0.7	3
汶萊	-7.9	-5	10	2.7	3
中國大陸	-16.6	1	-8	-3.4	1
賽浦勒斯	-4.2	0	4	5	3
印度	-24	-19	-20	-3.1	1
印尼	-11	-5	-7	-6.6	1
伊朗	-14.8	-7	-8	-8.8	1
科威特	-4.9	-1	0	9.4	3
黎巴嫩	-12.7	-5	6	-0.4	3
蒙古	-0.1	5	17	13.4	3
阿曼	-21.6	-4	-2	-1.7	1
菲律賓	-0.5	-2	1	7.5	3
卡達	1.2	-1	-1	27.3	3
南韓	-3.3	0	0	-29.6	1
亞美尼亞	-19.2	-2	-8	-2.1	1
敘利亞	-29.8	-10	-5	-5.1	1
塔吉克	-1	-2	-9	-14.1	1
土耳其	-18.4	-7	-20	-11.3	1

（續）

阿拉伯聯合大公國	3.2	-4	5	15.8	3
葉門	-43.3	-60	-39	-5.9	2
白俄羅斯	-0.4	-4	4	10.5	3
保加利亞	-1.4	-2	-1	20.4	3
克羅埃西亞	-2.6	-1	2	2.3	3
格瑞那達	-3.1	0	1	-1.1	3
匈牙利	-0.3	-2	3	4.2	3
義大利	-1	-1	1	9.3	3
拉托維亞	0	-5	3	12.6	3
立萄宛	-0.2	-3	3	12.5	3
馬爾他	1.1	-1	-4	4.4	3
波蘭	0	-2	-1	7.5	3
葡萄牙	-5.4	-7	10	11	3
馬爾地夫	-1.7	-1	3	5.4	3
羅馬尼亞	-2.2	-1	-1	3.5	3
斯洛溫尼亞	-0.1	0	3	10.2	3
西班牙	-2.1	-1	7	8.2	3
巴布亞紐幾內亞	-17.3	-13	-6	-2.1	1

註：1 代表兩性差異為中度的國家群；2 代表兩性教育差異為高度，
即最不均等國家群；3 代表兩性教育在學率差異最少的國家群。

本章討論問題

一、試說明教育指標意義。

二、試說明教育指標功能。

三、試說明國際教育指標有哪些組織在進行建置。

四、試說明幾個重要教育指標與國民所得關係。

五、試說明歐洲經濟發展組織的教育指標。

六、試說明本章在教育指標與國民所得之間關係的重要啟示。

七、試說明男性與女性教育指標的差異。

參考書目

教育部（民92）。中華民國教育統計。台北：教育部。

張芳全（民90）。國家發展指標之探索。國立政治大學教育學系博士論文（未出版）。

張芳全（民92）。1990年與1996年男女教育量差異與發展類型探索。國立政治大學教育與心理研究，26 (2)，241-276。

張芳全（民93）。國家發展指標研究。台北：五南。

張鈿富（民88）。教育政策與行政——指標發展與應用。台北：師苑。

Barnett, S.（1995）. Long-term effects of early childhood programs on cognitive and social outcomes. *The furture of children, long-term outcomes of early childhood programs, vol. 5* (3). Winter.

Behrman, J. R., & Stacey, N.（1997）. *The social benefits of education.* The University of Michigan Press.

Birdsall, N. M. & Griffin, C. C.（1988）. Fertility and poverty in developing countries. *Journal of Policy Modeling, 10* (1), 29-55.

Denison, E. F.（1962）. Measuring the contribution of education. *The Residual Factor and Economic Growth.* OECD, Pairs.

Desail, S.（1987）. The estimation of the health production function for low-income working men, *Medical Care, 25,* 604-615.

Ettner, S. L.（1996）. New evidence on the relationship between income and health. *Journal of Health Economics, 15*, 67-85.

Grossman, M.（1975）. The correlation between health and schooling, In N. E. Terleckyj（ Eds.）, *Household production and consumption, studies in income and wealth*, University Press for the National Bureau of Economic Research, 147-211.

Johnstone, J. N.（1981）. *Indicators of education systems*. London: Sage.

Kelley, A. C., & Schmidt, R. M.（1995）. Aggregate population and economic growth correlations: the role of the components of demographic change. *Demography, 32* (4), 543-555.

Mingant, A., & Tan, J.（1996）. The full social returns to education: Estimates based on countries' economic growth performance. *Human capital development working papers*. Washington, DC: World Bank.

OECD（1996）. *Education at glance*. Paris.

OECD（2000）. *Investing in education: Analysis of the 1999 world education indicators*. Paris.

Rosenzweig, M. R., & Schultz, T. P.（1991）. Who receives medical care? Income, implicit prices, and the distribution of medical services among pregnant women in the United States, *Journal of Human Resources, 26*, 473-508.

Taubman, P., & Rosen, S.（1982）. Healthiness, education and martial status. In V. R. Fuchs（ Eds.）, *Economic Aspects of Health*, University of Chicago Press for the NBER, 121-140.

UNESCO（2000）. *Statistical yearbook*. Paris.

UNESCO（2002）. *Statistical yearbook*. Paris.

UNESCO（2003）. *Statistical yearbook 2003*. Paris.

｛第五章｝
台灣的教育政策分析

本章學習目標

一、能分析現階段的教育政策問題。

二、能指出教育經費編列與管理法的特色。

三、能說明台灣技職教育政策的重點。

四、能說明加入世貿組織之後對台灣教育的影響。

五、能分析台灣的過量教育對產業及學生的影響。

六、能指出行政院教育改革推動小組的功能。

七、能分析教育部應調整的方向。

八、能分析台灣的私立學校問題。

九、能掌握台灣未來的教育政策發展。

第一節　教育政策隱憂

壹、教育政策延續不足

一、人在政在、人去政去的政策

　　教育政策能否順利執行，重點在於政策的統整性及延續性。所謂統整性是指教育行政機關對教育政策整體方向、教育政策目標、教育政策執行人員配當、教育政策機關執行力、教育政策機關權責、教育政策經費分配是否明確，以及政策是否具體可行等；而延續性係指教育政策是否具有制度化、合法化、機關權責化，易言之，不會因「人在政在、人去政去」，政策無法銜接。

　　新政府（民國八十九至九十三年）若干教育政策極具爭議性，例如國語注音符號版本、多元入學方案是否增加第二試（口試）、基本能力測驗合理性（未公布學生成績組距、多次考試）等。這些教育政策模糊建構造成教育政策隱憂。

二、教育政策隱憂原因分析

　　探究教育政策隱憂的原因，一一分析如下：

㈠教育部長易人過快

　　教育部長易人的速度過快，從民國八十一至九十一年以來，更換太過頻繁。例如郭為藩部長、吳京部長、林清江部長、楊朝

祥部長、曾志朗部長，以及黃榮村部長（張芳全，民 91）。有些教育部長不到一年就卸任，前任部長信誓旦旦要執行各項教育政策，又因外在主客觀因素遭撤換。如果台灣的教育政策是法制化及具制度化，則教育部長易人，並不影響教育政策形成、規劃與執行。可是，歷任部長都具雄心壯志，但卻無法如願執行提出的教育政策。教育政策無法延續執行，影響最大的是學生。以民國九十年實施九年一貫課程政策而言，教育部公布九年一貫課程標準暫行綱要，宣示執行此政策，但中小學教師反對聲浪不減，教育部未能提出化解政策模糊及教育危機，落實政策則是空談。

㈡教育政策意識型態化

吳定（民 87）指出意識型態是一個社會或一個政治團體辯護其行為所提出的組合性信條、信仰、主張和意圖。近年教育政策決策太過意識型態（政黨對立）、口號化（未尊重政策專業）、表面化（政見考量）、形式化（選票壓力）、口水化（急就章）、空洞化（短視近利以選票考量），能真正執行教育政策者少。今日教育主管機關提出太多口號政策、口水政策（政黨意識型態）以及有些根本無法執行的虛擬教育政策。會有這些政策主因在於主政者，太以意識型態、選票政見、選舉政治角力與討好選民為導向所致。換言之，教育政策太過意識型態，造成口號政策一出，教育行政機關教育人員在執行上不知所措，更不知為何而戰、為誰而戰。太多口號及意識型態政策，對學生的學習，不僅無助益，而且對社會成本及教育成本也是種浪費。太多口號政策、口水政策或以意識型態爭論，未列出具體執行策略與計畫，是教育政策無法執行的主因。

㈢教育部政策搖擺不定

　　教育部若干教育政策搖擺不定。例如民國九十一年政府相關單位對國語注音符號國際化與本土化的爭議，有意識型態與政策專業之爭。高等教育政策應否「公法人化」或維持過去經費補助沒有定論。民國九十年起執行九年一貫課程政策，來年是否持續執行？是否有延續的政策執行評估？高級中學的多元入學方案是否僅以基本學力測驗為主？師範校院是否要轉型成綜合大學？高中職學生人數比政府教育經費政策能否執行民國八十九年十二月政府頒定的「教育經費編列管理法」，以 21.5%比率編列目標，都未說明清楚。因此，很多現行政策維持舊有狀態，並無法真的實際執行。教育部未能拿定政策方向，地方教育行政機關無方向可循，學校校長及教師更不知如何執行教育政策。人人觀望教育政策，教育問題已產生。

㈣地方教育政策問題叢生

　　據民國八十八年的國民教育法及高級中學法，教師與校長都由遴選產生，但此政策並非教育部要落實校園民主與人事自主的政策規劃。就以國民中小學校長遴選而言，每當遴選，黑函、關說、請託及政治角力不斷，讓學校教育無法發揮教學、社會化、教育與研究功能。學校校長遴選逐漸變成政治選舉椿角前哨戰，僅要靠邊站，站得對，擔任校長就沒問題。校長遴選變成政黨運作椿腳，易言之，校長遴選變成民意代表、縣市長、甚至總統大選綁椿的預備站，這違反了民國八十八年教育基本法所規定教育應保持中立的規範。因此，在教育自主與行政權下放之後，校長成為政黨角力的對象。如果政治立場不同，學校校長就換職，讓學校無法獲得純淨營運，惡性鬥爭與不良運作，讓教育政策執行

者（例如：校長）無法認真執行政策，是教育政策執行隱憂之一。

　　台灣的教育政策究竟何去何從？人人觀望、教育部拿不定政策方向，在口號政策及口水政策的充斥下，學生受教權如何得到維護。因為孩童學習不可試驗，若政府的教育政策過於意識型態、口號化、表面化、形式化、口水化、空洞化，真正執行教育政策者只會束手無策。這是現行教育行政機關提出太多口號政策、口水政策及虛擬教育政策使然。有這些政策主因在於主政者太過意識型態、政見、選舉及討好選民導向。執行的教育行政人員不知所措，是教育政策隱憂。

貳、從政治角力看拼音政策

一、拼音政策問題

　　民國九十年五月六日（中國時報），教育部的漢語拼音政策（為曾志朗主政教育部所擬政策）為行政院退回（新政府期待通用拼音方式），此舉引發教育政策意識型態之爭。其實，這是教育政策執行機構的專業評估問題。政策執行機構評估可分為集權式與分權式的組織。前者可命令統一、標準一致、可充分發揮少數人的專業力量、較為經濟，但也有易於專權獨斷的危險。後者是能依據情境需要、可培養專業領導人員與激發教育政策執行人員的士氣等，但易造成意見紛歧、不易有決定（秦夢群，民90；謝文全，民83）。顯然，此教育政策評估是在集權式方式下所進行的評估結果。

　　究竟注音符號應採取何種方式，從民國初年就引發很大的爭

議。目前國語拼音法共有九種，即注音符號、國語羅馬字、注音符號第二式、耶魯大學式、漢語拼音法、威妥碼式、郵政制、國際音標法及通用拼音法等。而所爭執的問題在於國際拼音與通用拼音之間的差異，而二者各有優劣。

國語注音符號為教育部頒定符號，它是針對本國國語發音所設計的符號，發音準確，最適合學習國語使用。目前的兒童讀物、雜誌、報紙，只要學會ㄅ、ㄆ、ㄇ、ㄈ等注音符號，即可以閱讀，學習國語非常方便。如果以國際通用法，可便於外國人士辨識及學習中文，以及讓台灣的國際化進程更快，但對現行路標、學生閱讀、郵政及其他與生活有關的語言運用會造成問題。

二、過去的拼音政策

教育部從遷台至今使用的注音符號，採取兩種方式。第一式是採取雙聲疊韻之簡筆漢字制為符號，即以漢字注漢字的拼音，它最符合國字發音原則。第二式是民國七十三年因應海外需要，將民國二十九年的譯音符號重新整理，簡化而成，主要在輔助第一式，提供外籍人士需要，也提供給海外人士學習中文的需要。

行政院教改會（民85）曾提出以羅馬式的拼音符號代替國語注音符號，卻引發國人反對。社會各界大部分認為如果採取羅馬拼音，將對目前的電腦輸入、各類書籍編寫、教科書、郵政、觀光、新聞、旅遊、外交、路標、報紙造成嚴重的影響，因此引起極大反彈。同時以二十六個英文字母拼國字音，又不見得拼得出正確的音，有違本土文字特性。

針對國語注音符號的紛擾，新政府又以意識型態方式處理語言政策，有待商榷。何況前教育部長曾志朗整合各方意見，以折

衷式拼音函報至行政院，並以去留擔保他所持的拼音方式，想必曾部長對此已胸有成竹，要以其教育政策理念執行政策，倘若政府未尊重教育政策專業，必引發另一種專業與政治影響教育政策執行，社會成本與學生學習將受到傷害。教育政策需要尊重專業，如以政治力影響教育政策決定，並不一定是好的教育政策。

三、尊重教育政策專業

　　以國家重大教育政策形成而言，先由教育部、民間團體、壓力團體、專家學者、政黨、學校等提出政策問題，教育部再彙整政策問題，針對其進行規劃，形成政策後，再函報行政院。這其中須經過行政院教育改革推動小組、行政院經建會、行政院研考會等，進行跨部會的教育政策審議，待教育政策形成共識之後，函報行政院，再函轉民意機關（例如：立法院）審議（依我國憲法第十三條規定立法院議決之議案，除法律案與預算案應經三讀會議決之外，其餘均二讀會議決議），民意機關無異議，再公布教育政策，教育部再依規定事項及政策內容執行。如果教育政策審議有瑕疵，經由教育改革推動小組或跨部會審查，政務委員與民意機關可再提出具體可行意見，要求教育部修改教育政策內容。

　　國語拼音是重要的教育政策，提報過程更應尊重教育政策專業。因此，尚未提報至行政院教育改革推動小組討論，行政院即退還教育部重新擬定政策，實有違行政程序及教育政策制定過程。換言之，教育政策形成應尊重行政院教育改革推動小組審議，如此重大教育政策才更具合理性及程序性。

　　語言文字是一種資產，以何種拼音代表台灣文化是應思考的問題。同時要讓語言更具國際化的通用方式，讓學生及社會人士

在日常生活與學習，不會因為有多種發音版本產生困擾，相信是拼音符號統一的最大意義，否則任何意識型態之爭，將會喪失社會成本及政策本質，豈是教育政策制定之本意。

第二節　教育經費編列與管理法分析

壹、教育經費編列與管理法立法背景分析

　　教育政策分析有一環是針對教育政策立法過程進行分析。因為有好的教育政策立法，才能讓教育政策可依循教育法令進行。據我國憲法規定，議決法律案、預算案、戒嚴案、大赦案、宣戰案、媾和案、條約案及國家其他重要事項等，都是立法院重要的職權（王海南等，民88；張芳全，民89）。

　　我國中央民意機關的立法過程如下：制定或修正法律的第一個步驟就是提案。提案來源有行政院、司法院、考試院、監察院及立法委員等。立法草案提案到達立法院秘書處之後，由秘書長編擬議事日程，經程序委員會審定後付印。當然進入議程之後，即須進行立法議案審查。審查有法律案審查、預算案審查、行政命令審查以及人民請願審查等（許劍英，民87）。政府提案於立法院會中朗讀標題（一讀）後，即交付委員會審查或逕付二讀。委員提案則須經院會討論無誤，並依院會之決議，交付審查或逕付二讀或不予審議。二讀會討論經各委員會審查之議案，或經院會決議逕付二讀之議案。三讀會除發現議案內容有互相牴觸，或

與憲法及其他法律相牴觸外，祇得為文字之修正。依立法院議事規則規定，除法律案、預算案應經三讀程序議決外，其餘議案僅需經二讀會議決。完成二讀之法律案及預算案經院長批閱、用印後，即咨請總統公布並函送行政院。總統則於收到後十日內公布之，或依憲法第五十七條規定之程序退回立法院覆議。行政院對立法院移請變更重要政策之決議，或對立法院議決之法律案預算案、條約案認為窒礙難行時，得經總統核可，移請立法院覆議。如經立法委員三分之二維持原決議，行政院院長即應接受或辭職（張芳全，民89）。

　　民國八十八年六月二十三日總統公布教育基本法第五條規定：「各級政府應寬列教育經費，並合理分配及運用教育資源。對偏遠及特殊地區之教育，應優先予以補助。教育經費之編列應予以保障；其編列與保障之方式，另以法律定之」。民國八十九年十一月二十八日立法院通過教育經費編列與管理法。本法是自民國八十七年國民大會將憲法第一百六十四條凍結後，為因應經費下限比例刪除後，所進行教育政策立法。該法通過對台灣的教育政策有重要啟示，值得分析。

　　自民國八十七年凍結憲法第一百六十四條之後，社會各界要求教育主管機關應保障教育經費。起初，行政部門等單位都反對，其主要原因是在於以固定比例的方式將限制經費運用。在爭論之際，民國八十八年六月三日教育基本法立法通過，第五條規定教育經費編列應有保障。此法一出又引起教育經費應固定比例的立法之討論。時值總統大選，各候選人在選票壓力下，提出對保障教育經費政見。

　　在民國八十九年民進黨勝選之後，新政府認為固定比例會影

響整體的國家教育經費分配，尤其政府財政吃緊，因此一再要求不應有固定比例，而民進黨所主政的新政府在選後，也不再提起教育經費固定比例一事，令關心教育人士非常擔憂是否新政府又要跳票。在民意壓力下，新政府不得不接受教育經費固定比例的共識。

貳、教育經費編列與管理法的特色

該法在立法院三讀通過，凡十八條，主要特色如下：

一、以固定比例規範教育經費

該法第三條規定教育經費預算合計應不低於該年度預算籌編時之前三年度決算歲入總淨額平均值的 21.5%。

二、以機關別編列，而非以政事別編列

教育經費編列與管理法破除過去以政事別的編列，有利於教育機關的政策運作。

三、補助分為特定補助及一般補助

特定補助主要提供有特定用途的經費，一般補助是教育行政機關普通及經常性的補助。

四、保障弱勢族群的教育經費

對於原住民、特殊教育者及偏遠地區的教育經費及發展有所保障（第六條規定）。此主要在宣示保障弱勢族群者的教育機會

均等。

五、中央設立教育經費基準委員會

教育經費基準委員會的成立主要在於分配經費，委員會的組成主要有十三至十七人。其任務主要在於教育經費基準之研訂、各級政府之教育經費基本需求之計算，以及對於各級政府教育經費應分擔數額之計算。

六、教育經費分配注意公平均等

教育經費分配應依據各地區的人口數，學生數，公、私立學校，教育行政機關及學校的類別、規模及所在的位置等進行分配。

七、教育經費審議委員會設立

除了行政院設立教育經費分配委員會之外，教育部亦設立教育經費審議委員會，委員包括專家學者、社會公正代表及相關機關的人士。

八、中長程教育政策計畫訂定

該法規定各級教育行政機關及學校應訂定學校的中長程計畫，此舉對於教育行政機關及學校的發展可以先提出預先的規劃，以作為經費分配參考。

九、地方應成立教育發展基金

該法也規定地方教育發展基金主要在作為學校及地方教育發展的運用。

十、教育經費公開

教育經費編列管理法規定公、私立教育行政機關及學校應該進行財務的監督，如有失職者，應該給與嚴懲。

參、教育經費編列與管理法的配套方案

雖然教育經費編列與管理法已於民國八十九年十一月在立法院三讀通過，但是未來如何執行該法是關鍵，更有以下問題：

一、教育經費如何運用效率？

教育經費編列與管理法條文最重要的是立法宣示各級政府教育經費預算，合計不應低於該年度預算籌編前三個年度決算歲入淨額平均值 21.5%。此條文在補足憲法第一百六十四條被凍結之後，中央經費不少於 15% 的規定。教育經費增加是好事，可是如何運用教育經費，使經費運用有效率，不再有過去教育部每年預算灌水、移用、挪用的嫌疑，甚至因過度保障教育經費，每年歲末，為了消耗經費而浮編預算問題。換言之，經費監督與經費運用效率是未來應釐清的部分。雖然本法中，教育經費以機關別編列預算，而非政事別編列預算，然機關別編列過於僵化、較沒有彈性，當局執行本法應注意。

二、經費分配指標如何執行？

教育經費編列與管理法規定教育經費分配是依學校等級、類別、規模、城鄉位置、特殊需要、學生單位成本、教育品質指標

等，計算當年度的經費需求，訂定分配標準。由於各縣市的學校數、規模及類別本來就不一，同時加上台灣地小人稠，學生流動頻繁，如何計算出各縣市每年的教育經費需求，並經由行政院「教育經費分配委員會」對經費做合理、公平、有效、民主分配，未來可能形成各縣市政府每年搶錢、中央與地方政治角力，而非公開、合理的分配教育經費。

對於教育品質指標及學生單位成本計算也有問題。一者目前教育行政機關對於學生單位成本及教育品質指標，並沒有明確計算，教育部並無具體內容及數據，要在短時間內提出具體指標是問題。未來如果涉及此部分指標將更具爭議性。此外，本法有一般性補助及特定補助經費，特定補助以特定用途為主，但特定用途並未指出應如何分配，將來恐會成為教育首長的私房錢。

三、地方教育發展基金如何定位？

教育經費編列與管理法第十三條規定地方應成立地方教育發展基金，解決地方教育經費問題。目前地方政府在教育經費運用上有八成運用在人事費，有些縣市更無法發出人事薪資，又豈可能設立另一帳本調節地方經費收支。地方教育發展基金主要係由私人捐助經費，它是否為公法人或民間財團法人組織，並未釐清。民間捐款如何在地方教育發展基金適當運作，在立法過程，縣市政府財政單位都提出質疑。當然，地方教育發展基金是否成為縣市首長私房錢有待觀察，但可確定的是，地方教育發展基金尚未有明確執行，地方政府並未建立此一機制，可見，教育政策如僅有立法，但卻未顧及教育政策執行，也是徒有虛法與具文而已。

四、教育政策解決方案

　　教育經費編列與管理法對台灣的教育經費保障有實質意義。然而,如果未能有效執行及有配套措施,將無法有效落實教育經費保障政策。對此有以下建議:

㈠精算各種教育指標分配經費

　　每年度教育經費分配以學生單位成本、學校教育品質指標及相關學校特性而定。以中央及地方教育行政機關而言,對前述的指標建立仍未有共識,同時教育部所發布之「中華民國教育統計」各種指標過於粗略,是否可作為日後經費分配參考及視為指標,仍有待觀察。因此,本法公布之後,教育當局應慎重對各種教育指標進行建構,作為日後分配經費參考。

㈡中央宜再確認補助方式

　　教育經費編列與管理法第八條規定教育經費之補助有一般補助及特定補助。這二者之間實有些模糊,如所謂特定補助所指為何?是否有一定標準?或有一定對象?如果是弱勢團體、原住民,或是偏遠地區,已在第六條有所規定,是否再有特定的補助?仍應再釐清。

㈢重新定位地方教育發展基金

　　教育經費編列與管理法第十三條規定地方政府應成立教育發展基金,並規定其保管及運用辦法由地方制定辦法規範。目前地方政府教育局有過多教育行政業務,同時地方教育行政人員訂定之相關法規,常無法配合中央機關。因此,此條文規定是充分授權地方立法規範,但地方政府如何進行此法制定不無問題。因此,教育當局應盡速傳達如何訂定相關辦法,讓地方教育發展基

金有明確定位。

㈣教育經費分配委員會的定位

教育經費編列與管理法第九條規定行政院應設立教育經費分配委員會；第十一條規定中央教育機關應設立教育經費審議委員會。前者的委員會成員有機關代表、專家、學者等，後者除專家、學者、機關代表外，也有社會公正人士代表。這些代表是否常態設立，或一年一聘？或二年一聘？這些代表是行政首長聘任、專案委員，或臨時編組皆有待釐清。而委員會何時開會及由何人擔任主席也應說明。也就是對委員會的構成應明確定位。

五、結語

教育經費編列與管理法，從民國八十六年至八十九年十一月，在行政部門、立法部門，歷經多種版本討論而定案。教育當局應讓中央與地方教育經費公平、合理、透明編列，同時各級教育機關如何配合以提升經費運用效率，實為當務之急。

第三節 國際對台灣教育政策的衝擊

國際對台灣教育政策的衝擊有大陸學歷採認及加入世界貿易組織的各種影響。以下就分析該類教育政策議題。

壹、採認大陸學歷

一、採認大陸學歷政策問題

民國八十六年政府公布「大陸地區學歷檢覈及採認辦法」（張芳全，民90），但教育部急踩煞車，不採認大陸學歷，民國九十一年與中國大陸部分三通之後（金門與大陸相通），又有修正。教育部在民國九十年間派員（團）至大陸考查採認學歷相關事宜，可見大陸學歷認證是重要教育政策問題。

二、政策問題分析

大陸學歷政策採認之後，很多教育問題與教育發展值得省思。

㈠對大陸學歷應如何採認？

政府將認定有哪些大陸的高等教育學府之學位可接受？有哪些學校無法取得認證？可採認與無法採認，二者之標準為何？過去，認為只要是在大陸師範體制學校所取得的學歷，不可在國內擔任教職及公務人員。民國九十年四月六日（中央日報，民90.04.06）教育部卻指出，對這類學位認證並無不妥；教育部前後標準不一，如何認證將是教育部應先釐清的問題。如果採認標準無法訂出，如何認證學歷？將是採認的困難問題。

㈡大陸學歷與在台擔任公職

如果台灣民眾擁有大陸學位後，最讓人關心的是在取得大陸學歷後，可否繼續在台灣升學、就業、謀職與擔任公務人員或繼續接受教育？如果他們取得合乎國家考試的資格，是否可參與國

家考試？如考試登科可否在公務體系擔任要員？同時，取得大陸學歷之後，如果沒有獲得國內政府認可，是否也無法繼續升學？易言之，當局並未提出完整配套方案，在採行之後，將會有更多問題。這是採認學歷後，當局應關心的重點。

㈢社會與政治或經濟衝擊更大

　　民國九十一年兩岸三通之後，台灣與大陸文教交流自不可免，可是交流後，文化、政治及社會衝擊更大。第一項問題是台灣的學生到大陸學習，是否大陸學生也可來台學習？如果大陸人士來台，是否可在台灣的國民小學、國中、高中職、大學，甚至研究所學習進修呢？如果可以，它對台灣的教育、社會、經濟、文化將利弊互見。一者，台灣以優勢教育制度，例如大學相關科系──醫學、電機、電子等作為吸收大陸大學生優勢；再者，讓兩岸的教育及學術充分交流，有助於學習視野。當然，大陸學生來台消費也助於台灣經濟及教育發展。然而，兩岸的教育交流可能產生衝擊，如對未來的政治偵防、社會問題（如文化水平不一，產生文化衝擊）、校園安全等，是預期產生的問題。

三、對台灣教育的影響

　　開放兩岸的教育市場之後，對台灣的第二項衝擊是台灣學生將紛紛到大陸接受教育（主因在於台灣的升學壓力、學費成本比大陸高及兩岸文化相近），而大陸學生也來台接受教育（主要是因政治、好奇、吸收新知或其他用意），對台灣的公私立學校將是考驗。一者，台灣學生前往大陸的人數可能會高於彼岸來台者，屆時可能台灣的公私立學校將有招不到學生之疑慮；再者，教育部一再表示台灣的大學應朝向國際化、自由化、開放化、民

主化發展，且台灣已加入世界貿易組織（World Trade Organization,
WTO），各國可對台招生是不爭事實。如何留住台灣學生，是
當局應省思的政策問題。

　　開放大陸教育市場後，第三項衝擊在於國人前往大陸興學問
題。目前台灣的中小企業前進大陸投資比率逐年增加。教育是一
種產業，如果國人擬前往大陸興學（其實國內已有多家的私人學
校在大陸設校，且有一定規模），此方面目前教育部仍無法可
管，也未提出規範。如果私人興學於大陸，是否應鼓勵或禁止？
可預知，國人在大陸興學、在大陸設分校與分部，而在台有學
校，卻將在台灣的學校資金挪用、移用、轉用及不當使用，將對
台灣的學生沒保障。而假若私人在台設校大陸興學，有關單位更
應思考為何至大陸興學。

　　除了學生學歷採認、私人於大陸興學之外，更為人關心的是
兩岸學術交流未來會有何種發展？採認大陸學歷與前進大陸學習
學術經驗，固然有時代及社會環境需求，且大陸高等教育學府很
多科系的課程內容及系所發展值得學習；面對大陸在國際、外
交、政治及文化上一再對台灣打壓，台灣如何在教育發展與政治
敵對間取得平衡，將是此問題背後更應思考的方向。

貳、加入 WTO 對教育政策的衝擊

一、政策問題

　　台灣加入世界貿易組織（WTO，該組織設於一九九五年，
總部在瑞士日內瓦，全球約有95%的貿易在其規範下執行），台

灣的高等教育將受到嚴重衝擊。進入國際組織，各國來台設立學校，對台灣高等教育影響很大。相關分析見司徒達賢（民91）、徐履冰（民91）、袁汝儀（民91）的著作。

二、入會後的教育政策問題

台灣已加入 WTO，有幾項教育政策問題須正視：

㈠服務部門的承諾應重視

世界貿易組織入會有關教育服務部分承諾，如以台灣的教育機構，公立與私立學校及補習班，均非以公司型態方式經營，也並未在市場有貿易性質經營（也就是並未如市場所言的上櫃或上市方式）（行政院經建會，民89）。因此，台灣入會之後，會對教育機構造成衝擊。雖然教育機構並非以營利方式進行，入會後並無法完全概括全部市場（含教育市場）。有關機關土地取得及利益取得（例如：學校土地及學校營利），依照現行土地法規，教育服務業，並沒有直接衝擊，需依照台灣規定。換言之，加入世界貿易組織後，外國人是否可以來台設校有所爭議，並非加入世貿組織之後，國外機構才可來台設校，因為台灣目前的私立學校法沒有嚴格限定。

㈡來台招生問題

外國人可來台招收學生的部分限於高級中等學校學生、高職殘障學生及高等教育的學生留學服務仲介。這僅止於國外學校來台安排學生的留學事宜，並非開放市場。台灣過去就有此種方式，例如昔日外國優秀大學來台召開留學說明會，吸引留學生等，行之多年，並非加入之後才可來台招收學生。因此，台灣加入世界貿易組織僅是讓此市場更加開放，增加更多留學人數。

㈢外國人招生有其管制？

關於外國人可否來台設立學校的問題，並不是加入世界貿易組織後，外國人才可以來台設校，依民國八十六年的私立學校法第七十八條規定，台灣對私人興學並未加以管制，不管是外國人及本國人都是如此，這正是鼓勵私人興學所在。如果外國人來台設校，在土地、師資及設備應符合教育法令規定，例如私立學校法規定校長或系主任、學校董事長，必須為中華民國國民；外國人擔任學校董事的人數比例不得超過三分之一，且總數不得超過五位為原則，即可成立外人設校條件。換言之，加入世界貿易組織，外國人設校已是定局。

㈣教育市場開放後的問題

教育部在市場開放之後（不僅是加入世貿組織）應深思：外國人來台設校，或與台灣的學校建立合作關係，雙方之「契約關係」為何？或在世貿組織中，規定白領人員（即一般企業的職稱）與一般的教育機構之職稱，例如校長、院長、主任、教師、研究員及補習班主任等（也是白領人員）有何不同？產業人員定位與教育機構人員定位有何不同？如此差異應如何調整？是教育當局應審思的問題。

整體而言，加入世界貿易組織對台灣教育政策影響優劣互見。優者：1.讓學生接受更多元的教育，國人有更多元的機會選擇教育；2.可以讓台灣國際化的程度邁開一大步，與世界教育腳步同流；3.在多元競爭下，台灣的教育品質將會提升。缺點是：1.目前台灣的大學數量已供過於求，民國九十二年的大專校院有一百五十四所，聯考錄取率提高至60%（教育部，民92）。如此高的大學校院數，未來外國人來台設校，對高等教育衝擊可想而

知；2.台灣教育國際化水平仍落後先進國家，面對未來西方教育引進，以及對外來文化調整，例如學生學習心態、學習方式、學習觀念及學習成效，究竟會有何種影響及反應，這才是應關心的政策問題。因為文化衝擊所帶來的文化調適及文化改變，將會影響台灣的教育制度及教育發展，如何因應正是教育當局及各界應留意的部分。

此外，教育改革一再強調國際化，要求國小英語教學、以及國語拼音爭論，各級學校網際網路欠缺等。這些問題若沒有解決，在世貿組織中，台灣的教育會產生國際化語言水準偏低的情況，無法與世界同步。

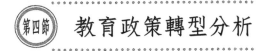

第四節　教育政策轉型分析

壹、過量教育與失業

一、政策問題

台灣雖然沒有豐富天然資源，但卻有充足教育投資。人力資本與教育投資帶來國家建設，人力需求不虞匱乏。但近年來，中等教育及高等教育量一再擴增，產生過量教育（over-education）問題，因而衍生經濟結構失調、失業與教育問題。其實過量教育是由幾種問題產生，一是教育投資過多，即教育在學率過高，例如高等教育在學率太高；二是接受教育者在職場上，高學歷卻低

就。此種情形是一種能力閒置，也是教育浪費。

二、過量教育

　　過量教育與失業問題，是開發中國家及已開發國家的現象。前者如厄瓜多、希臘、以色列、巴拿馬、阿根廷、烏拉圭與埃及等都面臨嚴重的失業問題。後者如美國、加拿大等也是如此。

　　據統計資料顯示（林文達，民84）：厄瓜多於一九八二年，國民所得為 1,350 美元，高等教育在學率在 35%；希臘國民所得為 4,290 美元，高等教育在學率為 17%；以色列為 5,095 美元，高等教育在學率為 26%；巴拿馬國民所得為 2,120 美元，高等教育在學率為 25%。而前述的各國失業率分別為 8%、7.7%、6%、8.4%。而烏拉圭一九八二年的國民所得為 2,650 美元，高等教育在學率為 20%；埃及的國民所得為 690 美元，高等教育在學率在 15%以上；二者的失業率為 9%及 5.4%。觀察前述各國的數據，發現一個共通現象是：一九八二年高等教育在學率均高於世界平均值。由於國家的經濟環境惡化，使得後來在人民有過量教育之後，卻產生嚴重失業問題。

三、已開發國家的問題

　　過量教育與失業問題，不僅出現於開發中國家而已，也發生在已開發國家之中。就如美國在一九八二年國民所得為 13,160 美元，高等教育在學率為 58%，中等教育則為 97%；加拿大一九八二年的國民所得為 11,320 美元，高等教育在學率為 39%；中等教育則為 95%。而二個已開發國家的失業率，在一九八二年各為 9.5%及 11%。由於教育量持續增加，在先進國家中也伴隨著失業問題。

　　前述開發中國家及已開發國家的過量教育及失業問題給與台灣若干啟示。一者台灣目前教育發展量恰巧介於一九八二年的加拿大與美國之間的教育量。民國九十一年台灣國民所得為 13,000 美元，高等教育在學率為 44.5%（教育部，民 88），中等教育在學率為 95%；而台灣的失業率接近 4%（行政院主計處，民 88）。台灣的教育發展是在美加二國的發展模式之下，循某些軌跡進行。美加二國後來的教育量持續擴增，但失業問題一直存在。

　　若以開發中國家而言，因為開發中國家的政府當局將教育視為福利政策，並沒有計畫，任由教育持續擴增，所衍生的是失業問題持續增加。前述的巴拿馬、厄瓜多、埃及就是如此。由於開發中國家欠缺詳密的教育計畫及教育政策，因此，過量教育也就產生更多問題。

　　再回想起民國八十三年民間教育改革團體提出「廣設高中大學」之教育理念訴求，雖然政府近年回應此政策需求，但擴增高等教育量之後，高等教育量大增，學生畢業之後的就業問題、產業與教育配合問題也一再浮現。嚴重的失業率就是一個問題。面對失業率提高，再回頭看市場化、普及化、大眾化的高等教育政策與持續由公私立高職轉型為綜合高中的政策，我們不禁要反思這是反應社會需求？或產生額外的教育或社會問題呢？

四、教育政策建議

　　對此，有以下幾個教育政策的建議：

㈠當局應檢討台灣的教育是否過量

　　教育政策是福利政策，也是服務政策，適度投資及有效投資，對個人有較高的教育投資報酬率；對國家而言，可調節人力

供需，提供經濟建設必要的人力，但是過量教育衍生學生成本增加、失業率增加、教育資源浪費，因而增加社會成本。如再加上經濟結構不佳、就業條件不良，過量教育問題將更為嚴重。

(二)當局應考量幾項教育政策量調整

例如高等教育量，以目前的量是否應持續增加？以綜合高中數量調整高中職學生人數比，由三比七轉為五比五，是否合理？將多數專科學校改制為技術學院是否合理（民國八十三年的專科學校共有七十多所，民國九十二年僅有十三所）？過度鼓勵私人興學對量的擴增產生負面問題。這些都應重新思考及調整。

(三)過量教育將影響經濟及職業結構

如果未能評估過量教育缺失，將會造成更嚴重的文憑主義及重學歷社會。因此，教育部對教育投資量，須顧及到教育經費分配及針對教育經費分配不均情形進行檢討，提出可行方案，不再盲目增加教育投資。

前述的開發中國家及已開發國家的過量教育與失業問題，值得借鏡；台灣目前以市場化、自由化競爭、大眾化及普及化的教育方式，是否合於經濟結構、產業結構、職業結構或社會環境，也有待深思。

貳、技職教育轉型分析

一、政策問題

技職教育政策在台灣向來就不受重視，主因有：1.社會價值觀念以升學為重。社會認為擁有技術者（例如：俗稱黑手者、幹

粗活者）不受社會尊重、社會地位低、藍領階級多、所得較低；再者社會重文憑觀念，凡念書升學應以普通大學為主。2.普通教育與技職教育政策規劃偏差。政府重視普通教育，不重視職業教育。3.學生素質較普通教育為低。升學者以普通教育為重，未能錄取者才往職業教育升學。因而過去四十年來職業教育無法提升應有的教育地位。因此，國內職業教育學制一直處於邊陲地位，而在改革過程中亦很少提及職業教育應如何發展。

　　近年教育改革中，技職教育的變革如下：第一，國中畢業生不升學者，提供第十年職業教育；第二，綜合高中實施縮減高中高職學生人數比例，以過去高中職比為三比七，將調整為五比五；第三，專科改制技術學院校數增加，使高職畢業生升學管道增加，隨即而來是技職校院設立研究所，提供技職校院的畢業生升學機會；第四，職業學校課程學群整合，使過去的數十個及數百個學門整合為重要學門，不再有過去無法整合的問題，也是職業教育的重要改革。這些改革有以制度為主，有以課程為主，都是近年特色。

二、政策問題分析

　　技職教育政策改革仍有很多問題值得分析。

㈠職業教育觀念導正

　　民國七十七年實施的第十年技藝教育政策，未能導正學生的職業觀念，並導引其正確職業方向，讓學生無所適從。第十年技藝教育對學生職業觀念陶冶有貢獻，但對社會觀念、職業教育體制及瞬息萬變的職業技能，如何教導學生，使其態度、價值、社會觀念、職業角色、職業技能結合。當局不僅要提供學生職業觀

念，尚須提供職業生涯規劃觀念，讓學生所學的技能與社會及職場配合，否則學生的學習無法跟上時代。

(二)綜合高中政策問題多

　　據民國八十六年教育部頒定「綜合高中實施要點」指出，綜合高中政策的主要目標在於讓學生性向、興趣、學習及職業等延後分化，讓高中職學生人數由三比七改為五比五。但此政策有盲點，一是五比五學生人數如以自由競爭市場的狀況無法達到。因為無法完成，所以很多職業學校招生困難，紛紛轉型為綜合高中。如果學校沒有轉型為綜合高中，則學生來源將會大受限制，因為社會大眾以升大學為主要目標，同時升大學機會仍高於技職校院。是故，綜合高中要減低高中職學生的人數比率是不可行的。以綜合高中的發展發現，幾乎所有綜合高中學生於高三時要往技職校院人數皆少於要進入大學校院者。這將使綜合高中名存實亡。當局說要讓學生性向、興趣及學習進程延後，但學生並未延緩性向分化，反倒是往普通大學為大宗。這就讓高中職學生人數比無法調整為五比五目標。

(三)績優專科學校改制過快

　　教育部的「績優專科學校改制為技職學院」政策問題很多。先是學校改制標準過鬆，學校要先擴增規模，如此才有改制條件，但學校改制之後，學生人數必然增加，對於學校競爭力會相對的降低。同時改制技術學院的速度過快，從民國八十四年的七十四所，到民國九十二年已降為十三所，共改制六十四所。短時間改制這麼多所學校，一者學校品質令人擔憂，再者學校改制後，專科學校人數減少，基層勞動力將不足；而高等教育學生人數增加，畢業生將面臨失業問題，因而會有人力閒置的問題。再

者我國已加入世貿組織，他國來台設校，對這些學校招生將會造成更多壓力及學生來源不足。面對績優專科學校改制，當局僅以校地面積及設備為改制條件，改制後沒有提升學校學術風氣及研究發展能力，台灣職業教育的未來實不知何去何從。

　　技職教育政策雖有變革，但轉型過程如沒有掌握學校制度調整、社會環境轉變，以及整體社會價值觀變化，技職教育轉型可能成為另外一種教育問題，它將影響學生、影響社會。

參、正規教育轉型——終身教育政策

一、政策問題

　　教育部於民國九十年一月間的部務會報審議（教育部最重要的審議會議），並完成「終身學習法」草案，其中規定企業應提供員工帶薪進修機會。員工進修時，業界應給與假期及補助。法案指出應成立終身教育委員會執行終身教育政策。歐洲聯盟將一九九六年訂為歐洲終身學習年（European year of lifelong learning），一九九七年的「漢堡成人學習宣言」（The Hamburg Declaration on Adult Learning）更指出「終身學習是人類進入二十一世紀的鑰匙」（教育部，民90）。

　　民國九十一年六月二十六日總統公布終身學習法。它對教育部在民國八十七年發布的「邁向學習社會」白皮書，建構出學習社會的政策。為因應時代變遷及個人學習需求，並有效推展終身學習，教育部參考先進國家作法，邀集內政部、法務部、教育部、財政部、經濟部、行政院主計處、人事行政局、經建會、新

聞局及研考會等機關會同審議，最後在立法院通過終身學習法，其內容要點如下：

　　1.終身學習法之立法目的、用詞定義及各級主管機關。

　　2.各級主管機關應整體規劃終身學習政策、計畫及活動；協調、統整並督導終身學習機構辦理終身學習活動；並優先提供弱勢族群終身學習機會及資源。

　　3.各級主管機關應組成終身學習推展委員會及其任務。

　　4.終身學習之內容，應注意縱向和橫向之銜接與統整；各級各類學校對學生終身學習之理念、態度、能力及方法，應盡培育之責。

　　5.地方主管機關為推展終身學習，得設置社區大學。

　　6.各級主管機關應利用社會資源，建構學習網絡體系，獎勵終身學習機構發展學習型組織，並建立各類回流教育制度。

　　7.終身學習機構應指定專人規劃推展終身學習活動，並提供在職進修；其教學方式得多樣化。

　　8.中央主管機關對非正規教育之學習活動，應建立學習成就認證制度；並得針對中低收入戶參與經認可之課程，酌予補助其所繳納之學費。

　　9.各級主管機關對終身學習機構之監督、評鑑及獎勵。

　　然而這些立法重點，仍有些迷思。

二、政策問題分析

　　帶薪教育假的政策問題很多，因為：

　　㈠業界對帶薪教育假之觀念存有質疑。帶薪教育假政策，雖有其政策美意，不過卻給與業界很大的負擔。一者台灣目前經濟

不景氣，業界紛紛裁員；加以失業率高，業界需求的是生產力高的生產者，並無法提供更多誘因激勵員工進修。此政策除造成企業界很大的負擔之外，也增加勞資雙方衝突關係。以業者而言，應提供多少進修教育機會、應提供多少補助、應給與員工多少權利，這些都未能說明。如以員工角度而言，員工應何時進修、有哪些條件才可以進修、進修時間應多少，進修之後，如何付出義務？以及員工在進修之後會不會轉換機構？因此，產業界並不願意、也沒有條件提供誘因給員工，是帶薪教育假執行前勞資雙方應釐清之處。

　　㈡帶薪教育假無其他行政部門配合。教育部此項政策撈過界，管得過多，失去教育政策規劃方向。首先，民國八十三年教師法第十七與十八條規定教師有進修的權利及義務，給教師進修的誘因非常多元。例如補助進修經費、改敍薪級、聘任及續聘可作參考，以及在改選主任及校長有升遷參考。可是，教師法頒行至今，雖然提供多項進修誘因及獎勵方式，卻無法獲得教師青睞，主因在於進修內容、進修方式及進修是否可提高教育生產力都是問題。換言之，多數教師認為進修後，因為進修過程的無效率及沒有完善規劃，並未能達到應有水準。

　　其次，雖然對教師進修方式已有規範，但教育部提出終身教育政策，並非教育部全部管轄，又怎可期待此項政策達到預期教育目標？帶薪教育假進修方式牽涉業界、民間團體、行政院勞委會、經濟部及其他相關部會協調，並非教育部一廂情願即可完成。民間企業員工再教育、訓練及進修不是教育部管轄的權責，如果教育部撈過界，是項政策將會權責不相稱，形成口號政策。

　　終身教育政策固然是各國發展趨勢，台灣在此教育政策上亦

曾學習挪威、德國及英國等先進國家的模式。先進國家在經濟發展及教育制度，以及企業界中的勞資關係有規則可循。英、美、北歐國家已建立終身教育制度，同時企業及社會均願意配合執行（黃富順，民78）。台灣在此政策學習他國，然他國文化、教育、經濟及社會制度並不能等同台灣，因此教育部一味依此執行，日後問題將更多。

　　以政策執行過程而言，當局應了解政策規劃及執行後，可能面對標的團體（即政策利害關係人、關係團體及社會評價等）的壓力、政策周延性及可行性。否則一味唱高調，無法獲得民間及企業支持；有無頒定終身教育法，並無實質意義及價值。就如民國八十五年的「教師進修研究獎勵辦法」，規定教師應全時進修、部分時間進修、休假進修、公餘進修等，但乏人問津。雖提供多種誘因，亦無法增加教師進修動力。如此優厚條件，以及規定進修是教師權利及義務等都無法獲得支持，又豈可期待業界會提供機會給員工進修呢？

　　帶薪教育假固然是受雇者的期盼，但該項政策可執行程度以及規劃成熟程度不足。政策執行背後有多少影響力，才是教育政策分析所關心的。

第五節　教育組織調整分析

壹、改政策先改教育部

一、教育部調整

　　組織結構調整對政策執行、規劃、政策分析與評估應有助益。一個未能變通社會及國際現勢的組織，將無法規劃出適當的教育政策來滿足人民需求。教育部於民國九十年三月表示修改「教育部組織法」，擬重新調整教育部組織。教育部組織法於民國六十二年公布至今已三十餘年，不符現階段台灣的社會環境，組織調整已是時勢所趨。

　　其實，組織結構調整應掌握大原則與顧及組織是否垂直分化或水平分化的可能。就組織結構調整原則，張潤書（民88）就認為應掌握：1.完整統一，即能反應出教育政策所需的機構；2.協同一致原則，即部門間應合作，而非對立；3.指揮監督原則，即上下層級的部門應權責相稱；4.管理經濟原則，即行政主管易於內部管理，不會有人力資源浪費；5.事權確實原則，即各單位都能有明確職掌、工作目標。

二、調整方向

　　教育部未來的調整內容有：1.將中教司、國教司及技職司整

併為「學校教育司」；2.社教司改為「終身學習司」；3.將僑教
會及國際文教處整併為「國際教育交流合作事務局」；4.體育司
改為「體育保健司」；5.維持高教司；6.將教育部中部辦公室改
為「地方教育局」，屬於教育部管轄單位。除這些調整外，更應
有幾個調整方向：

(一)教育部應明確定位

　　教育部應釐清在教育、文化及學術上的定位。就如民國六十
二年教育部組織法第一條規定教育部主管全國學術、文化及教育
行政事務。同法第二條規定教育部對於各地方最高級行政長官執
行本部主管事務，有指示、監督之責。以目前的文化事務有文建
會負責，教育部組織法仍強調要主管教育與文化事務，首應釐
清。對於非屬於教育事務者，教育部應區分於教育之外，以避免
政策制定的干擾及混淆之虞。例如軍事教育與部分社會教育不屬
於教育部業務，應由相關單位負責。就如國內的部分軍事教育及
警察教育，過去常對教育部爭取預算案例，因為軍警校處於教育
與非教育之間的邊陲地位。修定教育部組織法，應區隔該類教育。

(二)研究與審議機構功能應發揮

　　以教育部組織而言，原教育部組織法第四條規定教育部設高
等教育司、技術及職業教育司、中等教育司、國民教育司、社會
教育司、體育司、邊疆教育司、總務司、國際文化教育事業處、
學生軍訓處等業務單位。目前調整五個主管業務司為主。對於教
育部整併為五個業務司，並無太大爭論，問題在於如何在整併業
務單位之後發揮功能。就如將國教司、技職司及中教司調整為學
校教育司，應發揮對學校的功能，而非僅有整併事實，卻無法反
應各單位在教育政策審議、規劃、分析及評估的功能。就如民國

九十年成立的國家教育研究院，在整併教育部幾個單位後，因為定位不明，目前處於行政業務執行、很少教育政策研究功能，是為前鑑。

教育部的調整單位應朝向高教司、技職司（為重視職業教育政策，有存在必要）；中教司、國教司與特教小組整併為學校教育司，並將師資培育抽離出來，以負責全國師資培育單位；社會司改為終身教育司；體育保健司（應該將學校體育與社會體育分開，也就是體委會負責的社會體育保留給體委會，以讓專責單位可以針對功能及業務進行監督）、國際文化處與僑教會整併為教育交流處。當然過去一直為人爭議的軍訓處應考量裁併。

㈢地方教育行政局定位問題

將地方教育局正式納入編制，同時提高縣市政府的教育組織編制。教育部表示，過去省教育廳，即目前的教育部中部辦公室調整為地方教育局，實為可行方式。如果調整之後，可負責全國高級中學相關政策規劃及業務督導，並作為教育部與縣市教育局之間的緩衝機制。為讓地方教育局更能發揮功能，教育部亦應釐清教育部、地方教育局、縣市教育局等三者之間的關係及權責。當局應以民國八十八年地方制度法規定地方享有的教育權限為主。教育基本法第十條規定，中央有教育制度、教育統計、補助地方教育經費及政策規劃權限。既然地方制度法及教育基本法有規定，教育部與地方教育局應有明確權限劃分，否則在權限劃分不清的狀況下，地方教育局定位將不清楚。

為此，如果「地方教育行政局」成立，更為重要的是縣市教育局與教育部及地方教育局之權限劃分。如果將地方教育局定位為地方的教育行政單位，是否縣市教育局編制應比照該局編制，

以符合地方制度法；如果不是定位為地方機構，更應指出地方教育局與縣市教育局之間權限。以目前縣市教育局而言，編制過小、業務多，各縣市因為人口不一，卻有相同編制，如此在執行地方教育政策時實有困難。

四成立教育政策審議機構與發揮功能

教育部組織法調整缺乏教育政策審議機構。以先進國家而言，例如英國、法國及德國，在中央單位有很多政策審議機構（謝文全，民 85）。審議機構的功能在提高教育政策品質，並讓教育政策執行更為順利，其建立是先進國家所不可無的。教育部表示將裁併教研會、訓委會、醫教會、學審會、國語會，調整為政策的審議機構，作為國家教育政策審議的機制，不失為調整方向。

又如法國在近年為提高教育政策執行，因此也設立很多的審議機構，例如在中央層級有最高教育審議會（一九八九年設立）、國家課程審議會（一九八九年設立）、國家公共教育輔助教育學會理事會（一九九〇年設立）、高等教育經濟委員會（一九八六年設立）、技術平等代表委員會（一九八二年設立），它們都提供教育政策形成、執行與評估時的重要審議機制（劉賢俊，民85）

教育部組織法的調整應配合國家教育政策執行及規劃方向，如此才可發揮教育部應有功能。

貳、教推小組的存廢

一、教推小組調整

　　教育部長於民國九十年二月十二日表示在行政院下設立的「教育改革推動小組」（以下稱教推小組）應裁撤（中國時報，民 90.02.13）。教育部長主張應裁撤教推小組，實有迷思。

二、教推小組定位

　　教推小組的定位應先釐清。教推小組是行政院臨時編制，有以下功能：

㈠審議教育政策

　　如果保有教推小組可以審議教育政策，讓教育政策更成熟可行。教育改革推動小組是於民國八十五年行政院教改會任務達成後，同年在行政院設立的小組，其目的在整合國家重要教育政策。它的成立對國家教育政策、改革方向、理念、計畫、方案、政策及相關作法而言，有其重要地位。尤其它是委員制，是透過各行政部門對教育部提出的教育政策進行審議的機制。它是教育政策發揮與否的關鍵單位。

　　民國八十五至八十八年的教育改革推動小組分析政策下，已對教育部所提出的十二項教育改革行動方案進行審查，核定一千五百億元經費，要求教育部執行教改行動方案，對於教育改革執行功不可沒。過去很多教育政策牽涉各行政單位業務，無法由教育部單一解決與執行，因此政府為整合官方與民間教育改革政

策、凝聚共識，乃成立此單位。

㈡教推小組定位

教改推動小組審議的教改政策，不僅是教改十二項方案而已，也對十二項以外的教育政策進行討論，對國內重要教改有舉足輕重的影響。諸如「降低國民中小學班級學生人數」長程計畫、「促進技職教育多元化與精緻化」中程計畫、「推展終身教育，建立學習社會」中程計畫、「學校衛生發展」中程計畫、公私立大學學雜費調整方案、大學特色發展激勵性經費計畫、零至六歲幼兒免費身心健康檢查、改進高中教育，促進適性發展計畫；中小學師資培育制度改革方案、貫徹零拒絕教育理念，發展特教學生潛能計畫；討論教育部是否應成立高等教育審議委員會及學校教育與課程委員會；教育部報告國民中小學課程與學習現況與改革、推展學習型家庭教育，建立祥和社會；乃至於民國八十九年的「九二一災後重建計畫——生活重建計畫學校教學及學生輔導類別計畫」、促進民間參與公立大學建設可行性評估及實施方案等。這些都不是民國八十七年核定的十二項教育改革行動方案，但教推小組仍發揮其政策審議角色。

㈢多元意見與多元社會尊重

教育政策在多元社會、多元觀念及多元意見下，應凝聚各方意見執行教育改革政策。過去因為政府擔心教育當局對複雜、棘手以及牽涉各單位的政策，無法由教育部主導，也沒有單位專門針對教育政策審議。因此，在政府重視下，將教育政策審議層級提高至行政院，因而教推小組由行政院副院長擔任召集人，除官方代表外，並遴選三至五名教育改革委員（張芳全，民 89，頁314）。在各方審議及監督下，教推小組成立後，在民國八十七

年五月審議通過「教育改革行動方案」為其貢獻。

㈣教推小組去除教育政策本位主義

　　該小組層級高，對教育決策不會以管窺天、意識型態、本位主義，因此此機構存在仍有必要。該小組置召集人一名，由行政院副院長兼任；委員九至十五人，除召集人為當然委員外，以行政院秘書長、教育部長、財政部長、行政院主計長、人事行政局長、經建會主任委員及研考會主任委員為固定成員，必要時得視議題性質加邀相關機關首長或人員出席。幕僚作業由教育部指派相關人員兼辦，小組委員會議以每月召開一次為原則，並得視實際需要臨時召集；開會時得邀請有關人員列席。前述組成可看出，如要讓教育改革政策更具體、明確、有方向及有理念，不宜裁撤此小組。

　　在多元、開放、意見紛歧、觀念不一及局勢萬變的社會下，如果有新的教育理念及新的教育作法，能有更好的政策審議機制，將樂意其存在。尤其透過專門及專業機制討論教育政策，台灣的教育政策將更有方向與目標。

參、私校教育政策的黑洞

一、私立學校問題多

　　民國八十九年十二月，教育部指出有十八所私立技專校院產生財務危機，彰化精誠中學、港明中學也傳有董事會問題糾葛，無法正常營運（中國時報，民 89.12.15）。這些私立學校的問題，不僅影響到整體的教育制度、私立學校形象；更重要的是學

生學習權及學生受教的完整性受到嚴重考驗。例如教育部民國九十年接管私立親民工商就是一例，而接收該校主因是該校有財務危機。

私立學校財務危機、家族經營、學費偏高、惡性招生，乃至於惡性倒閉，並非頭一遭。從民國七十八年教育部解散大漢工專董事會；民國七十九年裁定高雄國際工商專校停辦四年，後來又由教育部接管；民國七十年及八十一年二度解散台北醫學院董事會；民國八十四年北市教育局解散華岡藝校，後來更有學校人員與教育行政人員互控，產生學校無法收拾困境；以及民國九十年發生景文技術學院校產數十億元遭董事掏空，後來教育部接管等，都是私立學校的營運問題。

二、私校教育政策問題嚴重

私立學校營運問題一再上演，當局束手無策。在大倡教育改革當局，又怎叫人相信要保障學生受教權？

民國九十年三月九日教育部指出，可能有十八所私立學校將以私相授受廉讓、掏空、變賣校產，並由外人，甚至黑道及政治力介入學校董事會（中時晚報，民 90.03.09）。這些學校遍及全國各縣市，有如星火燎原之勢，私校營運問題已迫在眉睫。如果怪罪經濟不景氣，倒閉是常態，試問：私立學校對學生收取高額學費，校方花用何在？私校遭掏空、賤賣校產、惡性倒閉，良心何在？教育部責任又何在？

浮在枱面的苗栗縣親民工商已負債十億餘元，教師薪資發不出來。向銀行貸款數額頗多，銀行催討學校應即刻還清，據了解要數年才還得清校債。教育部卻迫以「僅有財務危機，似可以接

管」處理。試問：問題私立學校並非僅親民工商而已，枱面上還有十八所，枱面下，有問題的私立學校有多少？應如何解決？教育部還有多少教育經費來「收購」這些問題私校呢？

　　私立學校法規範作用何在？教育部角色何在？私校法規定教育部有監督私立學校財務責任，每年固定時間查帳，但查帳之後，所看到的卻是沒有問題的學校營運報告。令人不解的是，為何有如此多財務危機學校與掏空校產情事？教育部年年查帳，是敷衍？是形式？還是僅例行業務，僅交差了事？

　　民國九十年民間向教育部提出申請籌設私立學校還有三十所。民國八十八年修正頒行的私立學校法強調鼓勵私人興學為重要教育政策；但教育部如何做好把關、監督、輔導私校，保障學生受教權，恐是鼓勵私人興學及避免私校惡性倒閉，首應權衡的問題。

三、政策解決方向

　　解決及調整私立學校問題，有幾個前提：

㈠私校財務經費應公開

　　教育部應要求私立學校公開其每年的財務營運，讓受教者了解學校的財務狀況。私校不應再欺瞞學生，讓學生受騙。公開學校財務成為教育部對學校補助指標，經由查核工作了解其財務運作，這點應最先處理。教育部不可有鴕鳥心態，而私立學校不要只要求補助，卻不要有政府監督。

㈡私校籌設政策應減緩

　　台灣的各級學校擴增速度相當快，相對而言，學齡人口持續的下降，未來是否有充足的學生進入學校就學將是一大問題。如

果教育當局無法有條件的管制，未來的私立學校營運將有更多問題。

㈢私校倒閉應可接受

當局應提出對私立學校倒閉的處理方案，非僅以收購方式處理。如收購或接管並非良策，配合學校財務公開，加上讓有問題的私立學校自然倒閉，不再給與接管（即符合市場競爭的原則），或許可讓有問題的私立學校消失。此種方式應以保障學生權益為前提。

有問題的私立學校，教育部應審慎的處理，否則對於學生的受教權及對於整體的教育制度將有負面的影響。

肆、新世紀教育政策

一、未來教育政策的特性

現已進入二十一世紀，回顧二十世紀，尤其近年台灣的教育政策已有改變，例如：1.民國八十三年起師資培育多元化；2.民國八十四年教師法頒行，對教師權利與義務有明確規範；3.民國八十五年原住民族教育法頒行，保障弱勢族群；4.民國八十六年行政院教育改革推動小組成立，為教改政策進行縝密規劃；5.民國八十七年的十二項教育改革行動方案獲得政府一千五百億元的經費；6.民國八十八年的國民教育法修正，強調校園自主、校長遴選制，同時亦規劃九年一貫的課程政策。另外通過教育基本法保障人民受教權；7.民國八十九年教育經費編列管理法強調教育經費應保障；8.民國九十年廢除大學聯考，改採多元入學方案。

9.民國九十二年新制師資培育改採半年實習。前述政策已有變革，但也產生很多問題，展望新世紀，需要有更好的教育政策。

二十一世紀的教育政策應具：1.開放；2.多元；3.專業；4.尊重；5.均等；6.彈性等原則。教育政策開放在於教育內容開放、教育目標開放；教育多元化主要是讓不同的族群、政黨、性別及宗教有不同的教育政策聲音。教育專業在讓教師的專業發揮、教育行政人員的專業素養提升、教育研究更科學及專業化。而尊重主要在讓不同國籍、族群、觀念、思想與意識型態的學生都可獲得尊重，尤其在教育學科之中，應尊重不同學理及派別。至於教育政策均等，是讓不同區域的教育資源可獲得公平分配、不同族群的受教主體可獲得應有的教育資源、教師對不同的受教主體應有不同的教學方式、學校應有不同對待、教育體制應讓不同受教主體獲得基本學習內容。最後，教育彈性是讓學生學習方法、教學評量、學習內容個別化方式、升學制度有彈性。

二、過去教育政策發展

二十世紀中，台灣的教育政策轉變很多。滿清末年，欽定及奏定章程建立中華民國的新教育制度。民國之後，教育制度紛亂，民國十年及民國十五年，教育制度產生。隨著抗戰展開，一寸山河一寸鐵、十萬青年十萬軍的號召，使得教育制度混亂，學子亦陷入無法安心學習的境地。

抗戰勝利後，國民識字水準偏低、人民接受教育機會有限、男女教育機會不均、城鄉教育不公、教育經費投資偏低。民國三十六年憲法制定後對教育文化有一節特別規範。無奈憲法施行後，中共擁有政權，教育制度面臨危機。

　　政府遷台後物資缺乏，能接受教育者僅有權有錢貴族子弟或日本遺族。當時政府致力農經、土地、人民生活等改革之際，亦逐年對教育投入明確投資。例如三十九學年幼兒園、國民學校、高中、高職、大學等各僅有二十八所、一千二百三十一所、六十所、六十二所、七十七所。八十九學年度各類學校已各有二千七百七十七所、二千五百四十所、一百七十八所、二百零四所、一百三十六所。教育量的增加也在質的方面有所提升（教育部，民91）。

　　台灣的教育問題隨著時間演變，有不同問題。例如：五〇年代主要問題在於如何提高國民教育就學率，讓所有國民接受一定量的義務教育。六〇年代主要在提升國民教育素質，因國民義務教育雖普及，但國民教育素質仍無法提升。造成素質無法提升的因素有：教師素質不高、學校與教育經費不足，加上民國五十七年剛實施九年義務教育，無法讓所有學校的教育都提升品質。七〇年代的教育問題著重於高級中等教育，即高中職學生人數的比例問題，這牽涉到台灣的經濟逐年起飛，需要基層勞動力，而高職教育可滿足基層人力需求。除了滿足基本人力需求之外，高職教育亦為台灣社會大眾認為考不上高中的次級學校，即是無法進入高中者的次要選擇。由於高中升學壓力與七〇年代的大學就學率普遍較低，因此高中升學問題就困擾著台灣學生。八〇年代，高中職學生人數比率一再成為爭議，高等教育在此年代逐年增加，高中升學壓力略有減緩，但對一般高中生而言，仍是一種揮之不去的夢魘。

　　民國五十七年實施九年國民教育、民國六十二年的強迫入學條例，創下國民教育高就學率。民國六十二年第一所技術學院成

立；民國七十七年師專改制為師範學院；民國八十七年的降低國民中小學班級學生人數計畫讓國民中小學走向小班教學；大學也提出卓越發展計畫。

在此同時，政府因應教育政策執行，頒定國民教育法、高級中學法、大學法、特殊教育法、職業教育法、強迫入學條例、師資培育法、原住民族教育法、教師法、教育基本法、教育經費編列與管理法、終身學習法（張芳全，民89）等，作為教育政策執行依據。

回顧過去，雖然有若干教育政策成果，但也衍生教育問題。例如民國初年因國民政府成立、抗戰、內亂，因而人民識字水平偏低，不識之無者達三分之二以上，隨後晏陽初平民教育產生，化解此問題。民國三十六年後，憲法規定教育經費分配，卻衍生經費挪用、移用情形。遷台之後，教育問題更多，民國五十七年義務教育實施，欠缺大量教室、教師及學校，所幸當局及時解決。六〇年代台灣經濟轉型，基層、中高級人力供需不均，產生高中、高職人數比究竟應為三比七或七比三，引起很大爭論。七〇年代，高等教育持續增加，雖造就人力資本，但也顯現出教育經費分配、高等教育多於國民教育及高學歷高失業的問題。

八〇年代，師資培育及特殊教育成為主流，一元師資培育為人詬病；同時由於地方政府無錢無權，產生國民教育素質低落問題。九〇年代，民間教改團體的要求教育現代化、教育鬆綁、制定教育基本法、廣設高中大學等訴求，讓當局不得不成立官方教改機制回應，後續更有教育改革行動方案執行。九〇年代社會開放，加上台灣的教育制度經幾十年運作，社會各界對教育有新期許，因此民間教育改革運動因應而起。此階段中，各類教育問題

已是各界討論話題，其焦點集中在國民教育班級學生人數過多、教育制度僵化、升學壓力不減，以及人人渴望好的教育品質等。當局為因應民間教育改革團體呼聲，民國八十三年成立「教育改革審議委員會」，針對台灣的教育問題進行體檢。政府於民國八十五年提出「教育改革總諮議報告書」，民國八十七年提出「教育改革行動方案」，民國九十三年提出「新教育改革計畫」。

　　進入二十一世紀之後，台灣的教育問題環繞於九年一貫課程問題、教育經費分配（例如：教育經費編列與管理法如何分配各級教育經費）、高等教育擴增（台灣的高等教育已成為大眾型的高教型態）、中小學的英語教學與教育國際化問題，以及外在環境給台灣產生的壓力；例如：進入世界貿易組織對台灣高等教育的衝擊、大陸對台招生等。過去幾十年來，台灣的私立學校大部分的經費由學生學雜費而來，一部分經費來自於政府補助，但私立學校營運，如帳本不實，時有所聞。因此，私立學校問題是台灣在新世紀所面臨的問題。

　　新政府在國語拼音、意識型態的教育政策，高等教育質量等拿不定教育政策方向的同時，亦令人憂心。

三、未來教育政策

　　回顧過往，面對未來，對教育政策有更多的期許。重要的是政府如何讓學生快樂學習、安全學習，教育制度能否培養學生可為社會所用與讓學習者學以致用。教育是否能提供學生解決社會問題及個人問題的能力？所培養的學生是否具國際觀？在語言學習上，一位學生是否能精通二至三種語言？

　　民國九十年政府執行國民中小學九年一貫課程政策，揭示培

養每位學生的十大基本能力。在入學制度上亦採取較為寬廣的多元入學，同時高級中學教育亦強調多元化的教育。配合網際網路革新及研發，台灣的各級教育應融入網路教學，提高學生運用資訊能力，創造就業與人力發展──培育高科技人才。

在高等教育方面，因為台灣的高等教育量擴增相當快，但是電機、電子、資訊類科的培育人力供需仍有缺乏，造成產業對此類人力的需求無法得到滿足。大專校院技類科課程偏重理論，與實務配合少，而企業界需要的是直接雇用且立即適應工作的技術人員。因此，未來的高等教育政策可行方法應為：第一，大學及研究所以上應優先擴增電機、電子、資訊工程等類科人才，以滿足企業人才需求。第二，加強各大專校院實務教學，督導建立實習制度，鼓勵與產業界建教合作，並積極的推動科技人才培訓及運用方案，配合產業需求，加強辦理各級技術人力培訓。

前瞻的教育政策配合「知識經濟時代」、「快速變動時代」、「開放多元時代」，台灣的教育政策應有願景、實施目標及策略。

四、教育政策願景

政策願景代表未來長遠的國家發展計畫。未來的台灣教育政策應有以下願景：1.培育具創造知識及運用知識個體，以配合知識經濟發展及建立國家的人力需求；2.培養提升國民的人文價值關懷，充實精神內涵；3.培育國人認同本土文化，並加速教育國際化；4.鬆綁教育體制，教育體系多元化、科技化、終身教育化。

五、教育政策目標

教育政策目標係由政策願景轉換而來，且較為具體明確。未

來的台灣教育政策應有以下教育目標：1.建構網路學習，發展網路社會；2.培育外語能力，提升語言環境；3.配合經濟結構，調整產業人力；4.尊重多元教育，營造終身教育。

六、教育政策策略

　　教育政策策略是從教育政策目標轉換而來，更可行與操作化，且在短時間內易於完成。未來台灣的知識教育政策應有以下策略來達成上述目標：1.調查各縣市鄉鎮網路的聯結，以了解國人電腦運用情形，政府並提供學習電腦的機會；2.建設村里均有網路中心，建立家家有電腦、人人會操作電腦的網路學習環境；3.加強國民中小學資訊教育，並納入正規課程；4.各級學校建構寬頻電腦網路，提升資訊流動速度；5.建構網路學校，提供網路教學及遠距離教學；6.加強國民中小學英語教學，提升學生語言學習能力、表達能力；7.強化大專校院第二外語教學，提升學生語言學習與表達能力；8.全面加強英語能力檢定，提高國人外語能力；9.配合知識經濟產業發展，大學教育應提供充足人力需求；10.配合知識經濟產業發展，學校規劃相對之課程，因應所需；11.培養學生具創新及再學習的思考能力；12.加強學校機構設立、學費及課程配合國家未來發展，並反應民眾及產業需求；13.強化教師在職進修及再教育的機會；14.配合教育國際化，研擬方案因應國外大學在台設校對國內教育體制衝擊。

　　綜上，台灣面對新世紀的教育政策，所要建立的教育政策目標為何？台灣的教育政策要往哪個方向發展？前教育部長曾志朗指出二十一世紀的教育應以海洋為主軸，尤其台灣四面環海，學生應對海洋有認識。他並提出三大教育計畫：1.推動學童的閱讀

計畫；2.建立新的校園文化；3.高等教育區域聯盟的建立。他提出七個教育政策理念：一是精神面應從內陸走向海洋；二是從一元走向多元；三是從概括承受到因地制宜；四是從形式到功能；五是從均數到眾數；六是從嫉妒到羨慕；七是從因陋就簡走到卓越與精緻（聯合報，民90.02.17）。

　　教育制度所培養的學生應能適應社會，與國際社會接軌。簡言之，新世紀教育政策應明確與有方向，不是具意識型態與拿捏不定方向的教育政策。

本章討論問題

一、試說明現階段的教育政策問題。

二、試說明教育經費編列與管理法的特色。

三、試說明台灣技職教育政策的重點。

四、試說明加入世貿組織之後對台灣教育的影響。

五、試分析台灣的過量教育對產業及學生的影響。

六、試指出行政院教育改革推動小組的功能。

七、試分析教育部應調整的方向。

八、試分析台灣的私立學校問題。

九、試分析台灣未來的教育政策發展。

中央日報（民 90.04.06）。教育部對大陸學位認證無不妥。

中時晚報（民 90.03.09）。私立學校營運問題多。

中國時報（民 89.12.15）。多所私立學校董事會有問題。

中國時報（民 90.02.13）。教育改革推動小組應裁撤。

中國時報（民 90.05.06）。教育部以漢語拼音作為拼音政策。

王海南等（民 88）。法學緒論。台北：元照。

司徒達賢（民 91）。當高等教育走向開放系統。發表於國北師現
　　代教育論壇——台灣面對後 WTO 之教育回應——國民教育體
　　制外的聲音。國立台北師範學院主辦。

行政院主計處（民 88）。中華民國社會指標。台北：行政院主計
　　處。

行政院經建會（民 89）。加入 WTO 服務業承諾事項。

行政院教改會（民 85）。教育改革總諮議報告書。台北：行政院。

吳定（民 87）。公共行政辭典。台北：五南。

林文達（民 84）。過量教育。國立政治大學學報，26，184-225。

袁汝儀（民 91）。後 WTO 的人文處境與生活藝術。發表於國北師
　　現代教育論壇——台灣面對後 WTO 之教育回應——國民教育
　　體制外的聲音。國立台北師範學院主辦。

徐履冰（民 91）。外來競爭下的教改。發表於國北師現代教育論
　　壇——台灣面對後 WTO 之教育回應——國民教育體制外的聲

音。國立台北師範學院主辦。

秦夢群（民 90）。教育行政——理論與實務。台北：五南。

許劍英（民 87）。立法審查論。台北：五南。

黃富順（民 78）。比較成人教育。台北：五南。

教育部（民 90）。終身學習社會政策白皮書。台北：教育部。

教育部（民 92）。中華民國教育統計。台北：教育部。

張芳全（民 89a）。教育政策立法。台北：五南。

張芳全（民 89b）。教育政策分析與策略。台北：師苑。

張芳全編（民 90）。大陸教育法規。台北：商鼎。

張芳全（民 91）。歷任教育部長的政策。台北：商鼎。

張潤書（民 88）。行政學。台北：三民。

聯合報（民 90.02.17）。曾部長提出海洋教育政策計畫。

劉賢俊（民 85）。法革教育改革機構，載於黃政傑主編（民 85）。
　　各國教育改革動向，頁 171-186。

謝文全（民 83）。教育行政理論與實務。台北：文景。

謝文全（民 85）。比較教育行政。台北：五南。

教育部（民 87）。終身學習社會白皮書。台北：教育部。

教育部（民 88）。中華民國教育統計。台北：教育部。

教育部（民 91）。中華民國教育統計。台北：教育部。

教育部（民 92）。中華民國教育統計。台北：教育部。

｛第六章｝

台灣的多元入學制度分析

本章學習目標

一、可指出民國九十一年八月政府執行的多元入學方案目標。

二、可說出多元入學方案的政策與問題。

三、可以分析多元入學方案的問題。

四、可以指出問卷調查法的問卷編製過程。

五、可以指出多元入學方案的初步調查成果。

六、可以說明本章在多元入學方案的調查成果有何政策價值。

第一節　多元入學制度之規範

壹、入學制度目標

依據教育部頒訂的高中及高職多元入學方案（民國九十一年八月二十九日台九一中一字第一一二八二一八號令，見張芳全主編，民92a）規定，入學制度的目標如下：1.多元評量學生學習成就，使學生適性發展，以培養五育並重之國民。2.重視學生之學習歷程，尊重學生之性向及興趣，以激勵學生之向學動機。3.輔導高中及高職（以下簡稱高中職）辦理招生，提供學生多元入學途徑，以建立符合學校及學生需要之入學制度。4.鼓勵高中職發展學校特色，以引導國民中學畢業生就近升學。5.結合社區資源及特色，以發展學生及家長社區意識。

前述的多元入學目標是以學生為主要關心的重點，但也關心到要如何發揮各個學校特色與結合社區的資源，但是這些政策目標過於模糊、不確定性與籠統，就如何謂結合社區的資源呢？何謂使學生適性發展呢？又何謂培養五育均衡發展的國民呢？如果是德智體群美，美育的界定又如何？德育又如何衡量學生的表現呢？

貳、招生方式

據教育部的多元入學方案規定，入學方案有以下類型：

一、甄選入學

它主要是在提供各類資賦優異學生、具有特殊才能或性向學生入學。甄選入學方式如下：

(一)音樂、美術、舞蹈、戲劇、體育特殊才能班、各單類科高中及高職海事、水產、護理、藝術、農業類科等經主管教育行政機關核准設立之班、科、校，得跨區聯合辦理招生，學生應就單一學校或跨區聯合甄選入學委員會擇一報名。

(二)依一般智能及學術性向所設之數理、語文資優班，招生區內各校得聯合辦理甄選。學生限向國中三年級學籍所在地招生區之單一學校或聯合甄選入學委員會報名。

(三)甄選入學依下列方式實施：1.以國民中學學生基本學力測驗分數為甄選條件，不採計在校學科成績。 2.各校應配合招生之科、班性質參採學生在校藝能表現、綜合表現或特殊才能等。 3.各校應視實際需要就實驗、口試、小論文、實作、表演或術科等項選擇辦理，但不得加考任何學科紙筆測驗。

從上可看出，它主要以特殊才藝學生為主，而在考試方面以基本學力測驗分數為基礎，外加有口試、筆試等，但不採計學生在校成績。

二、申請入學

　　此方式提供對有特色之學校或科別具有興趣之學生就近入學鄰近高中職或直升入學，以落實高中職社區化。申請入學方式如下：

　　㈠學生限向國中三年級學籍所在地招生區聯合申請入學委員會提出申請，其申請校數是：1.向當地一所高中提出。2.向當地一所高職提出。3.同時向一所高中及一所高職提出。

　　各招生區的申請學校數得視實際需要酌予增加，並應報請主管教育行政機關核定，但超過上述規定校數，報名費用不得增加。

　　㈡國民中學學生依各校所訂條件，自行向欲就讀之學校或聯合申請入學委員會提出申請。

　　㈢各校以國民中學學生基本學力測驗分數為申請條件，並得擇一至二科加權計分。

　　㈣各校應參採學生之在校成績（限直升入學及自學方案）、優良品德、綜合表現或特殊事蹟等。

　　㈤各校得考量社區地緣因素，提供若干名額予鄰近國中，其提供名額之原則及錄取方式，應報經主管教育行政機關核定。

　　㈥各校採書面審查方式辦理，不得再辦理任何形式之測驗。

　　㈦直升入學以本校學生為原則，但經主管教育行政機關核准者，不在此限。

　　從上可知，此方式主要以國三應屆畢業生為主，而在考試方面以基本學力測驗分數為基礎，提出申請學校，採書面審查，不再辦理任何的測驗。

三、登記分發入學

此方式提供非經由前兩項方式或其他經主管教育行政機關核准之方式入學學生依其志願分發入學。

前述入學方式，在各校除辦理登記分發入學外，應依學校特色辦理甄選入學及申請入學或擇一辦理，五專辦理登記分發入學應與高中職聯合辦理。甄選入學、申請入學及登記分發入學之招生區，由各主管教育行政機關依實際需要擬定範圍或數量，報請教育部核定後公告實施。至於各種入學方式招生對象及資格有以下規定：1.國民中學應屆畢業生取得國民中學學生基本學力測驗分數者；2.非應屆國民中學畢業生及同等學力取得當年度國民中學學生基本學力測驗分數者；3.符合「資賦優異學生降低入學年齡縮短修業年限及升學辦法」之規定，並取得當年度國民中學學生基本學力測驗分數者。

登記分發入學方式如下：

㈠以國民中學學生基本學力測驗分數為分發依據，不得加權計分。

㈡學生應以當年度一次國民中學學生基本學力測驗分數完整使用，並應於報名參加國中學生基本學力測驗時，選擇登記分發區（如參加二次學力測驗之學生，可擇較優一次成績參加登記分發；惟以第二次報名時，所選擇之登記分發區為分發依據）。

㈢各應屆畢業之國民中學學生依各區登記分發入學委員會之規定提出申請，各國民中學應提供必要之協助。

從上可知，此方式以應屆畢業生為主，在考試方面以基本學力測驗分數為基礎，登記之後由入學委員會分發。

參、招生時間

一、時間

多元入學的招生時間如下：

㈠第一次國民中學學生基本學力測驗於每年五月下旬或六月上旬辦理為原則，第二次國民中學學生基本學力測驗則於七月上旬辦理為原則。

㈡甄選入學及申請入學係於第一次國民中學學生基本學力測驗成績公布後辦理，放榜時間於每年第二次國民中學學生基本學力測驗報名前。

㈢登記分發入學於第二次國民中學學生基本學力測驗結束後辦理。

二、招生名額比例

招生名額比例說明如下：

㈠各公立高中：申請入學名額以主管教育行政機關核定招生名額30%為原則，但學校同時辦理甄選入學及申請入學者，其合計名額以40%為原則。

㈡各公立高職：申請入學名額以主管教育行政機關核定招生名額60%為原則。

㈢各私立高中職：申請入學名額以主管教育行政機關核定招生名額70%為原則。

前述各項規定之名額外均為登記分發入學名額。

　　各招生區為辦理國民中學學生基本學力測驗試務工作，應成立各區國民中學學生基本學力測驗試務委員會，負責各區國民中學學生基本學力測驗試務工作有關事宜；並由各區聯合組成全國試務委員會，負責全國一致性之試務工作有關事宜。為辦理國民中學學生基本學力測驗，由各主管教育行政機關依實際需要擬定各試務區之範圍及數量，報請教育部核定後公告實施。

肆、招生組織分工與注意事項

一、招生分工

　　針對前述的方案，多元入學招生分工如下：

　　㈠各招生區高中職為聯合辦理各項入學應分別成立各區甄選入學委員會、申請入學委員會及登記分發入學委員會。

　　㈡高中職及五專為辦理多元入學，應聯合各招生區之各入學委員會成立全國高中職及五專多元入學委員會。

　　㈢前兩項之各種入學委員會，均應成立申訴及緊急事件處理專案小組，負責處理招生工作有關各種申訴及偶發事件事宜。

　　㈣各招生區高中職各項入學委員會委員除各高中職校校長、教務主任外，並應包括不超過委員全體人數十分之一之國中校長、教師及家長代表。

　　㈤各校應成立招生委員會規劃辦理各項招生事宜，並將各項招生名額、資格條件等相關資料送請各招生區各項入學委員會彙整，報請主管教育行政機關核准後，載明於招生簡章並提早上網公告。

二、注意事項

多元入學應注意事項如下：

㈠全國及各招生區基本學力測驗試務委員會及各種入學委員會委員，其本人或其配偶、前配偶、四親等內之血親或三親等內之姻親或曾有此關係者為該次招生入學考生應自行迴避。前述應自行迴避情形而未迴避，或有具體事實足認其執行職務有偏頗者，利害關係人得申請迴避。

㈡各國民中學應屆畢業學生參加國民中學學生基本學力測驗及各項招生入學，各國民中學均應提供必要之協助。

㈢各招生區高中職辦理之甄選入學、申請入學與登記分發入學招生簡章，由各主管教育行政機關核定。各主管教育行政機關應於核定簡章時就各招生區辦理招生事項及報名費詳加審核，並就重要或有疑義事項報請中央主管教育行政機關協調之。

㈣低收入戶子女或其直系血親尊親屬支領失業給付者，各項報名費用均減半優待。

㈤國民中學學生基本學力測驗由中央主管教育行政機關委託或成立專業測驗機構負責規劃研究，建立題庫並推動施測事宜。各主管教育行政機關及各招生區、試務區承辦學校均不得公布國民中學學生基本學力測驗之分數組距。

㈥各高中職辦理甄選入學、申請入學或登記分發入學得參採國民中學學生在校表現。前述參採國民中學學生在校表現之方式、比例及實施時間等，由中央主管教育行政機關另定之。

㈦特殊身分學生之入學方式，依現行各類升學優待辦法辦理。參加台北市辦理之「國民中學學生自願就學輔導方案」之學

生，其分發方式，依台北市政府教育局之規定。

　　㈧私立高中職或公私立進修學校得自行決定採單獨招生方式或參加各招生區聯合辦理之招生入學。採單獨招生方式者，辦理基本原則應依本方案之規定。

　　㈨技（藝）能優良學生甄審保送入學、國中技藝教育班畢業生分發實用技能班、輪調式建教合作班及身心障礙學生等特定招生對象之班別，依相關招生辦法辦理。

伍、配合措施

一、中央主管教育行政機關

　　教育部需要以下的配合：1.建立高中職教育發展目標；2.規劃高中職社區化中程計畫；3.建立國民中學學生基本學力指標；4.訂定高中職多元入學方案相關法令；5.宣導高中職多元入學方案；6.輔導各地區推動高中職多元入學方案；7.其他事項。這些應配合的方案、法規與政策，是目前教育部應積極進行的，就如規劃高中社區化，究竟何者是高中社區化，可能一般社會大眾仍無法掌握。又如建立高中職的教育發展目標，究竟是哪些高中職目標應重新設定與調整，教育部應盡速提出，否則也無法配合入學政策。因此如果要能讓多元入學方案順利執行，應針對配套措施進行詳細規劃。

二、各直轄市政府教育局及縣市政府

　　地方政府需要以下的配合：1.推動高中職社區化中程計畫；

2.輔導所屬高中職發展學校特色；3.督導各招生區成立招生委員會辦理招生業務；4.調整高中職學生適當比例，並逐年增加高中學生數；5.輔導所屬高中職加強辦理多元入學方案；6.督導國民中學以生活教育、全人教育及繼續學習能力之培養為教學重點。前述幾點，地方政府應配合重點宜快速規劃，就如各縣市都提出了高中職社區化的計畫嗎？各縣市及各高中職的特色何在？台灣的高中都以升學為主，又有哪些特色呢？再者，目前的高中職學生人數比與多元入學制度的關係為何？又為何要調整高中職的學生人數比呢？過去高中職學生人數都受限於學校數多寡，如果要調整高中職人數，是否也應調整高中職學校？要調整高中職的學校，是否也應讓高職轉型呢？這些問題都值得相關單位重視。

　　以上是針對高中及高職多元入學方案的整體說明。

第二節　高中職多元入學問題

壹、多元入學問題分析

一、民意反對入學政策

　　民國九十年實施高級中學多元入學方案後，很多家長、師生提出抗議。反對者質疑多元入學方案的基本學力測驗是否真實反映出學生「基本能力」？另外，基本學力測驗試卷價格飆漲，坊間業者提出基本學力模擬考（以電腦模擬考試），一次考試價格

在數千元不等，如果學生參加模擬考，業者有利可圖，家長與學生的經濟能力是否可負擔？除這些問題，多元入學仍是聯合考試，無法減輕學生的升學壓力，多元入學究竟對學生有何益處，值得政策分析。

二、反對原因

反對入學政策的原因如下：

㈠政策目標模糊

依據教育部頒訂的高中及高職多元入學方案規定，該入學方案目標有：1.多元評量學生學習成就，使學生適性發展，以培養五育並重之國民；2.重視學生之學習歷程，尊重學生之性向與興趣，以激勵學生之向學動機；3.輔導高中及高職辦理招生，提供學生多元入學途徑，以建立符合學校及學生需要之入學制度；4.鼓勵高中職發展學校特色，以引導國民中學畢業生就近升學；5.結合社區資源及特色，以發展學生及家長社區意識。前述的政策目標模糊，很難有具體的執行成效。「五育並重」、「提高學生性向與興趣」、「提高高中職學校特色」、「增加社區意識」等之政策目標非常模糊，無法如預期達成。另外，入學方案以減少學生壓力為政策目標，但此目標並未列在政策中，令人不解。

㈡考試費用偏高

參加基本學力測驗模擬考的費用偏高，讓學生與家長苦惱。業者為賺取學生金錢，提出各種模擬考試，而且每科模擬考試費用都有增加趨勢。國人為讓子女念好學校，不惜花費參加各種模擬考，變成業者大發利市。如此一來，因基本學力測驗考試科目不只一科，學生學習成本增加。如果每科都要參加模擬考試，且

不僅考一次模擬考，對學生與家長是極大的負擔。模擬考花費大筆經費，真正考試又要花一筆錢，如每位學生參加二種入學方式或二次基測，豈不是使學生考試成本增加？重要的是，考試過程對學生學習壓力有增無減，但學習成效良窳很難認定。因此面對基本學力測驗所衍生的成本負擔就是個問題。

㈢多次考試壓力

據教育部（民91）規劃多元入學的招生方式有：1.甄選入學：提供各類資賦優異學生、具有特殊才能或性向學生入學；2.申請入學：提供對有特色之學校或科別具有興趣之學生就近入學鄰近高中職或直升入學，以落實高中職社區化；3.登記分發入學：提供非經由前兩項方式或其他經主管教育行政機關核准之方式入學學生依其志願分發入學。這三種方式，如果考生參加二種，則勢必增加考試壓力。

尤其，分發入學與申請入學都需要有基本學力測驗，雖然考試目的在破除一試定江山，但基本學力測驗對學生學習並不一定有利。基本學力測驗的考試設計與過去最大不同，在於過去考試中，英文及國文科有作文，數學科有證明及作圖，這些都能檢驗寫作、統整、分析、歸納、組織能力，但基本學力測驗則缺乏。這造成二項學習問題，一是學生對考試及學習會抱持投機心態；第二是如果以選擇題型進行考試，對學生的組織、分析及統整能力之學習成效將打折扣。如果學生僅會選擇，而不會做整體思考、分析統整，這種學習是片斷零碎的。因此，如何提高基本學力測驗鑑別度、考試可信度，教育政策分析應考量。

除基本學力本身問題之外，對新制考試，家長與師生的認識仍相當模糊。一方面可能是民國八十九年先提出五個方案，九十

二年整併為三個方案，整併過程並未公開；現行三個方案未免太過複雜，家長、師生無法理解整體制度運作。教育部在短時間執行此政策，又未充分與師生及家長溝通，入學方案執行對學生權益造成傷害。整體方案仍未有明確及具體配套，唐突執行，令人擔憂。

其實，各界對多元入學仍持觀望態度，在懷疑多元入學考試之際，反思過去一試定江山的聯考，不見得不好。如果教育部有更適當的教育政策規劃，亦能減少學生升學壓力。就如民國九十年的國中畢業生升學率，與高級中學可以接受的學生人數而言已大抵相當（教育部，民91）。只是家長與師生不願意被同流為素質較差學校，因而一味以考試篩選學生，結果學生學習壓力仍然一樣，甚至有增無減。

入學制度不應將焦點集中於明星學校，相對的，應讓所有學校都成為學生心目中的明星學校。每所學校發揮其特色，學生依學習需要進入學校，才是教育部要導正的方向。否則多元入學考試僅會增加學生壓力，造成「多元入學、多元壓力及多元痛苦」。

貳、基本學力測驗問題

一、經驗分享

民國九十年三月開始實施基本學力測驗，作者謹以教學經驗，提供參考。以實務教學而言，教學目的在於讓學生獲得重要觀念、培養學習及增加生活興趣。更重要的是教學過程讓學生習得如何思考、如何解決日常生活問題、如何將正確觀念運用在生

活與未來職業生涯之中，這是國民教育之重要前提。尤其社會變遷，學校教育如何培養學生危機處理、科技能力，是重要課題。

二、政策問題分析

　　學校與升學考試引導教學是必然現象。過去升學主義造就許多人才，但也損害許多學生的創造力及生涯發展。行政院教改會（民85）主張廢除聯考及廢除排名制度，對學生創造力培養及對學校正常化教學是最大目的。雖然教育部一再說要廢除聯考、廢除考試制度、提升學生學習興趣及減低學生學習壓力，這些口號目標與爭論話題已有多年，但問題並未解決。相對的，聯考制度所帶來的影響，卻一再的在學生心靈揮之不去。

　　民國九十年三月實施的國民中學基本能力測驗，教育部在廢除先前的高中聯考之前，說不再以考試領導教學，要培養五育均衡學生，但基本學力考試非但無法減輕國中生學習壓力，反而學生的恐懼心理卻有增無減。一年參加二次全國學力測驗，考試次數比以前多。加上各校單招前提下，學生準備考試的方向及內容反倒有增無減。以一個國民中學畢業生要準備第二階段考試，所需的準備資料，例如考試成績、學校表現、學生個人資料及推薦信函，以及相關資料，這對學生是一大負擔。正課未學好，反而分心請人寫推薦信函及參加活動，如此本末倒置的方式，讓學生學習方向扭曲。

　　對學生與家長壓力而言，除對未來基本能力考試題目不確定之外，學生一再練習坊間參考書及上補習班。學校為讓更多學生考上明星學校，週末假日要求學生到校上課。學生及教師無所不用其極的背考題、練習考題、教師教猜答案，在最短時間將正確

答案找出。相信這不只是少數老師教學所面臨的問題，而是許多教師的同樣感受。

三、基本能力為何？

教育部政策宣示學生基本能力測試的重要，但基層老師卻質疑何者為基本學力？何種知識才算是「基本能力」？從教育部（民90b）基本學力模擬題可看出，如果真能測出學生的基本能力，過去聯考難道就無法考出學生基本能力嗎？教育部的基本能力所指為何？反倒是九年一貫課程提出空泛且無法達成的教學目標，以及厚厚一本「九年一貫課程暫行綱要」（教育部，民90a）中指出，基本能力是指國民教育階段的課程設計應以學生為主體，以生活經驗為重心，培養現代國民所需的基本能力。但這些能力，卻無法以具體的指標及方式來衡量。

四、十大教育目標

教育部（民90a）指九年一貫課程政策的十大目標即：1.了解自我與發展潛能：充分了解自己的身體、能力、情緒、需求與個性、愛護自我、養成自省、自律的習慣、樂觀進取的態度及良好的品德；並能表現個人特質，積極開發自己的潛能，形成正確的價值觀。2.欣賞、表現與創新：培養感受、想像、鑑賞、審美、表現與創造的能力，具有積極創新的精神，表現自我特質，提升日常生活的品質。3.生涯規劃與終身學習：積極運用社會資源與個人潛能，使其適性發展，建立人生方向，並因應社會與環境變遷，培養終身學習的能力。4.表達、溝通與分享：有效利用各種符號（例如：語言、文字、聲音、動作、圖像或藝術等）和

工具（例如：各種媒體、科技等），表達個人的思想或觀念、情感，善於傾聽與他人溝通，並能與他人分享不同的見解或資訊。5.尊重、關懷與團隊合作：具有民主素養，包容不同意見，平等對待他人與各族群；尊重生命，積極主動關懷社會、環境與自然，並遵守法治與團體規範，發揮團隊合作的精神。6.文化學習與國際了解：認識並尊重不同族群文化，了解與欣賞本國及世界各地歷史文化，並體認世界為一整體的地球村，培養相互依賴、互信互助的世界觀。7.規劃、組織與實踐：具備規劃、組織的能力，且能在日常生活中實踐，增強手腦並用、群策群力的做事方法，與積極服務人群與國家。8.運用科技與資訊：正確、安全和有效地利用科技，蒐集、分析、研判、整合與運用資訊，提升學習效率與生活品質。9.主動探索與研究：激發好奇心及觀察力，主動探索和發現問題，並積極運用所學的知能於生活中。10.獨立思考與解決問題：養成獨立思考及反省的能力與習慣，有系統地研判問題，並能有效解決問題和衝突等。

從基本能力測驗的五個科目試題來看，前述課程統整目標華而不實、過於抽象、不具體、空泛與模糊，如何從基本學力測驗及課程統整達成？學生果真可從教學與考試過程習得這些能力？而教師又可從教學過程得到應有的教學樂趣嗎？這恐怕只會形成師生心中永遠的痛。

參、基本學力測驗思考方向

一、政策問題

基本學力測驗對各國民中學家長、師生，以及從模擬考試題本與考試看來，有若干問題。以下分析供參考。

二、政策問題分析

基本學力測驗有以下的問題：

㈠考科都是選擇題，無法檢測學生

考試僅有五科，考科型態只有選擇題，而選擇題並無法考選出學生的適當能力、技能及觀念，是不爭事實。尤其第一屆考生被當作白老鼠試驗，非常緊張，不知所措。雖然教育部（民90b）提供模擬題本，但它僅是考試型態的參考，教育部表示並沒有試驗，也非真實考題，無法反應出是否為基本學力測驗。如果模擬題合於真正考題，將造成學生過度練習及產生更多考試壓力。

補教業者會以能掌握考題作為吸引學生補習的誘因，而學生及家長在無所適從的情況下，因而造成學生過度補習，到頭來卻形成考試領導教學，以及學生壓力有增無減。反倒是讓補教業及坊間參考書業者有利可圖，而家長及學生變成實驗對象，任其宰割。這比過去聯考問題還多。聯考僅一次考試，但基本學力測驗卻有多次考試，考題又不見得可選擇適當學生，如此增加社會成本及學生學習負擔，不無問題。

(二)並未有統整觀念

　　九年一貫課程政策的重點，在教導學生有統整觀念、完整人格培養，以及未來人文及科技關懷。就課程統整的理念而言，它有幾個重點，即：1.關心學習者、社會與知識整合；2.培養基本能力與實踐能力為目標；3.秉持普通教育理念，強調教育內容應與整體的生活經驗符應；4.體現學生為教育主體的教育理念；5.課程統整是全人教育理念的實踐（陳新轉，民90，頁70-76）。但基本學力測驗卻在培養學生記憶、猜題，不在培養學生基本學力、全人格與強調普通課程。如此學生的思考能力將會僵化、刻板、學習力降低，以及培養出沒有創造力的學生。例如數學科考題過度重視正確答案，不顧及學生演算與分析能力，此種講求快速、正確答案與不問演算過程、僅問學習結果的情況，讓學生的邏輯思考及創造能力變得更差。

(三)同分處理問題

　　基本學力測驗中，如果考生同分該如何處理？這是非常有可能的事。因為選擇題要能考出滿分較為容易。但如何擇優學生，教育主管單位並未表示意見。假如台北考區，五科基本學力滿分三百分者共有三千人，這三千人都想讀建國中學，而建國中學又僅能提供五百名的學生就讀機會。如何從三千名的考生選出五百名卻是大問題。台灣師範大學測驗中心表示，可以國文分數高低為排名依據，但這方式無法解決此問題，因為選擇題，國文科同分學生將會比預期還多，如果再以他科比高下，相同問題仍在。

　　如果考生學測同分，第二階段學校單招，可能同分者非常有限。但問題在於明星學校人人想要就讀，如果滿三百分的考生共有三千名，但在第二階段，考生同分的剩下一千名，此一千名如

何篩選出五百名還是有很大問題。究竟最後擇優方式會以抽籤或其他選才方式，教育當局並未提出因應。而此問題並不可在考完試之後再對大眾公布，因為事先沒有告知考試的錄取方式，最後錄取方式會有爭議。簡言之，同分考生，錄取學生標準何在？當局並未提出因應。

㈣題型有文化偏差

從教育部所公布的模擬題看來，試題有文化性差異的存在。有些考題有文化上、社會階層的差異，如非該文化族群的學生就無法完全填答；相對的，如果是某些文化族群的學生則較為有利。如果地理是考地區性的問題、歷史是專為某些族群所設計的考題，則題目並不具代表性。從模擬題可看出，考題仍以記憶、瑣碎居多，思考、統整、分析問題少；如此試題真能考出好的學生與培養好學生嗎？這是一大問題。

前述問題僅是基本學力測驗之問題的冰山一角，又如應不應公布基本學力測驗的成績組距，提供家長與學生選填志願參考？教育部與台北市政府教育局也有不同意見，教育部指不應公布，教育局則認為那是地方政府業務、應該公布，同時可避免家長及學生盲填志願的困擾。所以為了不讓國中生成為基本學力測驗犧牲者，當局應周延思考問題癥結。

肆、多元入學新思考

新考試制度於民國九十年三月開始實施，各界對新制度仍有很多疑問。新制考試讓高級中學的考試改為採取二階段方式。第一階段是基本學力測驗；第二階段是各個學校單獨考試。二個階

段的入學方式都有問題，就如：

一、題型不足

　　以基本學力考試而言，民國九十年二月教育部所公布的考試型態僅有選擇題，數學、國文、理化都只考學生「選對」的能力，並沒有考量如何培養學生思考、統整、組織、批判、綜合分析的能力。在考試領導教學下，教學成為考試工具。尤其學生的文字表達能力與文化素養逐年下降，學校教育忽視其能力，如果考試制度又未重視，未來的學生在語文表達的能力將更差。

二、學生的猜測心態

　　學生在考試時會猜測，是不真實了解考題答案的反應。就以數學科為例，它的考試重視正確答案，不顧及學生的演算，此種講求快速、正確答案與不問演算過程、僅問結果，可能讓學生的邏輯思考及創造能力降低。過去聯考數學科一再強調，學生在證明題、演算題如果最後的答案不正確，但過程部分正確，仍會部分給分。這種計分方式，給與學生很大鼓勵，原因無他，數學學習並非全無過程，它讓學生了解到學習過程的重要，而非僅有最後結果之準確性。新制考試卻僅重結果、不問過程，此種方式將對日後學校教學，乃至學生價值觀產生負向影響。

三、入學政策溝通不足

　　基本學力測驗的溝通不足。一者，民國九十年三月施行的基本學力測驗，官方與學校教師、家長及學生溝通機會及管道少，師生與家長對入學制度有懷疑，不知如何詢問。加上教育部的溝

通制度與管道欠缺、訊息不完整、坊間參考書濫竽充數，家長和師生任由補習業宰割。家長擔心子弟無法申請到學校；學生對考試題目內容分配、題型、難易以及應學到何種程度才算學習完成充滿疑問。

四、單招的問題

　　基本學力測驗後，第二階段的學校單招所衍生的問題更值得注意。各校單招時，報名學生須繳交個人在國中三年學習表現、參與課外活動、特殊優異表現多寡、推薦信函等「基本資料」。目前國民中學的班級班長、副班長等班級幹部，由每位學生輪流擔任，因而二學年中，一位學生可能當過班長、副班長、學藝、風紀股長等「頭銜」，才可在推薦基本資料上有課外活動表現「資歷」。學校認為如此的分配，學生被推薦上榜、考上好學校的機會才會增加。但每位學生都有同樣頭銜，卻不一定有當班級幹部的正確觀念，此種僅要基本資料完整，卻不顧及學生真實學習感受，對學生學習有負面影響。

　　為了讓學生有更多頭銜及榮登金榜、增加考上機會，學校各處室每學期舉辦的活動比過去超出許多。因為唯有如此才可以讓學生及教師去包「學校工程」，學生參與活動才有記功嘉獎機會，在學生報考時的基本資料中才會更為完整。因此，學校教師正課不上，存著僅辦活動就好的心態，以符合學生記功獎勵機會，實也喪失推甄、申請及登記入學的目的。

　　為了不讓國中生成為基本學力測驗與多元入學的白老鼠，有關當局應提出解決方案。

伍、入學制度爭論

一、政策問題

　　民國九十年五月，教育部與台北市教育局對高中職多元入學方案中計分加不加權爭破頭，這種教育政策爭議，隱含過去至今，中央與地方權限不分的問題。

　　台北市政府認為高中入學考試在部分學科加權，是因各校可依特色，據科目屬性加權，招收學校所要的學生。教育部卻認為加權對教學正常化有負面影響，例如某科目加權勢必對其他科目教學時間、教學內容排擠，乃至學習壓力、調課及借課情形增加，這更突顯出過度重視教學科目，以及其他科目被忽視的問題。

二、入學制度應尊重地方政府

　　教育部對地方政府的教育政策都要管制，這無疑是「中央集權」的教育政策，對口口聲聲要下放教育政策給地方實為反諷。民國八十八年教育基本法公布後，中央與地方教育權限已明確劃分，教育基本法第九條規定中央對地方教育政策僅具監督責任，並將教育政策鬆綁給地方、彈性下放給地方因地制宜的制定政策及執行政策，這是教育基本法的特色。但教育部對北市教育政策管制或強迫地方應自主的政策，卻想要一手掌控，實已超出教育行政權限範圍，與一再要給地方自主、發揮地方教育政策特色的說法是自相矛盾。

　　其實，多元入學是否應加權計分，應由各縣市地方政府教育

機關與學校自主決定，讓各縣市自行決定計分方式。如果擔心各校因加權計分影響學校教學與學生學習壓力，地方政府則應提出配套措施，並非教育部權限一把抓。

多元入學是否加權計分會影響教學很多問題。就如美國托福測驗，在字彙、閱讀及聽力有不同計分方式，依不同題型，有不同得分多寡，同時各校更規定在某些項目應有一定標準才可以申請入學，這方式即在讓學校能藉此招收到所要學生，並發揮特色，不是嗎？

民國八十八年的教育基本法（張芳全，民 92a）規定中央與地方的教育權限，其中更應讓地方教育自主、鬆綁教育權限，教育部實不應再對地方教育有過多管制，否則將走教改回頭路。

陸、外人入闈

民國九十年第一次實施基本學力測驗，但有外人（非專業命題人員）入闈之問題（中國時報，民 91.01.12），這涉及教育政策公平問題。

一、考試入闈人員問題

民國九十年的基本學力測驗外傳有「外人入闈」（即非編制內的人員進入闈場），其公正與客觀已引起注意。所謂「外人」，是指並非在基本學力測驗規劃為專家學者的人士進入試場，進行題目測試及參與基本學力測驗試題的編印。

撇開入闈者是否為人本基金會成員的問題，但測驗當天要二名所謂的「命題顧問」，並非測驗中心的命題及工作人員，進入

闈場，使考試的公正、公平、隱密、客觀、合法、合理、安全等已受到質疑。

教育部對外界質疑先是否認，後來又承認確有其事，並要各界拋開質疑。這種朝令夕改的態度又隱藏何事？如果當局認為二名人員對試題命題、題目審查及選題有助益，又為何要匆忙讓二位「命題顧問」入闈？為何不在闈外命題、審題、選題、試題分析時，就讓「命題顧問」參與？教育部的矛盾、心態與作法可議。

二、參與入闈人員問題

教育部讓民間團體參與教育決策的態度是正確的，多元社會確應尊重多元與專業意見，教育決策應包容，但究竟教育政策的形成、執行、評估與分析中，民眾應何時參與？何種情境參與？參與決策重要性為何？參與教育決策之影響層面為何？就以基本學力測驗而言，教育部讓「局外」人入闈，臨時參與「命題試務」，其時機、情境及合理性，使基測已蒙上不公正、不客觀與不合理的陰影。對三十萬名考生如何交代？

以命題流程而言，入闈場之前就已命題完畢，在闈場外須經過審慎選題、試驗、前測、試題分析、誘答力分析、難度、鑑別力修改、調整題型（郭生玉，民 78a）。加上各科目都有專家、學者、教師、行政人員、試務人員負責。因此，這樣嚴密命題、選題與分析題目，說要讓二名「命題顧問」進入闈場了解命題工作，研究命題重點及進行試題分析，未免太過牽強。

教育部讓非專業的命題與審題人員入闈，已違反教育政策中立，對三十萬名考生及家長如何交代？教育政策公平性、正義性及合理性又何在？

第三節　高中職多元入學實證分析

壹、分析前提──問卷調查設計的原則

　　前述對高中職多元入學制度及問題有所討論後，本節將進一步以實證分析進行了解。本節將以問卷調查法，對此政策問題進行分析。一份優良問卷的特徵有：1.所有題目與研究目的符合；2.問卷能顯示重要的問題；3.僅在無法取得其他資料時進行；4.問卷要簡短；5.問卷要有指導語；6.問卷題目要客觀，不要不當的暗示；7.題目應有順序安排；8.問卷所蒐集資料要易於解釋；9.外觀要具吸引力；10.問卷應有基本資料（郭生玉，民78b）。

　　在編製問卷過程中，首先應確定所要蒐集的資料，例如究竟要了解哪些問題；其次要決定問卷的形式，究竟開放式的題目亦或是選擇題；第三應掌握整體問卷的題數；第四是修正問卷，例如問卷題目如有不清，應該調整；第五進行預試，進行小規模施測。編製問卷應掌握的幾個原則（郭生玉，民78b）如下：1.題意要明確，避免過於空泛；2.易被誤解的詞語應避免，且要界定清楚；3.應用肯定句說明，不要有雙重否定；4.避免題目中含有二個或二個以上的概念；5.避免學術上的專有名詞；6.避免不必要的或不適當的選項；7.題目應該是填答者所能回憶的範圍；8.題目應該避免讓填答者困擾；9.避免讓填答者花太多時間填答；10.避免有不當的假定；11.避免有暗示性的答案；12.題目如必要應加

進底線；13.反應題目應完全舉列；14.選項中應具有互斥性；15.如果是要比較題目，應有參照點。

除前述原則之外，問卷調查仍應注意幾項問題：1.如果問卷是以構面、向度區分數題，應讓各構面題數一致。2.反應項目應具體，且宜注意資料回收後的記分問題，與統計分析方法選用。就如常有「並沒有如此」、「沒有如此」、「偶爾如此」、「總是如此」等選項，應對於這些選項有明確的定義，如此才不會讓填答者對於選項的定義不一，產生混淆。3.為避免受試者亂填，應設計「隱藏式的測試題」，作為了解填答者是否亂填的問題。4.在勾選項目上，宜以偶數個為宜，不宜以奇數個，否則受試者易在選項上有趨中情形。

貳、抽樣與分析方法

一、工具與抽樣方法

本節據前述問卷設計方法及原則，設計「高中與高職多元入學方案政策評估問卷」，如本章附錄 1。此測量工具共有二十題，僅有一面，填答容易。更重要的是它僅以「是」或「否」作為選項，主要是要避免填答者在「偶爾是如此」、「經常是如此」、「總是如此」、「絕不是如此」等選項中猶豫，而有更明確的答案。問卷調查抽樣的方法有隨機抽樣與非隨機抽樣。前者如簡單隨機抽樣、系統抽樣、叢集抽樣與分層抽樣；後者如立意取樣、滾雪球取樣。本節所運用的抽樣方法是以立意取樣方式進行取樣。樣本是取自於民國九十二年七月二日至八月二十五日至

國立台北師範學院進修暨推廣部進修學分的國民小學教師、主任、組長；以及學士學位班與研究所教育學程班的學生為樣本，共取得有效樣本為二百份。

二、分析方法

統計分析方法與所設計的問卷或所蒐集的資料有關。本節將呈現蒐集到的資料，以描述統計、卡方考驗以及單因子變異數分析進行。這些方法可見林清山（民82）所寫的《心理與教育統計學》中的相關章節。

參、分析結果

一、調查結果的描述

經過統計分析，高中及高職多元入學政策評估結果如表6-1所示。表中可看出，僅有多元入學可增加「多元評量」、「適應學生性向」、「尊重學生性向與興趣」、「具有多元入學途徑」、「可發揮學校特色」、「基測一年二次是合理的」、「基測可作為學校分發依據」等問題的支持度超過50%以上，但支持度並不會高出反對者很多。相對的，多元入學制度的反對比率在二十個題目中卻很多，且有幾項題目的反對度更是在80%以上。就如多元入學制度可以減少學生的壓力，反對者有97%，與老師及家長是否充分溝通也各有89.5%與94%的反對，另外多元入學是否為公平的入學制度，則有89.5%的受訪者認為是無法達成的。如果從表中的平均數來看，二十題的平均值都超過1以上，表示反對

多元入學的受訪者在整體上是高於支持者。

二、不同性別對入學問題的反應

本小節以卡方考驗了解不同性別對多元入學制度問題在意見上的差異，從表 6-2 中可以發現，第一至二十題之中，僅有基本學力可以作為分發依據在男女意見上有差異之外，其餘題目兩性的意見都沒有差異，也就是男性與女性的多元入學政策意見是沒有差異的。因此對於多元入學的意見大抵可說不管是支持與否，兩性的看法趨於一致。

三、不同人口變項對入學政策的反應

本小節針對不同年齡、年資、教育程度與職務等進行多元入學政策意見評估。它以單因子變異數分析進行，得到結果如表 6-3 所示。表中所呈現的是在不同人口變項在不同意見已達到.05以上顯著水準才呈現，如受試者對該題意見並沒有差異者，則未呈現在表中。如有達顯著水準，則再以 scheffé 法進行事後比較。

從表中可看出年齡層面共有六題達顯著，在「尊重學生之性向興趣」一項，三十一歲至四十歲者反對度顯著高於三十歲以下者。在「輔導高中辦理高中職多元入學」、「多元入學可發揮學校特色」兩項，以三十一歲至四十歲反對度高於四十一歲至五十歲組。在「多元入學可減輕壓力」中，三十歲以下與三十一歲至四十歲的人的反對情形高於四十一歲至五十歲者。在年資上有三題是達顯著者，即第一、十一與十五題。值得說明的是，「多元入學可減少壓力」一項，所有的填答者都認為不可能，但是年資在零至五年的又顯著高於十六年以上者。在學歷方面有三題達顯

■▷表 6-1　高中與高職多元入學政策評估現況描述　樣本數＝ 200

題號	題目	支持(1)	反對(2)	平均數	標準差
1	您認為多元入學增加多元評量學生成就機會？	64.5	35.5	1.36	.48
2	您認為多元入學增加學生適性發展的機會？	57	43	1.43	.50
3	您認為多元入學可培養五育均衡並重的國民？	34	66	1.66	.48
4	您認為多元入學重視學生學習歷程？	39.5	60.5	1.61	.49
5	您認為多元入學尊重學生之性向與興趣？	51.5	48.5	1.49	.50
6	您認為多元入學可激勵學生之向學動機？	35.5	64.5	1.65	.48
7	您認為教育部有適當輔導高中職辦理多元入學招生？	24	76	1.76	.43
8	您認為多元入學已增加學生多元入學途徑？	53.5	46.5	1.47	.50
9	您認為多元入學建立符合學校需求入學制度？	31	69	1.69	.46
10	您認為多元入學建立符合學生需要之入學制度？	26.5	73.5	1.73	.44
11	您認為多元入學有鼓勵高中職發展學校特色？	54.5	45.5	1.46	.50
12	您認為多元入學可結合社區資源，並發揮特色？	46.5	53.5	1.54	.50
13	您認為基本學力測驗一年二次是合理的？	57.5	42.5	1.43	.50
14	您認為多元入學可發展家長的社區意識？	29.5	70.5	1.71	.46
15	您認為多元入學可減輕學生升學壓力？	3	97	1.97	.17
16	您認為多元入學可落實高中職社區化？	25.5	74.5	1.75	.44
17	您認為多元入學中的基本學力測驗可作為分發學校依據？	59.5	40.5	1.41	.49
18	您認為教育部實施多元入學制度已與學校老師充分溝通？	10.5	89.5	1.90	.31
19	您認為教育部實施多元入學制度已與家長充分溝通？	6	94	1.94	.24
20	您認為多元入學制度是具有公平篩選學生的機制？	10.5	89.5	1.90	.31

■▶表 6-2　不同性別在高中與高職多元入學政策評估百分比同質性

題目（項）	支持與反對　情形			考驗結果
	性別	支持(1)	反對(2)	
多元評量	男(1)	22	14	$\chi_i^2=.220$
	女(2)	107	57	
適性發展	男(1)	21	15	$\chi_i^2=.032$
	女(2)	93	71	
五育均衡	男(1)	13	23	$\chi_i^2=.087$
	女(2)	55	109	
學習歷程	男(1)	15	21	$\chi_i^2=.086$
	女(2)	64	100	
學生性向興趣	男(1)	14	22	$\chi_i^2=2.80$
	女(2)	89	75	
學習動機	男(1)	15	21	$\chi_i^2=.729$
	女(2)	56	108	
輔導高中職	男(1)	9	27	$\chi_i^2=.024$
	女(2)	39	125	
多元入學途徑	男(1)	19	17	$\chi_i^2=.009$
	女(2)	88	76	
學校需求	男(1)	11	25	$\chi_i^2=.004$
	女(2)	51	113	
學生需求	男(1)	10	26	$\chi_i^2=.037$
	女(2)	43	121	
學校特色	男(1)	19	17	$\chi_i^2=.053$
	女(2)	90	74	
社區資源	男(1)	15	21	$\chi_i^2=.412$
	女(2)	78	86	
基測一年二次	男(1)	17	19	$\chi_i^2=.910$
	女(2)	98	66	
社區意識	男(1)	11	25	$\chi_i^2=.024$
	女(2)	48	116	

（續 ）

減輕升學壓力	男(1)	1	35	$\chi_0^2=.007$
	女(2)	5	159	
高中職社區化	男(1)	10	26	$\chi_0^2=.120$
	女(2)	41	123	
基測分發依據	男(1)	15	21	$\chi_0^2=5.80^*$
	女(2)	104	60	
與教師溝通	男(1)	5	31	$\chi_0^2=.537$
	女(2)	16	148	
與家長溝通	男(1)	3	33	$\chi_0^2=.429$
	女(2)	9	155	
多元是否公平	男(1)	5	31	$\chi_0^2=.537$
	女(2)	16	148	

註：＊表示 p<.5。

著，其中是第六、十五與十九題。而在任職職務中僅有第十二題有達顯著，但事後比較則未見到哪一組的差異較顯著。

四、小結與建議

從以上以二百份的樣本進行高中職多元入學政策分析，可以發現，受訪者對於此政策的支持程度低於反對程度，尤其在教育主管機關是否與家長及教師溝通，多為不贊同者。另外，多數受試者認為此政策並無法作為公平篩選學生的機制，以及更無法減輕學生升學壓力。這些研究結果，很值得教育部在執行多元入學方案時多加謹慎行事，避免日後有更嚴重的問題產生。

針對上述調查結果，有以下建議：

第一，高中職多元入學制度應與家長與教師或學生再充分溝通。此政策的執行方式，以及基測的實施方式更應讓學生及家長

■>表 6-3　不同人口變項在多元入學政策的變異數分析及事後比較

題目	向度	人數	平均數	標準差	變異數分析摘要					事後比較
					SV	SS	Df	MS	F	
5	1. 30 歲以下	70	1.37	.49						1>2
	2. 31-40 歲	87	1.61	.49	組間	2.6	3	.87	3.6*	
	3. 41-50 歲	33	1.46	.51	組內	47.3	196	.24		
	4. 51 歲以上	10	1.30	.48	總和	50.0	199			
	總和	200	1.49	.50						
7	1. 30 歲以下	70	1.76	.43						2>3
	2. 31-40 歲	87	1.85	.36	組間	2.2	3	.72	4.1**	
	3. 41-50 歲	33	1.61	.50	組內	34.3	196	.18		
	4. 51 歲以上	10	1.50	.53	總和	36.5	199			
	總和	200	1.76	.43						
11	1. 30 歲以下	70	1.49	.50						2>3
	2. 31-40 歲	87	1.54	.50	組間	2.8	3	.95	4.0**	
	3. 41-50 歲	33	1.24	.44	組內	46.8	196	.24		
	4. 51 歲以上	10	1.20	.42	總和	49.6	199			
	總和	200	1.46	.50						
15	1. 30 歲以下	70	2.00	.00						1>3
	2. 31-40 歲	87	1.99	.11	組間	.42	3	.14	5.0**	
	3. 41-50 歲	33	1.88	.33	組內	5.4	196	.03		
	4. 51 歲以上	10	1.90	.32	總和	5.8	199			
	總和	200	1.97	.17						
19	1. 30 歲以下	70	1.93	.26						2>3
	2. 31-40 歲	87	1.99	.11	組間	.51	3	.17	3.1*	
	3. 41-50 歲	33	1.85	.36	組內	10.8	196	.06		
	4. 51 歲以上	10	1.90	.32	總和	11.28	199			
	總和	200	1.94	.24						

（續）

20	1. 30 歲以下	70	1.91	.28						2>3
	2. 31-40 歲	87	1.94	.23	組間	.94	3	.31	3.4*	
	3. 41-50 歲	33	1.76	.44	組內	17.9	196	.09		
	4. 51 歲以上	10	1.80	.42	總和	18.8	199			
	總和	200	1.90	.31						
1	1. 0-5 年	100	1.29	.46						
	2. 6-10 年	22	1.59	.50	組間	2.1	3	.69	3.1*	
	3. 11-15 歲	26	1.27	.45	組內	43.7	196	.22		
	4. 16 以上	52	1.42	.50	總和	45.8	199			
	總和	200	1.36	.48						
11	1. 0-5 年	100	1.55	.50						
	2. 6-10 年	22	1.41	.50	組間	1.93	3	.64	2.6*	
	3. 11-15 歲	26	1.38	.50	組內	47.7	196	.24		
	4. 16 以上	52	1.33	.47	總和	49.6	199			
	總和	200	1.46	.50						
15	1. 0-5 年	100	2.00	.00						1>4
	2. 6-10 年	22	1.95	.21	組間	.35	3	.12	4.1**	
	3. 11-15 歲	26	2.00	.00	組內	5.5	196	.03		
	4. 16 以上	52	1.90	.30	總和	5.8	199			
	總和	200	1.97	.17						
6	1. 專科	26	1.58	.50						2>3
	2. 大學	48	1.79	.41	組間	2.12	3	.71	3.2*	
	3. 師範	51	1.51	.51	組內	43.7	196	.22		
	4. 研究所以上	75	1.67	.47	總和	45.8	199			
	總和	200	1.65	.48						

（續）

					SV	SS	DF	MS	F	
15	1.專科	26	1.92	.27						
	2.大學	48	2.00	.00	組間	.29	3	.10	3.4*	
	3.師範	51	1.92	.27	組內	5.5	196	.03		
	4.研究所以上	75	2.00	.00	總和	5.8	199			
	總和	200	1.97	.17						
19	1.專科	26	1.81	.40						2>1
	2.大學	48	1.98	.14	組間	.55	3	.19	3.4*	
	3.師範	51	1.96	.20	組內	10.7	196	.06		
	4.研究所以上	75	1.95	.23	總和	11.3	199			
	總和	200	1.94	.24						
12	1.師範學生	72	1.47	.50						
	2.主任	12	1.58	.52	組間	2.1	3	.71	2.9*	
	3.組長	24	1.33	.48	組內	47.6	196	.24		
	4.教師	92	1.63	.49	總和	49.8	199			
	總和	200	1.54	.50						

註：1. *表示 p<.05；**表示 p<.01。2. SV 為變異數來源、SS 為變異數平方、DF 為自由度、MS 為均方。

了解。溝通方式可以運用平面、電子媒體，地方教育行政或教育部官員親自到學校現場或與民眾面對面溝通，將多元入學方案的優點、入學方案型態、如何在每個方案中進行，以及如何取得多元入學方案的相關訊息等都應說明，如此更能讓家長、教師與學生掌握入學方案精神。

第二，多數受試者認為多元入學制度並非能達到公平的合理機制，因此，政府應思考如何讓此政策有更公平及合理的方式。否則多元入學制度將無法在公平及合理的機制前提下，達成社會

階層流動。考試制度為人信服的是公平競爭，如果考試無法公平，則將失去篩選功能與讓社會階層流動的機會。對此，教育部應思考如何讓此方案更公平，否則回歸過去的聯考，將不失為一種好方案。

　　第三，多元入學旨在減輕學生升學壓力，但這政策目標非但未列在教育部所列的政策目標上，且受試者中多數都認為它並無法減輕學生的壓力，因此，如何建立良好的升學方式刻不容緩。

　　另外，在研究方法及對象上也有以下建議：

　　第一，本研究是以調查法為主，針對二百份的樣本進行分析。在樣本數上僅有二百名，是否應更多才足以代表樣本的真實性與代表性，也就是日後可再繼續增加樣本，來與本節研究結果進行比較。

　　第二，多元入學政策評估可以更多種樣本進行分析，以掌握不同樣本對於此政策支持或反對程度，也就是未來的研究似可考量以國民中學學生、家長、教師或行政人員，分別以不同的角度進行分析，更可以了解此政策的問題重心。

　　第三，本節運用調查研究的方式進行，未能以質性訪談深入分析，未來可以掌握政策的標的團體，深入訪談以補足調查法之限制，如此更能掌握此問題。

　　第四，本節所運用的調查法有很多爭議。一者是在樣本選取可能受到時間限制與樣本母群的限制，所以得到的樣本僅以國立台北師範學院進修暨推廣部學生為主，並沒有其他學校人員。同時取樣是以立意取樣，填答者會亂填，也是不可避免的情況。就如張芳全（民92b）指出調查法在進行時很容易產生隨便取樣、樣本亂填以及樣本不足，而產生研究結果的偏差等，這都是值得

後續再進行研究的。

　　總之，本章以台灣的多元入學方案作為教育政策分析的重點之一，其主要目的一方面讓學習者掌握台灣目前國中生進入高中的入學制度，另一方面透過實際的研究，來掌握目前此方案究竟有何種問題，本章亦從政策的分析結果提出政策建議。

本章討論問題

一、試說明民國九十一年八月政府執行的多元入學方案目標。

二、試說明多元入學方案的政策與問題。

三、多元入學方案的問題何在，試說明之。

四、試說明問卷調查法的問卷編製過程。

五、試說明本章在多元入學方案的初步調查成果。

六、試說明本章在多元入學方案的調查成果有何政策價值？

中國時報（民 91.01.12）。第一次基本學力測驗命題傳有外人入
　　闈。

行政院教改會（民 85）。教育改革總諮議報告書。台北：行政院。

林清山（民 82）。心理與教育統計學。台北：東華。

陳新轉（民 90）。課程統整──理論與設計解說。台北：商鼎。

教育部（民 90a）。九年一貫課程暫行綱要。台北：教育部。

教育部（民 90b）。基本學力測驗模擬題。台北：教育部。

教育部（民 91）。中華民國教育統計。台北：教育部。

郭生玉（民 78a）。心理與教育測驗。台北：精華。

郭生玉（民 78b）。心理與教育研究法。台北：精華。

張芳全主編（民 92a）。教育法規。台北：師苑。

張芳全（民 92b）。量化研究的迷思──從問卷調查法談起，國民
　　教育，42，35-42。

➡附錄 1　高中與高職多元入學方案政策評估問卷

　　本問卷旨在了解高中與高職多元入學方案的政策問題。本問卷僅作日後提供政府部門參考，因此您填答將會保密，請用心及放心填寫。您的協助將使多元入學制度問題更能突顯，讓政府了解。所以請仔細填寫。您的協助，不勝感激。

　　　　　　　　　　　國北師院初教系助理教授　張芳全敬上

一、基本資料

1. 性別：□男　　□女
2. 年齡：□30 歲以下　　□31-40 歲　　□41-50 歲　　□51 歲以上
3. 教學（含代課）年資：□0-5 年　　□6-10 年　　□11-15 年　　□16 年以上
4. 最高學歷：□專科 □一般大學 □師範學院 □研究所以上（含四十學分）
5. 現任職務：□師院學生 □主任 □組長 □教師

二、問卷問題

請就多元入學制度（指甄選、申請與登記分發入學）問題的□中勾選您的意見。

	是 贊成	否 反對
1 您認為多元入學增加多元評量學生成就機會？………………	□	□
2 您認為多元入學增加學生適性發展的機會？………………	□	□
3 您認為多元入學可培養五育均衡並重的國民？………………	□	□
4 您認為多元入學重視學生學習歷程？………………	□	□
5 您認為多元入學尊重學生之性向與興趣？………………	□	□
6 您認為多元入學可激勵學生之向學動機？………………	□	□
7 您認為教育部有適當輔導高中職辦理多元入學招生？……	□	□
8 您認為多元入學已增加學生多元入學途徑？………………	□	□
9 您認為多元入學建立符合學校需求入學制度？………………	□	□
10 您認為多元入學建立符合學生需要之入學制度？………	□	□
11 您認為多元入學有鼓勵高中職發展學校特色？…………	□	□
12 您認為多元入學可結合社區資源，並發揮特色？………	□	□
13 您認為基本學力測驗一年二次是合理的？………………	□	□

14 您認為多元入學可發展家長的社區意識？　……………… □ □
15 您認為多元入學可減輕學生升學壓力？　……………… □ □
16 您認為多元入學可落實高中職社區化？　……………… □ □
17 您認為多元入學中的基本學力測驗可作為分發學校依據？
………………………………………………………………… □ □
18 您認為教育部實施多元入學制度已與學校老師充分溝通？
………………………………………………………………… □ □
19 您認為教育部實施多元入學制度已與家長充分溝通？　… □ □
20 您認為多元入學制度是具有公平篩選學生的機制？　…… □ □

{第七章}
台灣的中等教育政策分析

本章學習目標

一、會分析小班小校政策問題。

二、能指出課程政策決定層次。

三、能分析開放民間編印教科書之後的政策問題。

四、能指出歐盟國家的語言政策及給與台灣的啓示。

五、能分析台灣第二外語政策的可行性。

六、會分析大學入學政策問題。

七、會分析台灣的綜合高中政策。

八、能分析就學貸款政策。

九、能說出延長國民教育政策優劣。

十、能掌握台灣的高中職社區化政策。

第一節　國民教育政策分析

壹、矛盾的教育政策

一、政策問題

　　前教育部長曾志朗於民國九十年二月三日指出將裁併八百多所學校規模在六班以下的中小學（中國時報，民 90.02.03），以配合九年一貫課程實施。此方式與現行教育政策相互矛盾。

二、教育政策問題分析

　　此項教育政策有若干問題，分析如下：

㈠與小班政策相違

　　「小班」為現行教育政策，它是民國八十三年民間四一○教育改革團體提出的訴求。民國八十五年行政院教育改革審議委員會中，中研院李遠哲院長建議政府應縮減國民中小學學校規模，班級學生人數亦應縮減，減輕教師負擔。教改會解任之後，教育部隨即提出「降低國民中小學班級學生人數計畫」，回應民間教育改革理念。民國八十七年起政府開始進行為期十年、運用三百五十億元教育經費執行小班政策。但執行小班政策才二年多（民八十七至八十九年），政府卻又要將「小校」予以裁併，讓更多小型學校不存在，旨要讓九年一貫課程順利執行，此種教育改革

政策矛盾，教育部應深思。原本是要達成小班小校的目標，讓學生學習順暢、教師教學負擔減輕、學校行政人員順利運行行政工作，無奈教育部又要走回頭路，將小型學校裁併。此舉無疑對教育政策潑冷水，帶來更多大班大校問題與未來教育政策不確定感。

㈡小校爲偏遠地區精神特色

八十八學年度全國國中小學共有二千五百八十三所，在規模六班以下者有八百五十所，約占總數的三分之一（教育部，民90a）。這些學校大部分位於偏遠的花東、澎湖及離島地區鄉村。學校建校與當地居民共榮共存，也是居民及學生精神支柱，更是當地文化標竿。如果為了九年一貫課程政策的實施，犧牲與裁併學校，無疑是教育政策走回頭路。若「小班小校」裁併之後，鄉村中無學校精神標竿，學生及居民對教育、鄉土認同更有嚴重問題。如僅以小型學校的教育成本過高考量更為不妥；教育投資的目的在讓學生獲得更多學習效益，如果此目標達成，偏遠地區的小班小校之學校就達成教育目標，又何須整併學校？

㈢國民教育質量提升

九年一貫課程及小班都是極為重要的教育政策，攸關國民教育改革質量提升，二者都很重要。九年一貫課程主要從學生學習內容著手，期使改善學生心靈及學習內容；小班主要在減輕學生的學習壓力、教師教學負擔、學校行政僵化問題。質量改變並進，國民教育才有雙贏的教育改革效果。如果犧牲小班及小校以促成九年一貫課程執行，無疑是教育部在教改政策上缺乏整合及完整思考。試想：如果大班大校存在，學生的學習內容雖有改變，但無法讓學生及教師教學順暢，也無法達到九年一貫課程目的。若九年一貫課程執行，沒有小班小校配合，也無法讓教師的

教學負擔減少，教育行政運作順暢。簡言之，兩個教育政策如背道而馳，甚至因為課程統整，讓小班小校受到衝擊，也是不好的教育政策。

四偏遠地區教育問題多

　　偏遠地區的小型學校，一者因位居偏遠，一般教師多不願進入學校教學，教師流動率非常高；再者偏遠地區的學生家長都是弱勢族群，例如隔代教養率偏高、人口外流嚴重、教育資源較都會區少。因為學校、學生以及地區處於弱勢，政府更應讓學生在完整的教學及學校環境下學習。據了解，花東地區有小型學校以交通車接送不同鄉里學生，聚集在大校上課。這種整併對學生完整學習、鄉里認同及學校了解，並不一定理想。

　　此外，小型學校整併衍生教師、校長、教育行政人員何去何從的問題。又二校如何整併？被整併後，所遺留的學校如何處理？如何化解學校被整併之後，鄉里間居民、家長、師生與行政人員的心理調適？

　　綜上所述，教育部對教育政策應慎思，尤其教育改革政策須有系統、統整、前瞻、延續及全面思考，否則教育政策矛盾，將影響學生學習及教育政策執行。

貳、課程決定層次

一、政策問題

　　課程規劃也是教育政策的一環，在課程規劃與設計要轉變成課程政策時，應了解課程政策的決定及執行。以下就說明課程政

策決定。

　　課程計畫包括決定施教者應教哪些內容，以及應有何種課程目標。進行此種決定通常有幾種層次，一是社會層面，二是機構層面，三是個人層面。社會層面包括教育主管單位如何依需要進行規劃？例如中央的教育部、地方教育行政機關；美國包括聯邦教育署、州教育局、教科書商、國家課程改革委員會等進行課程規劃。在機構層面是指管理的行政機關、學校教師團體等規劃課程。但家長與學生在課程決定也扮演重要角色，尤其以學校本位為課程的設計過程，家長、社區人士及學生重要性增加。在教學層次，教師決定課程是依據教學目標、依據不同的學習者設計不同課程內容。近年來，更有第四種課程決定機構，它以個人或機構實驗單位作為課程決定機構。此層次的課程決定認為學習者應自主產生學習目的，以及從班級情境中學習到內容。此種層次並不把課程認為是被動接受者，或把它認為是一種方法與手段而已。

　　社會層面的課程主要決定課程目標、標準、目的與決定教科書。在國家層次，是由政治、專業組織所決定。就課程設計而言，它不僅決定此層次教育目標，例如批判性思考、自我表達，以及社會態度，而且也決定特定的課程及特定的教育目標。此層面包含人員有課程專家，以及課程編輯者。他們決定教師應如何教，以及應教哪些教材內容。

　　在機構層面的課程決定，主要從國家層次決定教育目標、課程目標等，接著進一步劃分課程指引、課程參考架構及課程索引。這些課程內容，由專業教育學者及課程學者訂定。此層次中，教師最了解對學生有何期望，以及如何有效達成此教育目標。

二、教育政策分析

　　美國大部分課程及計畫是由學區課程計畫委員會決定。雖然，學校逐年增加自行決定的課程，但由學區決定的課程依然很多。學區包含很多專業人士、課程專家、學科專家、心理輔導專家、教師代表與非專業人士共同參與，他們考量社區、經濟、歷史及藝術等特性，決定提供的課程內容。

　　如果以個別層面了解課程，則包含所有班級經營的教師、行政人員、家長代表與學生。主要焦點在教育目標、教材、課程組織與教學策略運用。在自我管制前提下，教師或協同教學都應發展課程目標與活動，讓這些課程內容適合所有學習者，並讓學習者將學習目標保留在內心。此層次有若干教師依賴校外課程，例如教科書商，但教師決定課程內容須反應學生需求。

　　不管哪一種層次決定，都會因為國家不同、學校教學體制不同，在課程決定上就不同。中央集權國家的法國及日本，課程決定權在中央教育主管單位。而地方分權國家的美國及英國，主要課程的決定者為地方教育主管機關。

參、教科書的問題

一、政策問題分析

　　民間編印教科書之後，教科書營運及發行成為國民中小學的重要問題。

　　民國八十五年起，政府開放教科書的編印，各界對開放之後

的市場、國民中小學生態、教學內容有頗多爭議，再加以教科書版本多樣化，讓學生產生更多壓力。支持者認為教科書由民間編印能提高教學內容品質，亦增加教科書競爭力，避免過去由國立編譯館掌控教科書的缺失。但是支持者所提出的觀點，非但不能讓學生及社會大眾所能接受反而相左。何故呢？

㈠爭議教科書應減少

教科書交由民間編印的主要問題，在於如何讓民間編印的教科書內容具有客觀性、正確性，但又能將爭議減到最少。因為教科書是傳達社會、歷史或政經文化等的重要媒介，其內容需要合理及檢驗，才可以納入教科書。如果所傳達的內容及知識不合乎知識體系及未經過嚴謹檢驗，就讓學生學習，此將造成學生所習得內容可能似是而非，無法驗證。例如日本有位教科書學者——家永三朗，他曾一度因為日本扭曲對中國侵略的史實，對日本政府提出控告，日本政府卻仍一意傳達非史實及客觀知識給學生。因此家永三朗控告日本政府，經行政訴訟長達三十多年之久，最後家永三朗獲得勝訴，日本政府敗訴。此在提醒當局，一本教科書應受嚴格檢驗，獲得各方認可及獲得共識，才可傳達給學生。

現行的民間版本教科書，因民間出版商多，加上教育部審查及檢查過程時間有限，無法短期間審查數十本，甚至數百本教科書。在教育部限制下，現行或未來教科書能否傳達正確、具體、客觀與經過嚴格檢驗的知識給學生將是問題。

㈡開放民間編印，廠家手段多元

民間版本教科書搶攻國民中小學市場，書商為得到有利條件，運用之手段層出不窮。例如有書商每學期開學贈送贈品——電鍋、冰箱、書本、烤麵包機、傳真機、來回機票等誘因，吸引

學校選用而作為教科書。又有些書商聘請剛從學校退休的教師及校長，作為學校選用教科書的椿腳，因為他們了解學校教科書運用生態，而書商運用互惠方式，吸引退休校長及教師作為行銷。在人際關係打通後，教科書無疑就成為書商的一塊大餅。

(三)教科書編審委員與民間未劃清

民國九十一年四月爆發教育部九年一貫課程委員也兼任民間出版商教科書編輯委員之事，經當事人說明二者並無關聯。但問題不在於一位委員及一家出版商，而是在於有些教科書委員與民間出版業者可能是「系出同門」、相同派閥或某門第學生，都是受業於某些所謂已退休教授的門下，因為師生情誼與同門派影響，在利誘或有關條件的影響下，仍會與書商產生掛勾。雖然明文規定教科書委員應迴避利益問題，尤其三等親，但此僅是形式規定，如要擔任教育部九年一貫課程委員，也擔任民間書商委員，雖有三等親或直接利益者應迴避規定，但講究派別與師出同門，教科書利益仍無法迴避。因此，教育部教科書委員應二至三年就汰換一次，讓各界專家學者共同擔任。此外，教育部對教科書委員聘任應公平、公開及客觀，並建立制度，讓各界認為客觀與公平，如此才不會有瓜田李下之嫌。

教科書制度仍有教科書選擇、教科書審定、教科書價格訂定等問題。過去國立編譯館編定也有不少問題，當局應評估利弊，改革制度，避免問題再產生。

肆、延長國教政策

民國九十年八月，教育部已將延長國教案送達行政院。延長

國民教育可行嗎？是否更應審慎的評估其利弊，以及是否有實施的必要呢？因為延長國教已有多種版本，但至今仍是停留於紙上談兵。何故呢？

延長國教一案從民國七十年至今已有八個版本（張芳全，民87b），雖歷任教育部長都提出要延長國教的想法，但進展有限。就如民國七十一年，朱匯森提出之延長國教，是以不想升學者為主，要求其參加一至三年不等的延教班，但延教班成效未達預期效果，隨後不了了之。李煥提出十二年國教延長，是以選擇性及不強制與不免費執行。但僅對十二年國教政策宣示，未能執行。毛高文以自願就學方案為實驗，並依此作為延長十二年國教的準備，但自學方案在各界支持不高的情形下也未有下文。

郭為藩部長則要以技職教育為主的國民教育，希望不升學的學生接受第十年技藝教育，但實施成效不如預期，從精神層面而言，該方案有十二年國教精神，但也沒有執行。吳京部長擬以高職免試及學區制，並大力的呼籲要請總統頒大赦令廢除聯考，延長十二年國教，但後來也沒下文。林清江部長提出以第十年技藝教育為精神，延長國教，並以多元入學方式延長國教，但延長國教的目標沒有達成，僅有多元入學套在學生身上。後來，楊朝祥部長又提出十二年國教規劃，同時成立專案小組，但政黨輪替，國教延長又被推翻（張芳全，民91）。

前述七任教育部長都信誓旦旦宣示要延長國教年數，每位上任部長都宣示一次，已成例行公事，宣示意義大於實質意義，能執行者應少之又少。曾志朗部長曾提出延長國教，以幼托整合向下延長一年，並配合高中職社區化及免試升學方式導引國教延長，而此國教延長並非強迫也非免費。試問：此延長國教方案可

行性如何？會不會僅是宣示性質，最後仍無法執行。相關的延長
國教年數見楊思偉（民92）、吳清山（民92）、蔡培村（民92）
與陳伯璋（民92）。

　　從各國義務教育年數進行統計分析，如表 7-2 及圖 7-1。表
中可發現幾個現象：第一，仍有一個國家是義務教育一年者；第
二，十一年、十二年及十三年的國家各有十二個、四個及一個國
家；第三，大多數國家的義務教育集中在九年，共有四十三個國
家。

■▷表 7-1　1996 年全球各國的義務教育年數統計　國家數＝ 170

年數	次數	百分比	累積百分比
4	1	0.6	0.6
5	9	5.3	5.9
6	36	21.2	27.1
7	10	5.9	32.9
8	30	17.6	50.6
9	43	25.3	75.9
10	24	14.1	90.0
11	12	7.1	97.1
12	4	2.4	99.4
13	1	0.6	100.0

資料來源：整理自 *World education report 2000*, UNESCO 2000. Paris.

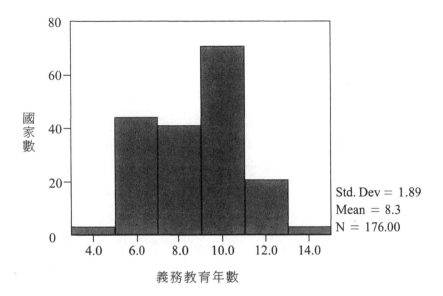

➡圖 7-1　各國的義務教育年數的分布

　　其實，延長國教是迷思，也有困難。延長國教並不代表學生
學習即有未來。如果整體教育制度，不調整學生學習課程內容、
教學方法與教育目標，學生延長一年或三年教育時間，並無法讓
學生學習效率提高，或讓學生樂意學習。如不從整體教育制度面
及社會價值觀考量，延長國教僅是延長年數換湯不換藥的教育政
策。

　　延長國教所需教育經費、教師人力、學校、設備等困難，是
否已克服是最大困難。政府教育財政有限，沒有過多教育經費，
也沒有充足教育資源進行更好的教育投資。在經費有限之下，又
如何有更多經費延長國民教育？是以，在經費沒有著落的前提

下，人力配置及人力運用將捉襟見肘。

　　以現階段而言，台灣的教育應著重的並非延長年限，而在於讓更多學生在學校學習，得到的知識及觀念是有用、有價值的，學生喜歡到校學習，學生畢業後可主動及積極投入終身學習。就如日本與德國的義務教育年限與台灣一樣皆為九年，但德國會以職業教育，如要求職業學校的教學，讓學校與產業界結合，並讓人民對職業教育更具信心；而日本因經濟高度發展，並無要延長國民教育的政策呼聲。

　　延長國民教育固然是教育政策的突破，但突破此政策之前，當局是否已對台灣社會、教育制度走向、政府的經費做好評估嗎？以及政府相關配套措施成熟度與民眾對此政策認同與參與度為何呢？簡言之，它可行嗎？這是值得深思的問題。

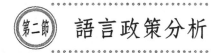

第二節　語言政策分析

壹、歐盟國家外語教育

一、政策問題

　　九年一貫課程實施後，國小五年級與六年級即開始英語教學，令人期待，但有更多問題值得教育部研議。外國語教學有助於國際化是不爭事實。歐洲國家要求國民及學生會說三種語言。歐洲聯盟（the European Union）更要求所有人民從外國語的學習

中成為歐洲人（European citizenship）感覺。經由外語學習，期望國與國之間的教育、專業及其他領域可互通。歐洲委員會（the European Commission）在一九九五年提出「教學及學習：朝向學習社會」（Teaching and Learning: towards the learning society）的白皮書，亦指出提前學習外語的重要。

二、政策分析

上述白皮書中指出幾個重點：1.提前學習外語，尤其應在學前及初級教育開始學習多種語言；2.以外國語方式學習其他科目；3.多語言的綜合理解；4.強調以學習語言品質方案及教材；5.訊息交換。目前歐盟國家更朝幾個方向發展：1.讓教師培育機構與語言合作；2.在職訓練教師提供語言學習及訓練；3.協助未來的教師有多語言能力；4.語言教材及教學方法發展；5.不同的歐洲國家中，聯結各種語言的學習方案。

歐盟國家更在「外語在初級學校及學前教育：環境及結果」（Foreign languages in Primary and Pre-School Education: Context and Outcomes）的研究中指出，愈早學習語言，對學生語言有更正面影響，尤其對語言技巧、對其他語言正面態度，以及對文化及自信有正面價值。值得國小外國語課程政策學習，說明如下：

㈠家長投入學校外語學習

歐盟國家在初級學校引進外語學習，家長配合投入，同時選擇學童適切的外國語言學習，更建議如該語言沒有廣泛運用，家長可提出適合學童的語言學習。家長了解語言學習目標，並在教室外建立支持氣氛。

㈡政策持續性（Continuity）

　　歐盟國家建議，學童學習語言通常在轉移外語時有困難，尤其在轉換不同國家文化及觀念上更困難。因此教育社群在學前、初等及中等教育上，應在語言學習有銜接互通觀念。

㈢增加語言學習時間

　　提前學習語言的整體時間（尤其是說的能力）應增加，教育環境應盡可能的提供說的機會及空間。學習語言時間應散布在每天短時間練習，而不要固定在一週只有一、二節課學習。因此，改進學校時間課表，並不一定能改進學習外語的能力，要使學習課程有高品質的持續性及一致性。

㈣教師的語言教學培養

　　教師語言應流利、有能力分析語言、有運用及獲取語言的知識及原則、教學技巧，尤其是具有適合教導外國語給學童的特殊能力。在培育國小教師和中等學校教師時，若無外語培育課程，將不是國際化應具備的條件。因此，實質引進課程是必要的，在培育教師過程中應將語言列為教師培育的重點。

㈤把機會提供給所有學生

　　要發展早期學習語言方法，讓學生成功的學習外語，尤其對學習困難或學習不利的學生，更應提供機會讓他們接觸語言學習。因此，提高學生學習動機，並增加學童對第一外語學習（即母語）與第二外語的機會應一樣。

㈥針對不同族群提供適當教學方法

　　外語教學法創新，例如互動式及對話式教學，並不一定會減少學童學習動機。勇於給學童犯錯與練習的機會，縱使一個發音及拼字，或簡單文法，不要過度矯正就是適當方法。重要的是，

不同年齡、年級及不同社群學生有不同教學方法，教學方法應適合該族群學生學習。

但第二外國語有潛在危機。歐盟國家研究指出早期學習語言是教育無法限量價值。如果提前於初級教育及學前教育學習外國語，而沒有提供適當資源與沒有充足計畫，將無法達成前述效果，更會有反效果。例如學童對第二外國語恐懼、對語言學習喪失信心，有些更會造成對母語學習厭惡與學習困難等負面影響。因此應加強對初級學校學生第二外國語研究，不要一味完全接受。

第二外國語具有多元性（linguistic diversity）的教育價值。如果知覺到學校中無法在低年級實施外語教學，應該減少外語多樣性。但政府應提供學校或家長在學童學習外語時，選擇語言的多樣性。如果學校教師無法廣泛的運用語言，以及多樣的運用語言，會影響學生學習。學校及家長應持續對國際語言重視，對學童的學習才有助益。執行外國語提前學習要讓學童持續對外國語言有強烈意識，而非給與單一語言環境。外國語言在社區或學校受支持，才更具效用。

貳、語言與思考關係

一、問題分析

語言與思考之間的關係是學校教育很重要的問題。思考讓學生的語言學習效果更好，而語言學習過程也帶來更多學習及思考二者關係密切。如果要以政策規劃語言教育，應思考相關重點。

二、二者關係

語言及思考之間的關係說明如下：

㈠思考的意義

思考是個體內在認知活動歷程，在此歷程中，個人運用長期記憶中的訊息，將新的訊息予以重組。思考有幾種特色：一是內在心理活動的過程；二是在記憶中產生，並可以靈活運用訊息；三是思考是舊訊息產生新訊息及新意義的過程。四是思考在既有的認知結構中重整而後輸出的過程。最後，思考歷程是有原因的。

㈡語言意義

語言是動物進行溝通媒介，以傳達某些標的物。語言有肢體語言及文字語言。人類語言學習可經由幾種理論說明，一是行為學派理論：主張人類語言學習是刺激反應之間的連結，即給與刺激後，學習者會有反應，在刺激與反應的連結後，語言的學習成為習慣。二是認知學說：主要在說明語言學習是訊息處理的過程，經過短期注意、長期注意，後經過儲存及檢索過程學習。

㈢影響語言習得因素

影響語言學習因素有情境、語言輸入、學習者的個別差異、學習者學習過程、語言輸出。情境因素影響語言輸入和學習者學習策略，且情境和輸入的因素是架構一個語言環境的重要因素，語言學習者也在這樣的環境中開始學習。

語言習得過程有兩種最主要的因素，一為在自然情境中習得語言，另一為在教室情境中學習語言。

㈣語言與思考之間關係

語言與思考之間關係如下：

1.思考有助於語言的學習。Gardner在多元智慧理論就指出語文智慧對數理、空間、音樂及體能與自知能力有影響（洪蘭審訂，李平譯，民89）。

2.思考有助語言在學習過程中的記憶保留，並避免遺忘。

3.思考讓語言學習增強，加強思考某一字詞及句型，有益語言認知結構增強。

4.語言影響思考。如果學生會運用抽象語言符號，比僅會運用具體的符號更可以在學習過程中獲益。如大學生可以學習幾何及代數；而不識字者就無法學習幾何及代數。

5.語言有助於個體思考複雜問題，如運用抽象語言文字，讓個體思考更深入及更為抽象的問題。如果會運用電腦程式語言與數學公式，有助於思考運作。

7.語言有助問題解決能力。語言讓學習者從語言溝通及運用，解決現實環境問題。

8.語言與思考相互關聯。思考影響語言，語言運作影響思考複雜度，如表7-2所示。

表7-2 語言與思考關係

語言向度	思考應配合	說明
字彙	1.自我監控；2.自我評估	語言可提供在個體思考的資源化與精密化的功能
聽的能力	1.注意；2.自我監控；3.問題的確認	語言提供在個體思考作筆記、精密化與推論及摘要
克漏字	1.自我監控；2.自我評估	語言提供個體在思考翻譯、演繹、推論功能
寫作	1.組織工作；2.自我評估	語言提供個體思考在摘要、推論與修改思維功能

參、第二官方語──英語？

一、語言政策問題

　　民國九十一年四月一日，民間人士提出將英語列為學校第二官方語言，這訴求應早日實現，因為：

　　第一，英語是國際性語言，如果台灣要成為國際會員，當局應將英語列為官方語言。第二，如果國民小學從一年級起或從幼稚園教育就接觸英語，可以提高學生的英語能力，同時可以培養學生對於英語的興趣。第三，如將英語列為官方語言，可以帶動台灣的國際化腳步。一方面是台灣的教育可以很快與國際接軌；二方面很多國際訊息很快就可以傳入台灣，而學生很快就可取得國際訊息，讓學生有更多機會學習外國資訊。第四，如將英語列為官方第二外國語言，可增加學生日後留學的便利性，因為英語系統的國家裡，學校認定有一定英語程度的學生才可以入學。因此，提早讓學生學習英語，尤其官方將其列為學校教學語言，有利學生與國際接軌。最後，歐盟國家均要求各級學校學生要學會三種語言，其中一種就是英語。是以，如果台灣從國小一年級就學習英語，會提高學生英語能力，並培養英語興趣，帶動國際化。

二、語言政策的配套措施

　　為讓英語成為第二官方語言，當局應有以下作法：

㈠政府應有明確政策

　　政府應盡快評估可行性及可能影響的層面。就如英語列為官

方語言，究竟應從國民小學幾年級開始學習？學生所使用的教科書是否應轉化為英語式教材；學生在升學考試時，是否要將英語的程度列為錄取依據。同時各級各類學校的英語教學銜接，以及各年級英語應該教授多少時數，都是當局應評估的。

(二)相關層面配合

英語為官方語言，所牽涉的除了教育之外，內政、外交、國防、法律、地政、文化及經濟等，都應有配套措施。例如交通號誌是否應全部英語化？各文化場所是否應以英語進行介紹？是否住所地址應以英文進行修正？

(三)國民英語程度認定

如果將英語列為第二官方語言，更要注意的是——究竟每個國民有何種英語程度？是否每位國民都應接受英語檢定？檢定之後，國民應達何種程度，才算是合格？檢定機構是否已被認定？何時檢定？以及如何檢定？這都是要面對的問題。

(四)學校設備加強

要將英語列為第二官方語言，學校教學設備亦應加強。例如教科書編寫、英語聽講實習教學設備、英語教學師資等，如何建構讓學生快樂學習英語的環境？是否英語科在國中升高中、高中升大學時，應如何重新定位等，都是當局應思考的方向。

(五)加強國際交流

台灣如果讓英語成為官方語言，更重要的是須加強學校師生與國際成員的交流，例如台灣的中小學校與英美國家締結姐妹學校，交流教師及學生，讓學生透過海外學習經驗，了解英語學習技巧，了解英語在建立及學習海外經驗之重要性。如果要讓英語成為官方第二語言，並讓學生都能朗朗上口，說出流利英語，學

生及教師的海外交流也很必要。

㈥了解他國實施情形

　　許多國家將官方語言規定於憲法之中，就如奧地利在一九二九年的憲法第八條規定政府應該沒有偏見的在聯邦法中對於弱勢族群的語言予以尊重，更認定德語是共和國的官方語言（Without prejudice to the rights provided by federal law for linguistic minorities, German is the official language of the Republic.）（註一）。比利時在一八三一年二月七日公布的憲法，一九九四年二月十七日修正憲法，其中第二條規定比利時由三個社群組成，即法語群（the French Community）、芬蘭社群（the Flemish Community）與德語社群（the German-speaking Community），在第四條更規定比利時有四種語言區域，即法語區（the French-speaking Region）、荷蘭語區（the Dutch-speaking Region）、雙語區（the bilingual Region of Brussels-Capital）以及德語區（the German-speaking Region）。每一個區域都是這些語言的一部分，如果每一區域的語言要改變都需要有法律進行規範。紐西蘭一九九〇年的權利法案（Bill of Rights Act）第二十節（Section 20－Rights of Minorities）即指出任何人都有其歸屬的族群、宗教及語言，政府不應該否認他們的權利，應讓弱勢族群融入社區，感受到文化、體認宗教或運用弱勢團體語言（A person who belongs to an ethnic, religious, or linguistic minority in New Zealand shall not be denied the right, in community with other members of that minority, to enjoy the culture, to pro-

---

註一與註二見：國際教育百科全書（New York）。

fess and practise the religion, or to use the language, of that minority）
（註二）。因此未來如果情況許可，政府應學習他國，將官方語言在憲法中明確定位。

　　二十一世紀是國際化時代，台灣要立足國際地球村，將英語列為官方第二語言是重要教育政策，也是國家重要方向。

第三節　大學入學政策分析

壹、聯考走入歷史之後

一、政策問題

　　民國九十年七月二日，大學聯考走入歷史。聯考對所有考生而言，雖有一試定江山、考試領導教學、過去三民主義考試科目分數比重不一、意識型態過重、每年七月考試暑熱考生難熬，以及過去有考題答案紙遺失、爭議性題目，與槍手出現等問題，但五十多年來的聯考，確提供公平、合理、不讓學生走後門，進而讓中低階層的學生，在公平、公開競爭下，得到社會階層流動機會（由低社會階層者流動入高社會階層者），相信社會上很多人都這樣走過。

二、大學多元入學問題

　　當聯考走入歷史後，之後改採多元入學制度（推薦與申請）

（註三），但問題仍一籮筐。

　　先是推薦甄選需有一次共通考試，再由各校單獨聯招。單獨聯招雖然學校可依需求招收所需要的學生，但過程引來關說、請託、走後門、不公平、不客觀、不合理、百分百推薦——高中多元入學曾發生不管學生表現優劣全額推薦（註四、註五）、二階段考試對學生學習壓力不一定減低、高三未畢業就推薦（如國中基本學力測驗多階段，未考上學生在第二階段考試念書意願低落問題）影響學生學習、學生多次考試的社會成本及實質成本等，這些都是聯考走入歷史之後，所有學生、家長、教師及社會將面

註三：民國九十年九月（教育部，民 90b）教育部確認九十一學年度實施大學多元入學方案，各校考試分發入學招生名額不得低於各校招生總名額的六成；開放大學申請入學、推薦甄選入學學生經學校審核通過後轉系；申請入學應採兩階段考試、兩階段收費，第一階段錄取名額限定招生名額三倍為原則。

註四：民國九十年十月（教育部，民 90b）曾志朗部長公布高中職、五專多元入學方案及國民中學基本學力測驗等配套措施，高中職及五專登記分發整合辦理，採電腦登記分發，不得辦理加權計分；甄選入學不得採行倍率篩選；未開設特殊才能班或資優班者，不得辦理甄選；登記分發得採計國中在校表現，預定九十四學年度起實施；國文不加考作文，國中學測不得公布分數組距；調降報名費；國中基本學力測驗第一次在九十一年五月十一、十二日，第二次在六月二十二、二十三日舉行，考試範圍以國三下學期第二次段考前的範圍為主。

註五：民國九十一年三月十五日國內爆發與多元入學考試推甄有關的奧林匹亞數學競賽的醜聞。主辦的學校教授受到要推薦入學的學生家長性招待，事後台灣的社會各界對於多元入學方案有很多質疑。

臨的問題。

　　過去聯考為人所信服的是其公平性，但未來的申請與推薦，就無法反應公平問題。過去三年試辦推甄中，已有官員、政要、重要人士、民意代表，透過關說與請託，要求參加推甄的大學強迫錄取特定人士；而私立學校更以百分之百推薦學生，作為招生的廣告與工具。聯考未走入歷史之前，大學就學機會就已成為各方角力、利益輸送、不公平的競爭機制。當聯考走入歷史之後，這些問題豈不更嚴重，尤其教育機會均等，低社會階層家庭子弟（註六）還有哪些管道與機會可接受高等教育機會？

貳、大學推甄迷思

　　民國九十年的大學推薦入學考試，參加考生共有十三萬名，報名人數超過前一年的大學聯考考生，也是近年來報名人數最多的一年。推薦入學考試人數超過聯考報名的考生，實突顯幾項迷思。大學推薦的問題有以下數點：

一、扭曲推薦意義

　　大學推薦入學考試主要是對有特殊學科能力或特殊才藝學生（例如：體育、藝術、文學、數學、科學、理化等）所設計的考試入學方式。如果過度的氾濫推薦學生、沒有標準推薦考試，則失去推薦意義。如讓每位高中生都被推薦參加入學考試，豈不是

註六：有關教育階層的意義及教育對社會階層流動的問題，可見鄭世
　　　仁（民89）。<u>教育社會學</u>。台北：五南。

變相聯考，或成為「全國聯考的模擬考」。如推薦入學是聯考變
形，又如何減輕學生學習壓力？以民國九十年而言，每位考生都
被推薦甄選，讓每位學生「統統有獎」，所有當年高中生都有一
次推薦及一次聯考。撇開推薦考題目靈活與否，它已造成多次考
試與多元壓力。

二、錄取名額少與考試次數多

　　民國九十年參加的大學校院共五十七校，提供入學名額僅九
千八百多人，而參加考生卻有十三萬多名。依此計算錄取率僅十
三分之一，百分之十不到。它顯示錄取率猶如僧多粥少，學生必
須要增加一份參加入學考試的費用。據大學入學考試中心指出，
大學多元入學考試，在九十一年度全面實施學科能力測驗（比照
國民中學畢業生的基本學力測驗模式），因每年二次考試，學生
考試費用及考試次數增加，考試壓力亦增加。雖然大考中心表
示，推薦入學考試是開放機會給高中二年級學生，也開放給高職
學生，但高職生另有升學管道，加上高職教育目標在培養職業專
業技能，讓高職生參加推甄，會增加高職生考試壓力，也扭曲高
職教育目標。

三、社會價值觀未改變

　　以學科能力測驗作為考生申請學校的入學依據，它的精神旨
在讓大學有自主甄選學生空間，有權主導所要錄取進入學習的學
生。此種設計與美國大學甄選學生的模式一樣。問題在於，過去
幾年進行結果顯示，社會顯要、達官貴人、民意代表、重要人
士、與學校有關係校友等，常以關說、請託、利益輸送等，要求

其進入明星大學及熱門科系。此種獨特文化——走後路及走後門依然存在。它對沒有家庭背景的學生及低社會階層家庭的子弟將有不利影響。紅包文化、社會關係、政治角力、達官貴人等擁有權力者影響大學申請入學的問題殷鑑不遠，如何讓考試公平及公正，並對此種走後門的問題預防，是應努力的目標。

四、私校扭曲推薦政策

大學推薦入學考試的背後，更形成潛在問題。很多私立高中職為了讓該校更多學生在推甄上榜，作為招生及拉攏學生及讓家長信服參考依據，因此有「百分之百」讓學生推薦考試，有過度浮濫推薦情形。民國八十七年的大學推薦甄選就暴露此問題，當時大學入學考試中心即未掌握私立學校過度及浮濫的推薦問題。在民意代表舉發後，大考中心明白指出未能掌握該問題，才讓此問題一再發生。私立學校將學生視為廣告商品，以及讓所有的學生「統統推薦」作法，實有待商榷。私立學校如果以推薦率上榜過高、升學率高、上明星大學機會高等作為手段，無疑將大學推薦入學意義扭曲，因而造成私立學校的未來招生工具，讓社會各界產生誤解，就失去多元入學的意義。

大學推薦入學考試雖然提供考生多次參加考試機會，讓考生不再一試定終生、一次定江山，但考試制度背後仍有很多問題，當局應避免讓學生承受更多壓力及造成社會不公平的問題，否則就失去其意義。

第四節　高中職整合政策分析

壹、高中職整合問題分析

一、政策問題

教育部指未來高中職將整合為「一、二制」（高一共同科目，高二選修科目），此制度有許多迷思。

㈠綜合高中問題多

教育部將綜合高中制——即高中職一年不分普通科或職業類科，高二後才讓學生選修——視為解套高中職升學壓力的萬靈丹，但事實卻與之相反。自民國八十五年起實施綜合高中制度後暴露出問題，它僅是換湯不換藥的讓私立高職在無法招收學生的壓力下，成為私校苟延殘喘的藉口，並把學生當白老鼠。教育部以綜合高中降低高中生升學壓力，以符合過去教改團體廣設高中的訴求。但五年實施下來，綜合高中學校數增加，但升學壓力並沒有減，反倒是高一不分類科、高二起分流，未能輔導高中生性向，而有延後分化（分流）問題。

㈡綜合高中內涵未整合

過去以綜合高中進行高中職課程及學制整合，對學校老師、學生學習、課程整合、教材定位、學制在高二起分化，乃至對我國基層勞動人力培養及人力供需，已呈現出很大問題，但並未解

決。教育部更以高中職整合，延續綜合高中的不當教育政策。

㈢職業學校缺乏實務課程

德國職業教育為人稱許，德國的實科中學並不受歡迎，但它有可取之處。它為第五年級或第七至第十年級的教育，是六年制或四年制的學校。它又由定向階梯二年後進入的學校。實科中學有德文、英文、數學、歷史、物理、化學、生物、宗教、音樂、美勞、體育與政治等科目。實科中學與主幹學校主要的差別，在於實科中學的課程較有系統及深度。在第七及第八年級時依據學生能力及興趣進行不同能力訓練。實科中學是一種普通教育，而非職業教育，畢業時可獲得中學教育第一階段的畢業證書，學生可以接受實用技術的學徒訓練及進入職業學校就學（沈姍姍，民90）。

二、高級中學的重要問題

教育部以高中職學程取代學制無誤，問題在於對國家未來的基層勞動力供需、升學文化價值觀，以及對綜合高中未能明確定位。正如教育部指出西元二千年將高中職學生數由過去的三比七，調整為五比五。教育部從學制的人力培育，忽略對基層勞動市場的人力供應。教育部以綜合高中轉換學生升學路徑，畢業生以升學為主，投入勞動市場少，造成日後大學畢業生不願屈就基層工作或大材小用、學用不配合及高失業（張芳全，民86；張芳全，民87a），這都是高中職學制調整不當與失衡發展的原因。

綜上所述，綜合高中與高中職整合，教育部都不能忽視學制定位、對產業影響、對人力供需問題調整，乃至於學生壓力減除等調整問題，如未解決，任何改變都會失去教育政策的本質。

貳、綜合高中的政策問題

一、政策問題

　　教育部以綜合高中調整高中職學生人數，由三比七調為五比五，從八十五學年度起試辦十五所綜合高中。民國九十一年則有九十餘所綜合高中。由於台灣過去中等教育之普通教育及技職教育明顯分流，高中與高職課程涇渭分明，互不交流且過早分化，學生缺乏適性發展及彈性銜接高等教育學習機會。民國八十五年行政院教育改革審議委員會在「教育改革總諮議報告書」中提出對後期中等教育的改革，以綜合高中為重點，主要理念是要透過課程改革達到適性發展教育目標。教育部為使後期中等教育提供更多元化進路，使學制發展與課程設計滿足學生需求，促進學生適性發展，並符應世界教育潮流，於八十五學年試辦綜合高中，第一屆招生校數為十八校。八十六學年度增加試辦學校二十六所；八十七學年度增加試辦學校二十所；八十八學年度增加十五所；八十九學年度增加至四十六校，總計一百二十六校（教育部，民 90b）。

　　首先，教育部對綜合高中以「高一統整、高二試探、高三分化」的教育政策並未兌現。先是綜合高中教材、教法、學生學習內容仍以過去高中職教材為主，並沒有針對綜合高中學生設計所需課程，目前已實施七年，且有一百多所綜合高中試辦，學生猶如白老鼠般被實驗，失去政策本意。

　　其次，現行綜合高中學生來源與普通高中職無異，但高中職

與綜合高中的教育目的、實施方式、教學方法、教育本質、導引學生目標不同,綜合高中卻是要接受與高中職一樣的多元入學方式,如此高中職、綜合高中學生如何能有學習差異?又怎能讓綜合高中發揮特色?

第三,綜合高中讓學生性向及興趣延後分化。讓高中職學生人數由三比七改為五比五的目標,在自由競爭市場無法達到。很多高職因招生困難而轉型綜合高中,但教學品質無法達到預期;縱使就讀綜合高中的學生,不一定會在高三性向分流,選擇高職導向課程。因此綜合高中僅是政策假象。

最後,若干學校紛紛轉型綜合高中只是掛羊頭、賣狗肉。綜合高中讓學生性向往後延,但學生仍以普通大學升學為主,又豈能符合當局設計的綜合高中要讓高一統整、高二試探、高三分化的旨意呢?

二、解決綜合高中問題

綜合高中的發展方向應有以下調整:

㈠綜合高中定位應釐清

綜合高中究竟應與高中、高職、完全中學、實驗高中並存,抑或應單獨在中等教育中成為一教育系統?如果定位不清就無法設計綜合高中的教材、課程、師資安排,乃至學生畢業後的生涯規劃與生涯發展。綜合高中是國家未來的發展趨勢(吳文侃與楊漢清,民80),就如美國、英國、德國的高中仍以綜合高中為主,但是當局如果沒有了解綜合高中的定位及發展,僅在學習國外的教育制度,對於學生並不是一件好事。

㈡回歸教育市場機制

綜合高中學生人數仍須回歸教育市場機制。教育市場機制是要讓學生有選擇學校的自由、競爭者有自主性、學校可依其特色招收到所要的學生，即讓學生真正要升學或就業，或進入職業學校者，自由發展。

㈢檢討綜合高中問題再規劃

教育部（民90b）提出「綜合高中試辦成效之檢討及未來發展新方向」。當局應好好檢討問題何在，從問題中了解如何改進。就如是否應將高職全面改為高中？或提出配套措施，例如調整課程，是否真的以綜合高中型態規劃？或以綜合高中學習進路，提供學生學習或就業引導方向指引。

㈣完全中學的配套

政府於民國八十四年提出「完全中學試辦學校行政處理暫行要點」。完全中學學制六年，即國中一年級至高中三年級。完全中學共有十級，不同的年級有不同課程。學校課程有實驗課程、職業課程及第二外國語及普通的課程，不過也有實習課程。學生是六年一貫制。學生在此類學校學習後，經由參加大學推甄進入大學就讀。它是我國中等教育的另一種管道。

世界主要國家的高級中等學校的發展趨勢是以綜合化為方向，但未來如何讓此趨勢有正向及積極的發展，仍是各國要努力的目標。

㈤綜合高中政策已改善

民國九十年十二月政府頒行「綜合高中試辦成效之檢討及未來發展新方向」，主要論點如下（教育部，民90b）：

整體而言，綜合高中試辦階段主要問題歸結有：綜合高中的

發展政策未明確（教育政策面）；申請及辦理無篩選機制（教育策略面）；補助款的誘因大於學校辦理決心（教育策略面）；落實相關配套措施（教育政策執行面）。針對上述問題，教育部調整策略應如下：

1.提出教育政策的階段性目標。教育政策面應調整辦學模式為「理念彈性呈現」、「單一學校型及社區聯合型均可接受」、「編班可有各種型態」，並確認實施階段目標。

2.教育政策轉型優先順序。策略面應針對推動辦理或轉型學校優先順序，鼓勵申辦學校五年內達到全校辦理，申辦審查機制從嚴、學程增調應配合高中職社區化方案辦理、調整補助機制、訂定綜合高中評鑑指標以評量學校辦理成效，以及研議綜合高中升學管道回歸多元入學機制。

3.配套措施的提出。針對課程、師資、學籍管理、組織編制及升學管道提出具體性之配套措施。

另外「綜合高級中學實施要點」主要賦與普通高中、職業學校在轉型期間及轉型成功全面辦理綜合高中之學校，得有較彈性之運作空間，包括課程、教材、輔導、師資、成績考核、學生進路、組織員額及評鑑等。未來的發展如下：

1.辦理模式為單一學校型及社區聯合型。

2.課程架構、必選修科目及學術職業導向學程開設原則等。

3.規定教材應依課程綱要研擬科目大綱或教學綱要，並發展適用教材。

4.規範學生之學習、生活與生涯等輔導。

5.規範師資之第二專長及兼代課等規定。

6.有關成績考核之各項規定。

7. 提供學生進路，包括升學與就業。

8. 包含專任教師、學程主任、技士技佐及組長等組織員額編制規定。

9. 辦理綜合高中學校滿二年，第三年須接受評鑑，以及評鑑結果之應用。

再者「教育部補助辦理綜合高級中學課程作業規定」則在管理與執行綜合高中方面調整策略，九十一學年度起與過去不同處如下：

1. 過去試辦階段之相關作業為教育部直接向學校推動辦理，現在回歸各主管教育行政機關推動辦理。

2. 過去申請機制以鼓勵方式從寬辦理，現在則明確訂定、審查機制從嚴，且要求各校之申請計畫書應朝高中職社區化之方向研擬。

3. 鼓勵辦理學校五年內應達全校辦理目標，並加重辦學成效佳的學校之績優補助款。績優補助以行政考核計點及評鑑結果計點為依據，全年級辦理及全校辦理各有不同比例之加權績優補助。

4. 訂定明確的評鑑指標，未達標準者，得令其停辦。

綜合高中未來應朝下列方向努力規劃：1. 納入高中職社區化中程實施計畫整合推動。2. 各學程之開設更具彈性及多元，並配合社會及學生所需。3. 暢通綜合高中之升學管道。4. 評鑑機制規劃更加完善嚴謹。5. 加強綜合高中各項宣導，讓民眾認識並接受綜合高中。

⟨第五節⟩ 失學與就學貸款政策

壹、就學貸款政策

一、政策問題

　　民國九十年九月開學後，高縣高旗工家指出全校一千八百名學生有三百名未註冊、輟學、休學（中國時報，民 90.09.15），校方及家長都說無法支付學費，它是此類問題的冰山一角。

　　高旗工家僅是高職，一般家計即無法付起學生學雜費，而目前私立大學學雜費是高職的二至四倍不等，據知很多私立大學也有一成學生未註冊，辦理休學。其主因是家長失業、經濟困難，無法負起高額學費。加以近年私校雜費年年調漲、學費徵收項目增加、學校工讀機會不多、學校提供獎學金管道少，同時因經濟不景氣，業界倒閉，無法提供建教名額，使一些學生因家計及學費壓力難以就學。

　　教育部應針對高中職以上學校學生貸款辦法放寬項目、鬆綁條件。就學貸款規定申請條件應為中低收入戶，但那是過去中低收入標準，民國九十至九十一年國內經濟景氣低迷，所謂中低收入應重新界定。同時貸款法規定家中有第二人貸款，則無法享受貸款利息優待，是不合理作法，應予以廢除。家中多位子弟念書，對中低收入家庭，經濟來源勢必更困難，照理當局應更多協

助,並非限制貸款。此外,貸款項目方面,貸款辦法規定僅有學雜費、實習費、書籍費、住宿費及平安保險費等,因大部分學生在外求學,如適度增加生活費貸款,將可解決更多學生念書的經濟問題。

二、政策解決方案

為使學雜費自由化後不致阻礙學生就學,教育部已實施若干規範及配合措施,例如:

㈠學費支出調整

私立學校學雜費收入總額不得高於「行政管理」、「教學研究、訓輔」、「獎助學金」(不含政府補助之獎助學金)的支出總額。

㈡學費收入調整

公立學校收費總額不得高於基本運作所需經費中學校應自行負擔之部分。

㈢提供招生訊息

各學校在招生時,應提供各校的充分資訊。

㈣教育補助

各校應將學雜費收入至少提撥 5%作為學生補助。

㈤助學貸款應增加

放寬學生就學貸款範圍及償還期限,增加政府獎學金名額及金額。

㈥經費運用查核

教育部應對各學校學雜費之運用,不定期進行查核與評鑑。

台灣無天然資源,僅有人力資源。人力資源需要教育投資,

何況教育當局一再強調教育機會均等。在大環境及經濟低迷的情況下，當局應解決學生就學困難的問題，讓更多學生受惠，否則家庭經濟困頓，學生失學，將不僅是教育問題，也會帶來社會問題。

貳、解決失學政策

一、政策問題分析

民國九十年九月，很多高中職以上學生，尤其是私立學校學生，因經濟景氣不佳，家長失業無法謀生，因而無法順利就學。輟學學生中，有的學年初就無法就學，有的念到學期中因沒有生活費也要休學。

很多公私立學校，尤其大學年年調整學雜費，對學生及家庭家計負擔很大。這種負擔如未解決，將損害學生的求學機會。

二、政策問題嚴重性

台灣近年來失業率偏高（民國九十年一月至七月失業率高達4%至5%，是台灣從未面臨過的情形），因經濟不景氣，鼓勵學生進修是件好事，遑論在正規體制要完成學業，尤其進修對學生日後發展具關鍵影響。因此，以台灣的經濟環境，教育當局應提供更多就學貸款機會給學生，讓學生在不景氣環境中完成學業。

據統計八十七學年上下學期，申請貸款的學生共有 70,737 人、81,542 人；八十八學年度上下學期的申請人數又增為 112,470 人及 118,975 人。其中在八十八學年度上下學期，各貸款出四十億

及四十三億餘元，對學生有非常重要的幫助。

　　據學校助學貸款規定，申請者的條件之一是家長（雙親）年度國民所得在一百一十四萬元以下，才可以申請。這條件在民國九十至九十三年經濟環境不佳的情況下，似是過高標準。這門檻對學生能否申請到助學貸款恐是問題。因此，當局應放寬此標準，讓更多學生受到政府支持。

　　此外，現行申請貸款要項有學雜費、實習費、書籍費、住宿費、學生平安保險費，所提供者都是正規學校的學生，但有很多學生在補習班中就學，即很多高中與高職畢業生無法立即考上大學，在補習班進修。這些學生無法受到就學貸款補助，也是不公平的情形。一者補習班費用比一般學校高、機會成本也高，再者坊間補習班上課環境危險性高，但沒有同樣標準接受貸款。此對補習班學生不合理。

三、政策解決方案

　　就長時期而言，解決學生就學學費困境，除提供更多貸款機會及放寬貸款標準之外，還有以下作法。

㈠教育券配套

　　如要以各級學校的學生補助而言，當局應提供教育券，尤其是提供給就讀私立學校的學生，讓學生持有教育券之後，可減除學費的負擔。這種作法，雖然對政府財政將有影響，但是如可設計面額不等的教育券（可能依學校等級、學校類別或學生需求），將可以解除一部分學生的就學問題。當局不必讓每位學生通通有獎，以避免過度浪費教育資源。

㈡社會志工配合

學生就學問題，可從家長投入學校擔任志工解決。很多家長失業在家，如果家長可投入部分時間至社區的學校，或許會減少學生的就學困難。就如民國九十一年三月間，國民中小學有七萬名的學生三餐有問題，如果校方或當局讓失業家長投入學校，製作學校餐點，例如營養午餐、整理校園、維護學生上下學，對於學校及學生也是一種很好的方式。一方面可以運用閒置的人力，另一方面可讓學生安心學習。其實，很多開發中國家，社區家長投入、贈送物品與免費提供勞力，讓學生安心就學，就是社區家長與學校最好的互動例子（張芳全，民88）。

在台灣經濟條件不佳的情況下，除了家長、校方應協助學生就學外，當局應提出更好的貸款方案，給學生有更多就學機會，否則學生失學、輟學、無法完成學業，對於社會及其未來是一種損失。

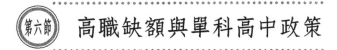

第六節　高職缺額與單科高中政策

壹、高職缺額

一、高職政策問題

民國九十二年的基北高中職聯招雖然錄取率已達 85%，僅有七千多人落榜，但仍有31,000個名額無法招齊，空缺比率高達

66%。這些落榜生就讀這些無法招齊的學校機會實微乎其微。北市與基隆高中職無法招滿學生是一大隱憂,教育當局應提出因應對策,否則此問題將會更嚴重。政策分析如下:

二、高職缺額原因

分析高職缺額原因如下:

㈠學生來源不足

高中職招不到學生,勢必會讓學校倒閉,尤其民國九十二年無法招齊的學校又多是私立高職,日後私立高職將會產生嚴重的惡性競爭。民國九十二年有三萬一千名無法招齊,主要原因是近年的出生人口數下降,加上近年廣設高中大學的政策因素,導致有很多公私立高中職在前幾年就已轉型為普通高中,作為學生升大學準備。但因為學齡人口數下降,未來無法招齊的學校將更多,因此,教育當局應妥善制定學校倒閉或淘汰機制,否則日後學校在學期中若突然倒閉,將對學生學習權益造成影響。

㈡骨牌效應將產生

高中職招不到學生,間接將影響到大學、科技大學或技術學院無法招到學生的困境。也就是說將會形成一種骨牌效應。無法招到學生的學校都是私立高職,可以預見的是,因為這些學校日後沒有畢業生,因此就無法繼續進入科技大學或技術學院就讀。所以,科技大學勢必將在近幾年就面臨無法招到學生或「足額招生」問題,這對技職教育品質將造成嚴重傷害。因為學齡人口無法提供充足學生來源,私立高職招不到學生,接著將是公立高職,再接著是私立高中與公立高中,所衍生的問題是科技大學或技術學院將無法招到學生,最後普通大學也勢必面臨無法招足學

生的同樣問題。這種骨牌效應正需要教育當局提出因應方法，否則台灣日後的高中職，乃至於技術大學或普通大學的倒閉問題將令人措手不及。

㈢教育資源浪費問題

高中職招生不足，非僅造成學校倒閉問題，所衍生出的是學校教師可能變成流浪教師，學校校地、校舍等設備將閒置浪費。尤其日前的十萬名流浪教師走天涯，並無法找到適合的任教學校，而今可能有更多已取得合格教師資格且任教多年、具經驗的教師，可能面臨失業、轉業困難，讓這些老師相互競爭，使爭取教職的機會更雪上加霜。另外，主管教育機關亦未提出一套讓學校無法招到學生之後，學校校地與設備如何運用的辦法。

三、教育政策推介

前述問題都在近年浮現，因此吾人期待主管教育機關應有以下作為：

㈠高中職整併

針對招不到學校的私立高中職應鼓勵其整併。例如招不到學生的高職類科應整併至其他類科。如果學校各科都招不到學生，則與其他學校整併。一方面讓高職課程可以重新洗牌，另一方面可減少學校在教師及設備營運成本的浪費。如果二校整併亦可以增加學生的學習空間與人力調配。

㈡高職轉型

在政策建議上，應輔導招不到學生的學校或無法生存的學校轉型。鼓勵這些學校轉型為地方的社區學院、成人進修的教育機構或轉型為民眾休閒中心（如運動場開放給民間使用、學校教室

供民眾開會集會使用），讓這些學校資源獲得充分運用，減少流浪教師問題，但基本前提是主管教育機關應提出配套措施。

㈢建立淘汰機制

　　政府宜建立合理的高中職學校淘汰機制。目前國內對各級學校都未建立學校如果無法招到學生因而倒閉的淘汰機制，這是一件危險的事。因為台灣的學齡人口逐年減少，任一層級教育都將面臨招生不足問題。這問題將衍生出各級學校招生的惡性競爭、倒閉、校地浪費、流浪教師與設備閒置等。如果政府未能提出一套辦法、方案、計畫、政策，將來這些問題將更為嚴重。

㈣改制為成人教育機構

　　既然私立高職已有多所學校招不到學生，公立高職也勢必面臨相同問題，但政府對績優專科學校改制的政策，使專科從民國八十三年的七十七所，至民國九十三年已不到十所，紛紛改制技術學院或科技大學。當學生來源已無法充足供應就讀名額，是否當局也應檢討績優專科學校改制的政策問題，否則科技大學與技術學院的倒閉也是指日可待。

　　總之，民國九十二年基北的高中職很多學校無法招足學生，計有31,000個名額無法招足，它除了顯示教育政策問題之外，更是未來可能衍生出更多問題的導火線，當局應深思。

貳、單科高中政策

一、政策問題

　　教育部於民國八十九年十一月提出「單類科高級中學申請設

立審查作業規定」，明定高級中學得新設或改制為科技高中、藝術高中、語文高中等三類高中。三類高中在辦學優良、行政、師資及設備、校地等有優先條件即可設立及改制。但是項政策有若干問題。

二、政策問題分析

在各國教育發展過程中，對學生學習性向分化有向上延緩趨勢，不一定在高中階段進行學生性向分化（沈姍姍，民 90；吳文侃與楊漢清，民 80；秦夢群，民 90）；此階段教育應以平衡學生的人格、興趣、性向及全人發展為首要。其次，單科高中對現行教育學制雖有創新改革，但高級中學教育問題在於如何調整高中職學生人數比，以符合國家人力供需及學生未來發展方向。例如學生應如何配合社會及個人需要調整學習方向，並非以官僚方式決定學生學習方向。第三，高級中學的教育政策問題多。例如民國九十年提出「高級中學學區化」、綜合高中調整高中職學生人數比、增設高中減輕學生學習壓力，以及改革大學聯考避免高中教學引導學習等。

最後，如果要設立單科高中，如教育部所提的科技、藝術、語文等，似有不妥。一者教育部並未了解社會及國家現況，以及學生的需求，就決定這些單類科的高中作為高級中學發展方向。此外，教育政策制定並未有整體考量及宏觀規劃。再者，此種單類科高中規劃有何學理根據？教育改革經驗顯示，過早分化學生性向與學習方向，對於學生學習造成反效果。教育部指出單類科高中，例如戲曲學校、語文學校，加上台灣未設立的航空學校、物流學校（因應國家航太人員不足及建設國家國際化需求），而

今教育政策未有任何回應。教育部所提出的教育政策僅是口號政策，卻未考量延續政策執行力，這才是高級中學改革的重要方向。

三、政策改革方向

　　台灣現行的高級中學類型有普通高中、高級職業學校、綜合高中、單科高中及完全中學等，已經滿足社會及學生需要，如果加上更多的單科高中，將對整體的教育制度造成混亂現象。所以，高級中等教育應有以下規劃：

㈠單類科高中不宜過度設立

　　以台灣的幾所學校，例如戲曲、語文、藝術學校等能發揮應有水準，應足夠滿足學生需求。如果教育部執意要設立該類型學校，宜先對國中及高中的教師、學生及行政人員等進行政策意見調查，了解現行教育制度所缺乏的學習內容及高中制度類型，再進行調整，以避免過多設立或調整現有學校的問題。

㈡高中教育目標何在？

　　高級中學是學生心智及能力養成教育，並為高等教育做準備，所涉及課程及教學是在讓學生習得國民觀念、生活態度、民族精神、學術涵養與職業準備。如未能了解高級中學教育目標，一味設立單科高中，形成學生性向不清、興趣與態度錯亂，則是最大負面影響。換言之，高級中學教育政策問題在於如何培養學生適應社會，日後可進一步學習，提高學習興趣，而不一定要以成立單科高中方式建立學校特色。如果未能有效提出設立目標，以及未能輔導單類科高中學生畢業之後的未來學習方向及生涯規劃，盲目設立綜合高中、單類科高中，將對學生帶來更多問題。

㈢高中生性向問題

　　現行高中的重要問題在於如何對現有學生之性向、興趣、人格、學習、動機、需求、態度等進行有效的追蹤及輔導等,從過程中讓學生了解到學習方向及生涯規劃才是重點。也就是並非以單類科高中來突顯出高中類型多樣化,才是高中發展方向。簡言之,高中類型多樣化,如沒有深入輔導高中生學習,了解其需求,只一味從制度面分化及分流,對學生整體學習將不會有過多助益。

　　單類科高中是否應設立,須從學生整體學習需求及國家建設需要為考量基礎,否則一味分流高中生性向及能力,卻未能有效輔導學生,才會造成問題。

參、高中職社區化政策

一、政策問題

　　教育部於民國九十年十一月表示(教育部,民 90c)將推動後期中等教育(高中、高職、綜合高中、完全中學後三年、五專前三年)列為下一波教育改革重點。教育部研擬高中職社區化的四年中程計畫,以五年時間建構精緻化、社區化的後期中等教育願景,達成學習適性化、課程彈性化、教學優質化、學校類型多元化、教育資源均衡化、學生就學社區化等目標。

　　教育部民國九十一年元月指出,九十一學年度將全國高中職全數納入高中職社區化計畫,將於九十五學年度達成八成國中生就近升學社區高中職計畫目標,十二年國教最快於九十六學年度

施行。

民國九十年十月，教育部指出為解決高中職招生不足困境，民國九十一年高中職每班學生人數全面降至四十人，全國公私立高中職核定總名額將縮減一至二成，改為根據各校上學年度招生情形核給名額。

二、政策問題的嚴重

高中職社區化有以下幾個問題：

(一)教育政策配套措施不足

高中職社區化政策的問題在於明星高中存在，無法與高中職社區化政策配合。一者因為擔心學校升學率下降，再者學齡人口下降，會有招生不足問題。近幾年來出生率下降，影響到高級中學就學人數。就如民國八十六年高級中學學生人數為 800,159 人，至西元二千年已降為 783,955 人。因為學生人數一再下降，如果原先學校規模較大，因而無法招收到應有學生人數，此種問題是對現有資源的浪費。

(二)專業人力不足

教育部近年擬將高級中學權限下放給中部辦公室督導。此舉對地方政府的教育財政是問題，如果配合高中職社區化，將對地方政府財政及專業人力的督導造成問題。縣市政府並沒有專業的教育行政人力進行督導高級中學教育，同時地方政府教育局或中部辦公室沒有設立專責單位，沒有單位及人力，又如何有效執行高中職社區化政策呢？

(三)高中校長遴選影響高中社區化

自民國八十九年高級中學收歸為中央教育部管轄，國立高級

中學校長採取遴選制，由過去官派校長轉為遴選制，此種遴選制主要由教育部主導。教育部於民國九十年十月訂定「國立高級中等學校校長遴選作業補充規定」（教育部，民90b），規定任期屆滿或連任期滿之現職校長申請參加遴選，應選填三所出缺學校，作為遴選委員會審議參考。遴委會審議校長辦學績效，採無記名投票，以三分之二以上委員出席，出席委員二分之一以上同意者，認定辦學績效優良則可被遴選為校長。

易言之，高中職校長遴選制亦應配合。現行辦理高中職校長遴選採抽籤決定出缺學校遴選順序，每次抽一所學校，依序逐校辦理，遴選時以無記名方式投票。採絕對多數通過高中職學校校長遴選後，會以選舉校長方式影響學校發展。簡言之，學校的發展會受到校長個人政治及生涯規劃的影響，因而無法讓學校有持續性及穩定性的學校政策，這是高中社區化政策的發展限制。

就政策考量，高中職社區化如要執行應有以下配合：

㈠掌握社區學齡人口數

掌握台灣未來高級中學的人數，即了解未來究竟有多少人可以進入正規高級中學。由於台灣的學齡人數減少，加上每個學區或社區所有可以就學「社區高中」的學生人數有限，因此教育部應將學校規模及學校特色重新建立，讓高級中學發揮特色與滿足學生需要，而不一定要以社區化為訴求。

㈡去除明星高中

明星高中的存在增加學生對學校升學依賴，如果社會及學生與家長對明星學校特別青睞，任何教育政策要順利執行都有限制。如果明星學校都以優良傳統及升學率自居，社區學生無法進入就讀，高中職社區化教育政策就無法實現。

㈢校長及教師配合

　　高中職雖在民國九十年改為國立，但有轉移至地方政府管理監督趨勢，如果將高中校長遴選方式改由地方政府執行，將造成派系及政治角力，未來政治角力更加嚴重，將無法讓此政策執行。

　　綜上所述，針對高中職社區化教育政策，當局應檢討技術、經濟、社會價值、學生需求、經費與教育可行性，並了解其可能問題，深入分析問題之後，再付諸施行會更為恰當。

本章討論問題

一、試說明小班小校政策問題。

二、試說明課程政策決定層次。

三、試分析開放民間編印教科書之後的政策問題。

四、試分析歐盟國家的語言政策及給與台灣的啟示。

五、試分析台灣第二外語政策的可行性。

六、試分析大學入學政策問題。

七、試分析台灣的綜合高中政策。

八、試分析就學貸款政策。

九、試分析延長國民教育政策優劣。

十、試分析台灣的高中職社區化政策。

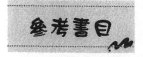

中國時報（民 90.02.03）。教育部將裁併規模過小的學校。第三版。

中國時報（民 90.09.15）。多所私立學校學生無力註冊。第六版。

沈姍姍（民 90）。國際比較教育學。台北：正中。

吳文侃與楊漢清（民 80）。比較教育學。台北：五南。

吳清山（民 92）。十二年國民教育之教學資源及課程研究（期末報告）。教育部委託專案研究。未出版。

洪蘭審訂，李平譯（民 89）。經營多元智慧。台北：遠流。

秦夢群（民 90）。教育行政理論與實務。台北：五南。

陳伯璋（民 92）。實施十二年國民教育理論基礎比較研究（期末報告）。教育部委託專案研究。未出版。

教育部（民 90a）。中華民國教育統計。台北：教育部。

教育部（民 90b）。國立高級中等學校校長遴選作業補充規定。教育部公報，民國 90 年 10 月號。

教育部（民 90c）。高中職社區化政策。教育部公報，民國 90 年 11 月號。

教育部（民 90d）。教育部公報，民國 90 年 12 月號。

張芳全（民 86）。教育問題與教育改革——理論與實務。台北：商鼎。第三版。

張芳全（民 87a）。教育問題探究——政策取向。台北：商鼎。第

二版。

張芳全（民 87b）。最新教育政策評析。台北：商鼎。

張芳全（民 88）。教育發展。台北：元照。

張芳全（民 91）。歷任教育部長的政策。台北：商鼎。

楊思偉（民 92）。推動十二年國民教育辦理模式之研究（期末報告）。教育部委託專案研究。未出版。

蔡培村（民 92）。十二年國民教育經費需求推估之研究（期末報告）。教育部委託專案研究。未出版。

UNESCO（2000）. *World education report 2000*. Paris.

{第八章}

台灣的高等教育政策分析

本章學習目標

一、能分析台灣在大學公法人化的優劣。

二、能分析台灣在大學民營化的政策可行性。

三、能分析台灣的高等教育隱憂。

四、能掌握英國多元技術學院對台灣高等教育啓示。

五、能分析台灣的高等教育品質的問題。

六、能分析台灣的師範校院的發展方向。

七、會分析大學二一退學論的爭議。

八、掌握高等教育量與失業的問題分析。

九、會分析台灣的研究所入學制度問題。

第一節　高等教育政策新理念

壹、大學公法人化

一、前言

　　民國九十年二月，教育部因為高等教育經費預算如何分配、教育部與大學之間的關係應如何定位、以及大學校務基金如何彈性運用，因而提出大學公法人化構想，擬解決教育部與高等教育機構之間，在行政、經費分配及管理等多年的問題。是否大學公法人可行？

二、問題重點

　　教育部與高等教育學府之間的問題癥結，應先釐清何者為「公法人」？公法人界定紛歧，並無共識。然而，可確定的是公法人具幾種特性：1.依法律規定所設置的機構或組織；2.設立依據國家或公法人意思；3.應服從國家機關監督；4.它並無解散自由，在一定的權限範圍內，國家給與一定的權能及地位；5.它的組織成員有加入的強制性。簡言之，它是國家依特殊目的所設立的機構及組織，其組織受到國家監督。但它與私法人有區別，私法人設立是私人為主、主體是私人，在「特殊權力關係」上並沒有公法人之限制；私法人所執行的活動是受到私法的規範及

限制。

　　以前述特點而言，大學公法人主要是大學由國家設立，由國家監督，同時公立大學並無解散的自由；另外，所有大學的成員應強制加入，並且有一定的特殊權力關係（此種權力，可能是大學主體與教育當局、大學行政人員與學生對社會的關係等）。依據公法人設置精神，大學公法人化主要目標在於可從國家的機關組織獨立出來，與國家之間有一種特殊關係存在。此種特殊的關係包含大學預算、人事制度、財務制度、行政救濟程序等。

　　以財務制度而言，如果是公法人化，其經費來源可來自大學營運所得（如大學在標的物對外租賃、事業收入、政府補助、學校營運所得的盈餘滋息，以及依相關法令取得經費）。也就是說，公法人的大學經費收入來源多樣。在預算運用上，雖必須經過法定程序，但僅提供上級機關做備查。換言之，大學可以有較多經費資源，以及彈性的運用經費。

　　以大學的人事制度而言，公法人化可自主運用人事、中央機關不應介入的彈性。目前台灣公立大學的人事聘用，例如教授及學校職員有其彈性。前者由學校層級的教評會最後決定，行政人員則循公務人員體制任用，並無問題。但如果學校校長，則須經遴選制度產生，再由教育部從多位人選中做最後定奪。目前大學校長任用制度受到教育部主導，並無法完整實現公法人精神。

　　大學公法人化使大學依學校名義獨立行使其權利，並承擔一定義務，同時受國家監督，亦即大學預算彈性及可能讓大學人事任用鬆綁。如果讓大學公法人化也有若干問題，例如公法人化之後，教育部與大學之間的關係依然模糊不清，公法人化之後，並無法指出教育部對於大學有多少監督權；大學公法人後，所有大

學年度的收入財源如何規範？大學營運如有違公法人規定，應受
到何種懲處？大學應盡多少義務？重要的是，國立大學是否有公
法人化的準備及條件？教育部不可依行政命令，就要求學校完全
的公法人化，更不可以不尊重大學人員（如校長、行政主體）是
否要轉型為法人化等問題。

三、大學公法人化共識

台灣在想讓大學公法人化的同時，應有幾項共識：

㈠明確指出公法人化的意義及定位

當局應釐清大學公法人化的意義。公法人化與現行的國立或
公立大學有何差異？差異何在？大學公法人化的優缺點為何？大
學公法人化對大學校院有何影響及未來有何影響？大學公法人
化，學校與教育部之間的關係應如何拿捏？

㈡公法人化之後的大學權利與義務

大學公法人化之後，大學應有哪些的權利及義務？大學公法
人化之後，學校的財務制度、預算制度、人事任用及行政程序是
否應調整？大學公法人化之後，對台灣的大學是否更能具競爭能
力？尤其在教學品質、研究水準及對社區與產業的服務上是否能
提高。

㈢公法人化後的配套措施

如果是要朝向公法人化方向，當局在釐清前述問題之後，對
大學公法人化的配套措施有哪些？有哪些教育法令應修改與調
整？對大學地位應如何重新定位？其中包含教師、學生、教育行
政人員及校長等。公法人之後，學校教育行政人員與教師是否還
具有特殊權利關係？

大學公法人化，不要僅喊口號，應落實執行。當局應檢討公法人化之後，如何提升大學教育品質及保障學生權益才是首要。

貳、大學公辦民營

一、政策問題

市場化（marketing）的教育具有競爭、民間興辦或營運學校為高教政策的重要議題。大學如何公辦民營更是備受關注。大學公辦民營讓學校營運更具彈性化，並刺激民間對教育參與的支持。

二、民營化優劣

大學民營化有以下優點：

1.提高大學之間的競爭力。讓高等教育品質提高，學生有更多選擇大學的機會及資訊，在自由市場下，淘汰不良的大學。

2.公辦民營增加大學及政府收入。民營化減少政府對高等教育經費的支出，讓大學有自我創收的能力。

3.研究成果與產業界結合。因為民營化可以讓民間參與研究，而其成果也可以提供給業界進行研發產品參考。

4.增加大學營運效率，提高教育經費的運用。

5.增加學校資源的有效運用，可以讓教育資源更能發揮。

大學民營化有其限制，例如：

1.民營化究竟為何種方式並沒有明確指出，有些教育內容是

無法由民間營運者,如何提高教育品質?

2.民營化的監督機制為何並沒有明確指陳,如果民間沒有一套規範,將會影響整體的大學發展。

3.政府未有完整的教育政策立法,也沒有公辦民營的配套措施,如果貿然實施公辦民營,對學生、學校,乃至社會是一種白老鼠實驗。

4.民營化的盈虧並未有明確規定,例如:土地如何取得?教學設備如何共享?教育資源如何運用等都是問題。

三、公辦民營模式

大學如何進行公辦民營?應先了解公辦民營類型。教育部於民國八十九年提出大學公辦民營的二種類型、七個方式,它們各有優缺點,其執行時應注意以下事項,如表 8-1 所示:

➡️表 8-1　大學公辦民營類型優缺點及注意事項

類型	優點	缺點	注意事項
一、新設立學校由公辦民營	1.沒有包袱。 2.私人興學意願頗高。	地區的條件無法吸引私人設校。	1.與私立大學有何不同應釐清。 2.配合「促進民間參與公共建設法」,如用地取得、開發、融資及租稅優惠、申請及審核、監督及管理,教育部應進一步研議。 3.較具前瞻性。

（續）

二、現有國立大學全校委託	國立大學已具規模，轉移時有基礎。	1.有人事包袱。 2.校友反對。	1.修改大學法及大學法施行細則中有關如何執行公辦民營方式。 2.學校人事保障與問題，可訂定政府及民間應分擔經費比例。 3.配合「促進民間參與公共建設法」修訂土地取得、開發；融資及租稅優惠可參考二十九條及三十六條。
三、新設系所委託民間經營	1.新設大學所設立之系所仍有空間。 2.在現有的學校營運，資源運用便捷。 3.資源運用更有效率。	1.學校分割二部分，可能造成衝突。 2.能產生一校二制。	1.新設立系所之人事可配合「國立大學校院進用專案計畫教學研究人員暨工作人員實施原則」，財源自付盈虧。 2.從「促進民間參與公共建設法」訂定子法。
四、擬開發之新校區由民間經營	新校區較無包袱。	1.如何確保新校區與原有校區運作？ 2.是否產生一校二制？	1.配合「促進民間參與公共建設法」，如用地取得、開發、融資及租稅優惠、申請及審核、監督及管理等，教育部應進一步研議。 2.學校人事問題可參照「國立大學校院進用專案計畫教學研究人員暨工作人員實施原則」。
五、現有特定業務由民間經營	學校之建築不涉及教學研究，較單純。	受校務基金設置條例限制，即國立大學校院，係編列附	修正國有財產法施行細則。

（續）

		屬單位預算，不得為國有公用財產之管理機關。如為教育部管理亦有困難。	
六、特定建築由民間出資興建或經營	1.民間研發單位在學校，學校提供設備及場地。 2.雙方互惠。	契約應明定。	
七、學校提供土地建築，特定業務委託民間	1.不涉及土地及建築問題可行及具體。 2.目前很多大學校院執行之中。	學校可以完全主控。	教育部可以授權大學建立誘因制度，吸引民間投入。

　　未來大學是否應朝向民營化？政府當局應整體考量，由專家學者研究大學公辦民營的可行性，並以民國九十年政府頒行的「促進民間參與公共建設法」、大學法、大學法施行細則、國有財產法及其施行細則等相關法令提出要點與實施辦法，作為初步參考建議。教育部宜在專案研究之後，再以學者所提案進行跨部會審議，如此才可讓此項教育政策更為成熟可行。

第二節　高等教育擴增與經驗

壹、高等教育擴增

一、高等教育擴張問題

　　人人都想讀大學，但是否應思考台灣高等教育擴增所衍生的相關問題。例如高學歷高失業率、大材小用、人力閒置等問題。這些問題又以台灣的高等教育量擴增過快，因而造成嚴重問題。

　　未來的大學將產生招生不足與惡性競爭問題，加入 WTO 以及與大陸三通、國外可來台招生，對國內高教形成更大衝擊。這是台灣高教政策的最大隱憂。

　　台灣高教量持續擴增，但高教素質下降，一方面是高等教育量擴增速度快，另一方面是學生入學容易、畢業容易，大學對於學生素質的管制減少。其實，以台灣的學齡人口而言，高等教育量發展已飽和。八十八學年度，台灣高教學生人數（含非正規教育）占十八至二十一歲學齡人口為 67.8%，比日本、英國及德國還高，與韓國相近。

　　台灣的高等教育擴增快速，據教育部（民 90）統計，大專校院學校數，八十學年度為一百二十三所，八十九學年度已增加為一百四十二所。八十學年度，大學生人數為 498,131 名，八十八學年增加為 882,679 名。向教育部申請將要設立的大學校院更有

二十七所之多。台灣的高等教育擴增在此種以滿足社會大眾的情況下快速成長，對台灣的高等教育及就業市場產生衝擊。

如果以大專校院分布來看，各縣市均有大專校院。若以公立大學校院而言，過去新竹縣、金門及連江縣未設立公立大學校院，惟民國八十九年已同意台大在新竹縣設竹北分部，各縣市之大專校院已均衡設置。金門目前也有高雄科大設立分部。

二、高教成長速率

教育部（民92）顯示，八十至八十八年，大專校院一年級學生人數年平均總成長率 6.99%，其中以研究所碩士班最高。行政院經建會於民國八十九年五月推估指出八十八至一百年平均總成長率為 1.98%，成長最高的仍是碩士班，最低為專科學校。八十至八十八年大專校院總學生人數年平均成長率 7.41%，其中以研究所碩士班成長率最高。據估計八十八至一百年平均總成長率為 2.4%。

高等教育量持續增加，但台灣學齡人口卻持續下降。未來大學就學生不足額，學校將會產生招生不足的問題。八十至八十八年總人口年平均成長率為 0.9%，十八至二十一歲為 1.3%。經建會估計八十八至一百年總人口年平均成長率略微下降，但十八歲、十八至十九歲與十八至二十一歲學齡人口則呈負成長。八十八學年度十八歲學齡人口就學機會率為 62.3%，其中專科及大學校院各為 35.3%、27%。行政院經建會更估計民國一百年將成長為 92.3%，專科學校因為改制略有下降，大學則增加為 59.8%。經建會更估計至一百年時，十八至十九歲學齡人口就學率將達 92.7%，如包括非正規教育，十八至二十一歲學齡人口就學機會

率則達將近百分之百。

　　台灣的高等教育量持續擴增，但是高等教育素質卻有下降的趨勢，一方面是高等教育量擴增速度過快，另一方面是學生入學容易，但是畢業也容易，大學對於學生素質的管制減少。如果再以生師比言，八十至八十八學年度，教育統計資料顯示，國民中小學及高中職生師比均有減少，大專校院生師比均有增加，顯示大專校院素質略有下降。

　　據前述分析，可看出台灣的高等教育量發展已飽和。八十八學年度，台灣的高等教育學生人數（含非正規教育）占十八至二十一歲學齡人口的 67.8%，比日本、英國及德國還高，與韓國相近，雖尚較美國、加拿大與澳洲為低。

　　高等教育問題之一在於國立大學部分學校找尋第二校區成立分校分部。師範校院將改制為大學與國立大學校院。因此各縣市爭相要求籌設國立大學，導致大學校數擴增。私立大學與國立大學是如此，國立大學為了擴增學校規模，對外尋找校區，大筆爭取國家經費，實應檢討。

　　九十學年度我國有一百五十五所的大專校院，其中私立學校有一百零二所，公立學校有五十三所。近年，政府鼓勵私人興學，滿足社會對高等教育需求，高等教育持續增加。高等教育發展過度快速，卻產生私立學校不當競爭現象。行政院經建會於民國八十九年五月公布「高等教育擴增問題報告」（民國九十年五月再次修正報告），報告中建議：高等教育擴增業已滿足學齡人口的需求，未來新設大學應從嚴評估。政府應建立超然的大學評鑑制度，評鑑大學辦學績效，並應研議大學淘汰機制。此外，為配合國際潮流，報告建議：促進我國高等教育國際化，高等教育

宜積極考量開放由外國人來台設立分校，或與國內大學合作，開放專業學程系所或院分部，以提升我國高等教育素質及競爭力。教育部於民國九十年八月七日發布「大學教育政策白皮書」，提出我國未來大學應建立開放競爭機制，其中程發展方向就提出兩項建議：第一，建立學校淘汰機制，對於無法持續經營的學校，在保障教職員的工作權及學生的受教權原則下，讓學校有整併的調整機會。第二，配合國際化的趨勢，引進國外一流大學在台設校，促進國內大學教育水準的提升（見大學教育政策白皮書，頁41）。

專科學校改制技術學院過快也是另一重要問題。八十八及八十九學年度各改制二十所及十五所，僅剩三十六所專科學校。專科學校改制速度甚快，影響技術學院教育品質，也影響未來技術人力的培育及供需問題。部分專科為符合改制條件，亦尋找第二校區，擴大規模，且大多以改名為科技大學為改制目標發展。未來技職體系大學以上之擴增必更為迅速。

三、高等教育發展方向

基於以上的問題，有以下建議：

㈠依社會需要調整高等教育量

台灣的高等教育擴增已足夠學齡人口就學需要，政府對於未來籌設新校應從嚴評估。也就是說，公立大學除培養特殊專業人才外，量之擴增宜減緩，籌設分校與分部以全部自籌經費為原則。至於師範校院轉型應協調與鄰近學校合併，避免師範學院直接改制綜合大學，加速大學學生人數擴增。

(二)績優專校改制宜緩

對於績優專科學校改制問題，教育主管機關宜檢討，不宜擴增過快。考量專科部仍可培養中級技術人才，專科改制學院應保留專科部，提升教學品質，著重實務教學，建立技術學院特色，以培養社會所需人才；且增設研究所應從嚴。專科學校的改制更應評估其實質成效。

(三)大學擴增應考量人口成長

配合學齡人口下降趨勢，逐年降低大專校院生師比例，全面建立大學評鑑制度。經建會指出，應該建立超然的財團法人大學評鑑機制，獨立於主管教育機關，每年評鑑並公布大專校院辦理績效表現，同時亦應研議學校淘汰方式，全面提升教育品質，合理調整教育資源分配。

(四)大學應國際化

擴增高等教育，應掌握台灣的高等教育國際化開放程度，也就是說，高等教育宜積極考量開放由外國人來台設立分校，或與國內大學合作，並開放專業學程、系、所或院分部，以提升台灣高等教育的素質及競爭能力。目前新加坡及馬來西亞已有歐美國家在當地建立分部，提升當地的大學國際水準，台灣似可考量建立相關模式。

(五)遠距離教學與網路教學的重要

強化大學校院的遠距離教學，鼓勵教學優良教師可以將教學方法錄製為光碟片，提供學生進修學習。韓國與日本包含空大及開放學院及開放研究所，擴大辦理大學回流教育，讓學生可以處處學習、放棄文憑主義，輔導學生循「就業─升學─就業」途徑發展，讓在職人員不斷進修，其旨在使不以追求文憑為學習目的。

㈥大學整併

鼓勵學校整併（註一），讓外國名校合併我國不具競爭力的私立學校，並設法吸引外國名校來台設立分校，以培養台灣的高級人才。

註一：教育部於民國九十一年元月發布「高等教育發展專案小組報告」，內容如下（教育部，民91）：

專案小組建議主軸在整合國內外最好人才及資源，如果國家能以專案寬列經費支持，在國際上爭取比現有更優秀人才參加學術。整合工作推動應掌握下列原則：

1. 鼓勵「整合」經費須以額外專案寬列，不影響到例常教育經費分配。

2. 整合規劃須有嚴格評審，計畫與計畫之間有競爭機制，不是提整合案就自動分到額外經費。

3. 整合目的是追求卓越，審查計畫要特別著重專業，人力組合能具有世界級競爭力，給與十倍甚至數十倍經費，作為提升學術品質工作。

4. 經費使用，無論是人事、會計、審計都要給與彈性，使其發揮最大效益。

專案小組具體建議整合方式有「校內整合」與「校際整合」；透過規模、組織及結構改善，使優秀人才做最適當組合，使經費設備做最有效的運用：

㈠校內整合

就一所已具規模及水準之研究型綜合大學而言，為了追求研究上的卓越，最直接易行之整合方式是校內整合。

㈡校際整合

可分為成立跨校之大型研究中心、組織跨校之大學系統與相互合併為一所更大綜合型大學三種方式。

大型研究中心的設立可循兩種途徑。一是就最具發展潛力且國

內已有相當基礎重要研究領域，其設置計畫經教育部審查通過後成立研究中心；二是就教育部過去資助追求卓越研究計畫，其設置計畫經審查通過後成立研究中心。

大型研究中心設置以五年為期，期滿有制度嚴謹評估，成效良好者可繼續辦理。美國加州大學系統成立四研究中心之運作足資參考。

「大學系統」（university system）是尊重各參與大學獨立與自主原則，於各校成立「大學系統委員會」（university system committee），協調與掌理各參與大學研究與教學資源整合。

大學系統設置與組成，由各參與大學共同向教育部提出跨校整合計畫。教育部宜釐訂具體審查標準，如各校之互補性、水準相當、地區相近、規模適當等。經教育部核准成立大學系統，參與大學向教育部提出追求卓越研究與教學計畫，亦可提出大型研究中心設置計畫。

各種整合計畫所提出的「追求卓越計畫」，教育部宜訂定嚴格審查程序與方法。審查標準應兼顧研究主題之重要性、創新性、統整性、卓越性、可行性及前瞻性（或發展性）。計畫主持人之學術造詣與領導能力，及主要研究人員有效執行研究計畫之能力，尤宜特加重視。

合併兩所以上之大學校院為一所研究型大學是最徹底的整合，也是最困難的整合。兩所以上非研究型大學校院合併為一所大學，或以一所研究型大學為主，與一所以上之非研究型大學或學院合併；或兩所以上規模較小的研究型大學，合併為更具規模的研究型大學，應考慮下列特點：1.各校區距離較近，在教學、研究及行政上易於互動；2.學校規模較小，不符大學經營之效益；3.各校之院系在性質上具有互補性；及4.各校水準相差不大。大學校院之合併，實質重於形式。數校合併後，必須逐步提高相互統合之程度，使其真正成為同一所大學，而非只是徒具形式，各自為政。

㈦高教政策市場定位

　　台灣的高等教育量應在市場競爭與計畫方式下進行調整。過去是計畫性的高等教育，因而為人批評的是政府干涉過多，但在鬆綁大學量之後，所面臨的問題在於沒有適度規範，造成大學膨脹。因此，最適當的發展應從各國的高等教育發展量進行整體平均的調整。即各國在經濟發展及人口變化與社會環境轉型下，有多少高等教育量變化，從其中學習高等教育量調整。這部分可見本書第九章分析。

㈧高等教育政策白皮書落實

　　教育部已訂定高等教育政策白皮書，界定台灣的高等教育政策如何演變及發展。白皮書中更應宣示台灣的高等教育在面臨未來社會的轉型如何調適？大學應扮演何種角色？大學對社會有多少責任？大學如何整併及資源運用？乃至於大學的設科系所等；當然對於大學的行政運作、大學自主、大學定位（如教育部一再宣稱要讓大學公法人化，其公法人所指為何？大學如何定位為公法人）、大學校長遴選制度問題、大學校務基金如何運作？大學師生及學校行政運作等。但重要的是要如何落實執行高等教育白皮書。

㈨對私立大學營運地位應重新定位

　　國立大學公法人之後，私立大學定位為何，是否也可以同等於國立大學，有同樣接受國家補助機會（並非齊頭平等）？或公私立學校未來營運及補助都依據單位學生成本進行補助或其他方式補助？此外很多國立大學之學校規模，無法發揮最適度規模營運，如很多學校全校僅有二、三千名學生，如何與二萬五千名學生的私立學校有同樣接受補助機會及發展空間，值得分析。

㈩高等教育政策調適

　　台灣的高等教育量的發展與適度調整，應有以下作為：1.高等教育應與社會需求配合。配合產業結構調整，各級學校之設立、相關系所科班組之增設及招生名額之核定與整併，應考量國家未來發展之目標，並兼顧民眾教育及產業之需求。2.交流制度建立。教育部應建立良好的產學交流制度，授權大專校院教學、研究、服務、課程規劃及人事、財務之自主彈性，落實產學合作，促進產業與學校之人才、設備、技術、資訊等交流，建構知識經濟理論與實務之良好環境。3.建構終身學習及進修環境。因應民眾對於知識經濟所需的就業需求，充分運用學校資源，提供學習及進修機會，建立終生學習的社會環境。有以下作為：(1)由教育體系依據環境評估知識經濟發展所可能造成之產業結構調整，及人民知識需求之變化，規劃相對之教學課程。(2)資訊教育應視為基本知能教育，應從小學教育開始規劃正式學習課程，並全面推動中等教育與大專院校的資訊教育基本課程。(3)教育機構之設立、學費及課程，應考慮國家未來之發展，並反映民眾教育及產業發展之需要。(4)鼓勵公私立大學與國際著名教育機構共同合作研究或開課，並允許國際著名教育機構在台設立分校，以提升台灣的高等教育研究水準。

　　台灣的高等教育量擴增將造成更多教育問題，有關當局宜省思。

貳、日本高等教育經驗

一、日本高等教育問題

　　民國九十年一月十三日，在一場由日本東洋大學法學部教授
——後藤武秀及上條醇等二位教授，對於日本近年高等教育改革
的演說（註二），其中有若干高等教育政策觀念值得借鏡。

　　他們指出日本近年來在高等教育量擴充，並面臨高等教育學
齡人口下降，因而有學校「入學名額不足」問題。一九九二年，
日本的十八歲人口有二百零五萬人，一九九九年時僅有一百五十
五萬人，二○○○年僅有一百五十一萬人，八年間共減少五十四
萬的十八歲就讀大學的人數。據他們預估，日本在二○○七年，
十八歲的學生人口將降為一百二十萬人。由於學齡人口減少，因
而目前有很多大學、短期大學，在學生人數減少情形下，已有
「全部錄取」現象，特別是東京的大學也有部分的學校產生入學
名額不足問題。此問題影響學校教育品質，以及學校擴張後產生
的惡性競爭。換言之，學生不用考試就可以進入大學，如此大學
的學生能力及程度下降，讓日本教育學者非常憂心。

　　日本學生人數不足，進入大學的學生能力逐年下降，學生品
質降低。很多名校為招到好學生，已從過去聯招規定五科，又增

註二：民國九十年一月十三及十四日在輔仁大學召開之二十一世紀私
　　　立學校經營之新方向㈠，由日本學者後藤武秀主講之「東洋大
　　　學大學經營之現況與挑戰」。

加二科目，即進入大學時要考七科。據二教授指出，這樣的改變主要在回歸日本過去的考試；但檢驗學生入學前後表現，仍發現學生程度降低的事實已浮出抬面。

　　就大學營運而言，日本政府對私立大學校院營運，讓其有自主性。如規定私立大學設有董事會、評議會及調查人等方式，讓大學自主營運，即評議會可先處理學校爭議問題，並經由調查人進行分析學校問題。它與台灣僅以董事會作為私立學校營運核心不同，並與台灣的大學以校務會議為最終決定機制迥異。他們更指出，一所私立學校可以共同興辦國小、國中、高中、高職、大學等一貫制度，此種特色在於不同等級教育，不須再成立額外的董事會或財團法人。

　　此種從幼兒教育至大學一貫制的大學在日本很多，例如文教大學、叔德大學、青山學院、學習大學、國立音大大學、昭和女子大學、白百合女子大學、甲子園大學、近畿大學、安日女子大學等數十所。私立學校僅有一個財團法人，但可以營運不同等級的教育，這在台灣是沒有的。也就是說假如文化大學要興辦國民小學，則需要再設立另一個財團法人。如此疊床架屋，對於學校的營運可能產生更多的行政資源浪費，更重要的是同一個財團法人興辦不同等級教育，如需要運用學校整體資源，將可以更為彈性。

二、供台灣高等教育政策作為借鏡

　　前述的問題，正好可以讓台灣作為借鏡。就如：
㈠台灣人口成長率下降
　　台灣十八歲學齡人口在八十八年度為四十萬五千人，據估計

民國一百年將減少為三十二萬人。如果以十八至十九歲的人口而言，八十八年度為八十萬五千人，民國一百年為六十三萬七千人。十八歲的人口降了八萬人，十八至十九歲減少十六萬人，可是台灣的高等教育卻一再膨脹。九十二年度已有大專校院一百五十四所。九十二年的高等教育粗在學率已達 67.8%。未來台灣的大學將會招不到學生，何況在加入 WTO 組織後，外國學校得來台招生，台灣的高等教育將會面臨更多衝擊。不僅會招不到學生，更不知如何讓學校正常運作。

㈡私立大學董事會營運

日本的私立學校營運可借鏡的是學校董事會彈性營運，同時受「評議會」監督，不像台灣的董事會與校務會議呈現曖昧不明狀態。此外，私立學校如果營運有問題，經檢調或主管當局認定，亦無法申訴，因而讓私立學校經營權受損。

㈢教育素質低落問題

了解日本大學面臨學生素質低落，考試制度增加學生考試科目來篩選適合學生的狀況，再看看台灣的大學聯考（民國四十一至九十年）、推甄等入學方式，一再要求改革，卻無法反應學生素質，未來考試制度改變，日本經驗可供參考。

高等教育政策隱憂

壹、師資培育政策的新隱憂

一、新制的特色

　　師資培育法於民國九十二年六月二十五日通過，但問題甚多，且已浮現。該法提出很多新師資培育方向，例如教育實習由一年改為半年、建立中小學師資培育合流制度、教育實習課程納入師資培育課程之一部分——將實習教師視為學生，不再視為「實習教師」；另外，實習津貼由原本八千元完全刪除；同時過去的師資培育以實習一年就通通取得「合格教師證書」，但自九十二年八月一日起，須在半年實習完後參加「教師資格檢定」，即全國考試。如持有國外學歷者已修習師資培育課程，亦有認定與抵修標準。新制更提供學校護理師與幼兒教育的教師有進修管道。最後，過去的教育學程中心改制為「師資培育中心」。

二、新制的問題

　　前述師資培育政策確實有新面貌，但讓人憂喜參半。喜的是師資培育多元化後，教育部隨著環境變遷調整師培政策；但令人擔憂的是，這些所謂新的師培政策，其實是另一種教育問題的開始，也是即將顯現的隱憂。說明如下：

㈠教育實習改為半年，減少學生實習時間

以半年時間實習，究竟是第一或第二學期實習並無規範。未能有一年的時間實習，實無法了解完整學年學生學習及學校整體運作。而學生實習半年非但沒有「生活津貼」，說來沒有「功勞」也有「苦勞」，沒有「苦勞」也有「疲勞」，且又要繳交四個學分費，讓學生學習成本增加，加上過去實習過程常放牛吃草，真正可指導實習生學習者少之又少，很多個案顯示實習生打掃辦公室、倒茶水、除草、打雜，或替學校行政人員與指導老師做私人事情（如照顧小孩）是習以為常，因為實習分數有一部分在這些人手中，能否畢業與其相關，實習生當然心知肚明。

㈡中小學合流培育問題多

它看來好似對學生學習有益，可增加學生畢業後就業機會，但事實不然。一者目前國中教師已飽和，國小師資也無空缺。就連近年師範大學校院公費生都仍有名額無法分發。如合流培育，勢必增加中小學師資的畢業生人數，在就業時面臨僧多粥少的問題，流浪教師問題將更加嚴重。再者合流培育之後，如學生要完成此學習，取得合流教師的職前資格，除大學一百三十二個規定學分之外，更要增修至少五十個教育學分。一位大學生畢業前共修一百八十二個學分，除了學習成本、時間、課業及品質，乃至壓力都將產生問題。因此究竟這對學生學習是好是壞、對國家未來的師資素質培養為何，似已昭然若揭。

㈢「教師資格檢定制度」爭議多

它以國家考試型態方式檢定教師，問題在於考試科目局限於教材教法、教育社會學、教學原理、教育心理學、教育政策與法令。顯然會引導整個師資培育過程為「考試領導教學」，即使教

師甄試的科目變成「顯學」，而列為不考的選修科目則乏人問津，且學生學習態度必然下降。過去高中與大學聯考，不也是形成考試領導教學的問題。我們不禁要問：師資培育過程究竟是在培養一位思想健全、富愛心耐心與教育熱誠的教師，還是要培養出會考試、會背誦、僅會狹隘部分教育類科的教師呢？其實答案很簡單且明確，如果是後者，下一代師資素質真令人擔憂，不是嗎？教育主管機關難道不知道？

㈣組織重疊

過去的「教育學程中心」改為「師資培育中心」，問題更是一籮筐。先是過去編制僅要三位教授與相關條件即可成立，而今的「師資培育中心」卻要五位專任教師。這無疑是教育部自打嘴巴。教育部口口聲聲說要總量管制、公立大學不增加員額，但卻要各校師資中心額外增加教師來成立該中心。再者，如以師範大學或師範學院而言，都已是道地的師資培育中心了，又要再單位中增設一個「師資培育中心」，這豈不是疊床架屋、浪費國家資源？這樣的師資培育制度，是讓師資培育的學校負擔更大。

總之，新的師資培育法雖然有新面貌，但從規範中的教育實習、教師檢定考試、師資培育中心、學生學習心態，乃至於台灣未來的師資素質，都呈現新的問題與隱憂，值得教育主管機關再省思這項新政策。

貳、多元技術學院借鏡

一、多元技術學院

英國的「多元技術學院」（Polytechnics）是英國在一九六六年發表的教育政策白皮書宣示。其設立主要在回應社會對高等教育無法滿足的需求。芬蘭亦有多元技術學院，稱為 AMK 機構即 ammattikorkeakoulut，提供非正規大學（non-university）專業的高等教育，亦提供多面向的環境讓已經完成大學入學考試（matriculation examination）或中等教育後期職業水準證書者進入就學的機會。通常在芬蘭，此學校要學習三年半至四年時間。

英國多元技術學院的特色及影響，說明如下：

㈠特色

它有以下特色：1.提供更多的教育機會給與高中畢業生就學；2.使非修讀正規高中生有接受高級課程機會；3.它屬於綜合性質以及規模較大的學校；4.其課程為實用性質居多，著重在職業教育的培養；5.它與工商業界配合，同時有建教合作的方式讓教育更為實用；6.它的課程有長期及短期、全時及部分時間的進修方式；7.所開設課程非常廣，包含科學與技術、社會科學、藝術及設計、商業管理等科目，主要在迎合市場的需要。

㈡教育政策助益

它對英國「後中等教育」有下列助益：1.提供更多高等教育機會給學生就學；2.提供更實用課程給與學生學習，打破過去英國精英教育模式；3.提供建教合作方式，讓課程更有彈性；4.修

課方式有短期及長期、全時及部分時間方式，與過去一貫制不同；5.與產業界及工商界配合，有更多實用課程，使學生的學習不再以理論為主，以課本為本位學習。

㈢廢除多元技術學院

一九九二年英國的「擴充及高等教育法案」對多元技術學院持保留態度，後來將多元技術學院廢除。廢除多元技術學院之後，將原來的技術學院併入大學的體系之中，以讓技職教育良性發展。

㈣對高等教育的影響

英國的多元技術學院廢除之後，有以下的影響：

1.廢除多元技術學院，不再存有理論大學（普通大學）及實用大學。

2.整合多元技術學院於擴充教育學院之中。高等教育包含大學、擴充教育學院。前者是普通大學，後者是技術學院、技藝學院、農業學院、教育學院及其他學院。多元技術學院廢除後，整合至普通大學，也就是大學提供實務課程。

3.強化大學實用教學。大學在整合多元技術學院之後，不再僅以理論教學為主，應以實務教學配合。

4.大學的功能加強。除了對於學理的建立外，亦提供各類人力培育的功能。

5.大學的教育機會增加。原先多元技術學院就學機會轉移至大學後，大學容納學生的機會增加。

㈤台灣的省思

台灣的技職教育，雖沒有學習英國多元技術學院，但也沒有建立台灣社會技職教育的特色。因為：1.技職教育政策處於邊陲

發展，因為普通高中升學機會多於技職教育；2.技職教育政策並沒有獲得應有的重視，主因是台灣社會的文憑主義過重，技術職業教育並沒有獲得與普通高中相同的重視；3.技職教育政策在師資及設備上並無法與先進國家相近，就如歐美國家對技職教育師資都強調實務經驗，但台灣則否；4.技職教育所培養的學生僅重於理論薰陶，較無實務經驗的培養。

參、虛擬大學來臨

台灣的網路教育持續擴展。近年來，知識經濟成為各國重要發展方向。國外提出「網路大學」或虛擬大學。虛擬大學對台灣大學持續擴增的問題，確是可思考的方向。

所謂虛擬大學，是運用電腦網路進行教學及教育行政活動，所設立的一所與大學相類似的網路上的大學。虛擬大學透過網路教學，學生不必到校上課，省去學生交通成本及學校空間成本。行政人員不必到學校從事行政業務，可在一定場所運用電腦，處理學校相關業務，例如教學、行政及成績登錄與學校行政業務。虛擬大學讓學校省去土地、水電、設備等實質成本外，更減少學校空間及相關設備要求。國內如果有網路大學，也算是教育改革的進步。

為迎向科技島及遠距離教學情境，虛擬大學實可作為台灣教育改革方向之一。尤其各級學校電腦教育普及，學校教學、學校行政與學校與社區間溝通已多採網路方式，未來如何讓虛擬大學成立是重大突破。

它對教育政策有何影響？說明如下：

　　1.學校網路應普及；2.教師應重視網路教學；3.學生能更便利求取知識及學習知識；4.學校行政能以電子化運作；5.教育行政機關可傳達教育政策給學校與教師或家長；6.教育政策執行機關可以以虛擬大學節省龐大教育經費。

　　為此，虛擬大學、遠距離教學及函授教學可有進一步的發展，發展方向如下：

㈠教材製作

　　各級各類學校應製作各種基本學科光碟教材，以利減少教學成本與有效增進學習、因材施教。光碟教材提供學生重複學習，減少學生就學時間及成本。如果教學優良及善於教學的教師，錄製任教科目光碟，為學生重複學習，是很好的學習策略。同時將電腦資訊應用課程納入國民小學列為必修課程，而大學學生應有設計程式能力。這是未來發展虛擬大學或網路與遠距離大學的扎根工作。

㈡科系調整

　　大學校院設系，應增加電子、資訊及通訊的大專學生及研究所名額，並考量科系市場導向，滿足虛擬學校在未來培育人力方面的問題。尤其政府相關單位，例如國科會及經濟部對專案計畫應以軟體科技人才為主，有更多培育及獎勵方案。此外，政府的培訓機構應加強社會各階層人力第二專長能力的培育。中小學教育應改善電腦教育，增加軟體設計比賽，傑出者保送就學，滿足學生創作及就學機會。另外，適當調整各級學校的課程與科系，並增加輔系。加強各級學校的遠距離教學，以提高教育經費，加速軟體經費運用。

㈢推動終身教育及資訊網路教育

政府及各級學校應加強各級學校資訊建設，推動教室電腦化目標，普及資訊化校園環境，建構人人有電腦、人人可上網的學習環境。運用資訊科技發展適性教材教法，將資訊與網路科技與各學習領域整合融入學科教學，革新教學方式。尤其大專校院應推廣遠距教學、整合遠距教學資源、充實網路學習內涵，提供學校及社會教育多元化學習。此外，建置社會教育資訊網路系統，整合社會教育及文化活動等學習資訊，加強終身學習網路資源宣導，以利民眾善加運用，使全民共享社教資源，塑造終身學習環境。

㈣軟體研發

針對未來資訊環境，應強調對軟體研發人才的培育。二十一世紀資訊軟體市場超過硬體市場需求，台灣資訊硬體市場約占世界第三位，但軟體市場一直不振，政府雖在檢討，但如何提高軟體設備是當務之急。台灣軟體業無法發展有多項原因，一者台灣考試制度重視填鴨式教育，不重視腦力開發，因此缺乏研發軟體人才。再者國人智慧財產權觀念薄弱，不喜歡進入軟體產業，因容易被抄襲。此外以網路調查人力供需缺乏，無法將及時資訊提供給各界參考。當然，政府鼓勵措施不足，經濟主管單位及科學園區產業都著重硬體、忽視軟體獎勵等也都是原因。前述問題，政府應重視，才可改善台灣資訊環境。

網路建立應無問題，問題在於如何讓更多學生及社會人士主動透過網路學習，如此建立虛擬大學或終身學習社會才可預期。

第四節 掌握高等教育品質

壹、大學教育品質問題

一、大學退學問題

教育部九十年一月公布八十八學年度大學生的退學率。自八十七學年度起，學校退學的標準由各校自訂，經過二年實施，大學生不及格退學比率，從八十七學年的 0.71% 微上升為 0.95%（教育部，民 90c），顯示各校退學已有改進，但這也代表大學品質可能下降。

二、高等教育品質分析

值得注意的是彰化師大及七所師範校院退學比率均低於千分之一，彰師、中師及花師退學率更掛零。有媒體認為師範學院退學率低是因師範學校放水教育、讓學生偷渡、過度保護、教師給與過多機會及師範學院未能把關所致。他們憂心，未來如果師範學生的素質降低，學生將如何在畢業後，到職擔任教師？媒體報導後，台灣師大校長隨即回應，指出師範校院學生一向很自愛、學習自動自發，因此師範校院學生當然退學率低，並無問題，豈會降低師範校院學生素質？

其實，雙方論點都無問題。一者，師範校院的科系大部分為

人文及社會科學，所學習內容並無一定標準，因此教師評量學生
當然會有主觀成分，其評量方式與理工類科，凡事講求正確、實
驗及標準化的答案不同。再者，過去師範校院的學生當然素質頗
高。這可從聯考排名略知一、二。

三、高教品質低落

　　師範校院退學率低，有大部分原因在於所學習內容過於簡
單、重複、沒有挑戰、沒有標準答案、沒有創新及沒有一定標準
所致。為什麼會有如此現象呢？其實與師範校院學生，在四年學
習所得到的教科書內容及課程設計有很大關聯。筆者就讀教育
系，十多年親身經驗發現教育學程及師範教育，在於課程重疊、
過度學習、浪費學習。以大學一年級的師範生為例，都會修習一
門教育概論、教育導論、初等教育、教育學導論或教育學等科
目。在各個師範校院開課時，由於教育學並不是一個很科學的學
門，因此，在教育概論或教育學課程設計上就是拼湊，就如教育
學將心理學、社會學、哲學及行政學的內容做大拼盤式的整理。
因為教育概論是將各學門主要觀念彙整，並沒有教育學的主要內
容；因而一人一義、十人十義，大多數教師都可「蓋」論。也就
是說，很多課程內容並沒有經過學術檢驗、考驗、測試或實驗，
就收入教科書之中。更有甚者，僅對國外未成事實、未構成成熟
理論，教完後就評量學生，問題當然產生。學生進入大二、大
三，甚至大四時，所學習的仍是對大一的教育概論再學習一次。
有時在同學期中，不同科目，卻學習到相同的概念。學生重複的
學習，學習問題未改變，教師沒有加以研究證實，當然教育學程
知識的客觀程度就降低不少，也就沒有標準來衡量學生，學生退

學率無形中就降低很多，這是重要原因。

由於學生的過度學習、混亂學習、龐雜學習，以及重複學習，到頭來就出現幾種情形：第一，學生對教育類科覺得並沒有什麼內容好學；第二，學生過度學習相同教材，索然無味，評量就格外容易；第三，教師因為沒有進修及研究，所傳達的教學及觀念便是一再冷飯熱炒。就在教師沒有新的觀念及知識下，教育學程或師範校院的學生就覺得學習非常容易過關。因此，學生通過教學評量容易，退學率就減低。

四、師範校院課程重複性高

師範校院或教育學程學習內容會如此重複，與學生退學率低有某些關聯。探究主要原因有：第一，師範校院的課程設計有問題；第二，師範校院的教育專業科目未能明確列出專業的標準；第三，師範校院課程及教學內容重複性高；第四，教育學程的教科書之創新、更版內容過慢，無法與時代俱進；第五，師範校院所進行的有關研究偏於表面，未能有實質、深入、基礎及扎根研究，因此就無法將所研究到的內容納入師範校院或教育學程的課程或教材之中。當然，學生的學習心態、成就動機降低，與退學率也有關。

師範校院退學率低雖值得檢討，但並非一定要退學率高，大學教育素質才高。但是誠如前教育部曾部長於民國八十九年十二月指出：「今天要教導學生具有創造力，可是我卻在坊間的教育心理學或心理學的大學教科書發現，在創造力一章，教導創造力的觀念及方法，與一九六○年讀書的內容一致」。部長有感於師範校院課程未能創新、教材老舊，可說是對師範校院培育師資的

警惕，也是師範校院退學率偏低的一種反應，不是嗎？

貳、師院升格與整併

一、師範教育政策問題

民國八十九年十二月，教育部通過師範學院升格綜合大學及教育大學，讓國內七所師範學院升格。此種作法對台灣未來的師範教育利弊互見。如未能妥善提出配套措施，師院升格綜合大學，僅是換湯不換藥，未能提升素質。

師範校院升格對台灣師資培育有幾個優點：第一，師範校院朝綜合大學發展，有助於師範校院僅以師資培育發展功能；第二，升格對未來師資進修及整合教師培育有顯著效果，配合地方學校需要，提供教師進修及國民中小學課程研發，有益地方學校發展；如果國民中小學、教師與師範校院結合，更能反應地區教育需求。第三，以教育大學為名且能結合各師範大學功能，對教育資源充分運用，具有優越性。尤其在教育資源不足下，系統性、整體性的整合教育資源，對台灣的高等教育及大學發展更有價值。

二、師範教育政策分析

師院升格也有問題，例如：1.全面升格，政府教育財政能否負擔？民國八十九年十一月，十三所國立大學因爭取預算，向中央及教育部要經費，而七所師範校院升格，每所都向政府爭取經費，教育財政負擔更沉重。以台南師院改制師範大學為例，需要

七、八十億元。如果每校都如此，政府將無法負擔高額教育經費。 2.因大學學齡人口減少，就學大學教育學生愈來愈少，如果師範校院持續擴增，日後雖然學校縱有校地，或擴充一定規模，也恐有招生問題。

3.師範學院升格大學主要原因之一，在於續優專科學校改制技術學院或科技大學的速度過快，師範校院目睹過去辦學素質低於師範學院的學校都升格為大學，在不能遜於其他學校發展，並顧及過去優良傳統校風，校校升格，就成為師範校院所必爭。 4.師資培育多元化，普通大學可培育師資，如果師範校院再以綜合大學發展，台灣地區的未來大學，將是每所大學不再具特色（每所都有理工商管教育學院，沒有單科大學），師範校院不再具特色；同時每所學校都是綜合大學，如此發展，更重要的是衍生未來人力供需問題。以人力供需而言，未來師範大學朝綜合大學發展，也培育電機、物理、化學、語言、經濟、會計、工程、師資等人力，與其他大學並無二致，每所學校都培育類似人力，再沒有估算及調整科系，某些類科恐有過度供給問題，進而對台灣的產業結構衍生問題。

三、師範教育因應策略

鑑於前述，師範校院將於日後政策改制，因應策略宜有：

㈠依條件升格

如果師範學院可以升格，具備完整條件者應優先升格。完整條件應包含學校面積、學校圖書及教職員專業條件或學術性期刊多寡等，並非一味讓所有師範校院都改制。如果前述問題未能解決，學校當以其校務發展計畫提出學校的未來發展，如爭取校

地、採購圖書及提升教職人員的研究能力等,在一定條件下再談改制,如此可避免民國七十六年師專改制學院,以及績優專科學校改制技術學院之後,教育素質下降的問題。

㈡中小學師資合流培育

多所師範校院改制後,應考量對國民中小學師資培育的合流問題。目前七所師院,含前嘉義師院及台東師院等都是培育國民小學師資的學府。而很多綜合大學也培育中小學的師資。因應師資培育的整體發展趨勢,當局應重新考量是否將培育中小學教師合流。也就是,七所師範校院如果學校能力、師資條件、設備許可,應同意其開放中小學師資合流培育。如此一來讓師資培育的資源更能整合,也讓師範校院與普通大學在競爭機制下培育師資。

㈢專科改制的檢討

台灣一窩蜂的將專科學校、學院升格為大學,當局更應檢討,究竟升格與改制可否提升台灣的高等教育競爭能力(如先前績優專科學校改制)?是否師範校院升格後,可讓師資培育任務更具整合性、師資培育問題減少,或讓師範校院轉型為綜合大學。不期望僅改校名,而無實質提升大學研究、發展及教學水準,就失去改制大學意義。簡言之,這才是改制背後的真正價值。

四、大學「整病」,再整併

教育部指出讓國內大學進行整併、聯姻、成為大學系統(民國九十年四月),作為高等教育資源整合,前述三項教育政策,僅是一種口號,如要成為大學系統,教育部應先對高等教育進行「整病」,亦即高等教育問題多,以致高等教育有病態問題。當局應先整病,再整併,才合乎高等教育發展原則。

究竟台灣高等教育含師範學院等，有哪些問題呢？

首先，台灣的高等教育國際化程度不足。一方面高等教育學術生產量不足應付高等教育國際化腳步。因為台灣的大學在國際學術認可SCI指標的數量並無法與先進國家相提並論，台灣的高等教育在創新及研究發展上亦落後主要先進國家大學。再者，國內高等教育學術派閥、派別及門戶主義嚴重。學校對國際化發展程度不足，因此無法讓台灣高等教育發展。

其次，高等教育資源不均。台灣的高等教育資源分配不公、教育資源排擠，教育資源並未能有效運用。一者主要是大學資源在於重點、重要、有學校發展歷史與規模較大的學校。尤其與某部分重要政治人物有關校友的學校，因為這些校友有不同關係，讓這些人政治上有更多資源，給與特定經費供學校發展，這種高等教育資源分配及資源運用，造成高等教育發展困難。

第三，高等教育整併有以下問題：

1.為特定學校往研究型大學發展量身訂做。大學整併及以策略聯盟，重點讓資源較少、發展受限及無法發揮特色的學校開闢出路。可是教育部要積極讓大學區域整合，計畫四年內編列數十億元經費供大學發展。國內四十七所公立大學，學生人數超過一萬人僅台大、政大與成大，而影響力較大的交大、清大及中山，均為中小型大學。因此，整併有大吃小、公併私、台灣北部大學整合南部大學，造成小型大學無法充分發展的疑慮。

2.大學整併與合併、策略聯盟或教育部所稱大學系統，究竟有何不同？教育部提出研究型、教學型、社區型及遠距離型大學，有不確定及不同定義。因此，一旦被歸類會不利整併發展。美國加州大學系統似可參考，它將大學分為三個類型：第一是研

究型系統，主要以學術研究為考量，經費來自政府預算；第二是
州立大學系統，它是教學主要系統，主要經費來自教學經費；第
三是社區型大學，提供社區大學服務為基礎學校型態。三種學校
類型都發揮不同特色，但美國的大學是否可供台灣參考？是否有
文化及國別差異？究竟如何整併教學型與研究型，或區分類型後
讓各類型大學發展，並未清楚規劃。

　　3.大學整併困難除資源不足，加上教育部未能整體考量大學
發展困境之外，教育部長年未落實大學評鑑制度、資源為少數學
校壟斷，是大學裹足不前的主因。另外，教育部一再說整併，也
說讓大學發揮特色，但未顧及地區文化及學校生態，會讓學校整
併淪為為整併而整併，造成整併後的要再「整病」問題。以嘉大
為例，四個校區分散、文化無法融合；而清大與交大資源分配困
難；北部與南部學校距離過遠，整併無法近水樓台，將困難重重。

　　現階段應先解決大學問題，再來談整併，應加強各校學分互
修、圖書資源互借、師資交流；教育部應積極區隔大學類型分類
比例。另外持續挹注經費鼓勵整併，新設大學應從嚴審核，並整
體對高等教育宏觀規劃。此外，大學整併對象不應限於大學校
院、五專間的整併；大學、高中職、國中、國小、幼稚園之間的
垂直性整併，可讓資源充分運用。具體作法是：1.對於鄰近的大
學有深入了解，即對學校組織、文化、學校運作及學生學習及修
課方式等進行完整了解，再進行整併會更具體。2.大學合作，國
內外有不同案例，有成功者，也有失敗的例子。加州大學僅是一
種案例而已，加州大學重視第一層精英教育，第二類型則以教學
為主，第三層學校以社區型大學，即服務學生為主；政府應先對
這些大學類型及問題了解，或對整併成功及失敗案例進行了解，

再進一步討論會更具體。

參、大學二一退學

一、大學退學的合理性

民國九十一年二月台北高等行政法院認為國內大學「二一退學」制違法，引起學校對大學二一退學的爭論。

高等行政法院認為二一不及格退學於法無據，同時也剝奪學生的學習權、教育權。行政法院認為此違法律保留原則及違反中央法規標準法規定。判決認為大學只要能在修業年限、實習年限，以及期滿後考試成績及格即可以畢業，並沒有規定哪一個學年應學習多少個學分。因此，大學以二一來退學學生，是學校在執行學習認可的錯誤。

對於高等行政法院的判決，令人憂喜參半。喜的是指出大學法、學位授與法以及大學自訂學籍規定欠當之處，值得教育當局進一步研究應如何在大學法及學位授與法中，對學生學習有明確規範，讓學習自由、大學自主及教育權獲得保障。這是教育法規缺失，高等行政法院能明確指出，值得欣喜。

但是，大學難道不可以令學生退學？對高等行政法院的判決，學校也有所說明。部分的大學並沒有規定學生應在某一學期修習多少學分——學生在學習期間，每學期應有多少學分，是由學生自行決定。但是礙於學生能短期畢業（即四年），因而在學分分配得在每學期十五至二十個學分，甚至如有修習輔系者，可能達到三十個學分。因而學生會因為課業過多而無法通過考試，

遭到「二一」的處分。

　　若學生的課業學習與學校生活無法適應學校標準，退學是合理的。試想學生如果不遵從校規，充當職業學生，不務正業到非法場所打工，因而長期不到學校上課、翹課、作業不交、違反校規、學業成績一再不及格、與其他同學程度差異太大。尤其大部分學生進大學之後，就有「由您玩四年心態」。這樣的學生成績不及格，學校當然可考量令其退學。

二、二一退學爭論

　　二一退學的爭論在於學生如何退學？為何會退學？根據何種標準讓學生退學？以及如果學生退學程序有瑕疵，應如何補救或行政救濟，此才是問題重點。如果學校要令學生退學，沒有給學生說明機會，當然會有問題產生。此外，如果未來的學生學習學業年限依然是四至六年，如果學生在前幾學期修習學分數在六個，如果學生不努力，仍有三個學分被當，因而在六年內沒有完成學業，仍應接受退學處分，這是合理的。

　　換言之，大學並非不可以退學學生論調。但退學應符合退學正當程序及法令規定。就如民國八十四年的大法官解釋第三八〇號指「大學教育，應包含研究自由、教學自由及學習自由等事項」以及大法官釋字第三八二號更指出「受處分之學生於用盡校內申訴途徑，未獲救濟者，自得依法提起訴願及行政訴訟」規定學生有其救濟權。民國八十三年的大學法卻沒有彈性規範如何退學，以及教育當局下放大學來處置大學退學問題，以致各大學校院在退學的標準及作法不一，引起各方爭議。

　　其實，台灣的大學退學率偏低。近年來，大學退學總人數下

降，退學率非常低，民國八十七年僅 0.92%，有些大學校院退學率為 0%（教育部，民 90c），讓大學生皆大歡喜。又有些私校更將學生當「金主」，不敢令學生退學，因為學生交學費，學校才可以營運。

因此，「二一退學」並非恐嚇學生，也不是教育當局要給校方管教學生的法寶，更不是對高等行政法院反動。試想：近年來大學錄取率年年提高、大學鬆綁、大學自治及讓學生學習完全自由，學校品質如沒有把關，未來大學生素質勢必降低、大學競爭力也下降。

大學非義務教育，有選擇學生權利，學生如依正當程序被退學實屬合理。但學生退學後，如何進行輔導？讓退學學生反省及了解其責任，其實也是很好的教育。

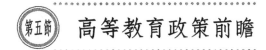

第五節　高等教育政策前瞻

壹、高等教育白皮書

一、政策問題

民國九十二年的大學錄取率高達 82%，是歷年來最高。教育部於民國九十年八月發布高等教育白皮書，宣示高等教育政策，「高等教育白皮書」有幾項精神：

首先，它對台灣未來高等教育作明確宣示。我國未來高等教

育應採取不設立公立大學為原則，緩和國內高等教育量擴增的情況；其次，要吸引國外知名大學到台灣設立分班分校，這會為台灣的大學帶來競爭意味；第三，白皮書指出高等教育將採學程學分制，不再硬性規定大學學習年限，是對高等教育鬆綁；最後，白皮書一再強調未來高等教育將採終身學習，鼓勵有經驗及有學習動機者進入大學就學。前述宣示對台灣長久以來從未指出的問題釐清，也對台灣未來的高等教育政策明確宣示，有助未來高等教育政策推動。

二、白皮書的政策分析

　　仔細閱讀白皮書發現，很多高等教育政策仍未有明確說明，這些問題正是當前高等教育問題。說明如下：

㈠大學政策部分不明確

　　雖指出要管制高等教育量（大學總量管制），但並未提出明確規劃及預期目標（即時間表），即並未指出何年應達到多少高等教育量，例如擴增研究所或基礎性學門、擴充哪些重要學門？教育部強調要經營重點大學，但何謂重點大學並未指明。因此，沒有明確指陳目標，也未指出何年達到產業及社會需求的高等教育量。這樣的政策白皮書形同具文。台灣的高等教育量高出先進國家及開發中國家很多，如沒有指出高等教育應配合經濟發展階段，未來大學生或研究生將面臨嚴重的就業問題。如政府未能明確指出高等教育發展量，對整體高等教育發展、高等教育發展與社會結構配合，乃至於教育資源分配是個問題。

㈡外國設校的問題

　　白皮書指出要引進國外知名大學，來台設分校及分班是可喜

亦可憂的問題。喜的是讓國內公私立大學有競爭力，國內大學可學習他國辦學方式，有提升教育素質機會。令人擔憂的是，外國大學進入台灣之後，將會搶走國內學生，國內私立學校將會有倒閉的現象。過去至今許多所私立學校常因：1.財務營運不佳；2.招生不力；3.學校形象不好；4.學校開設科系不符合社會及學生需求，而面臨招生困難及倒閉問題。但是教育部都以概括承受方式進行整編，如此對國家財政與對私人興學不利者沒有處分，反倒是讓國家增添教育問題及財政問題，未來當局如何因應此問題是考驗。

㈢高教政策不定

白皮書未指出台灣的高等教育發展方向，究竟是菁英教育或大眾教育，也未能提出高等教育短期、中期及長期的發展方向及策略，如此對高等教育發展造成阻礙。尤其教育部對高等教育機構是權力一把抓，授權高等教育機構不多，在此種教育部權限不下放的前提，高等教育機構發展空間非常有限。教育部指出要讓高等教育法人化，讓高等教育在教育經費及運用上更有彈性，但幾十年過了，仍未有任何改善，在白皮書中亦未明確說明。過去公私立大學一再與教育部形成不可分割關係，公立大學要求政府每年經費預算，私立大學則搶著要補助，如此未能讓公私立大學獨立的營運及不再靠政府經費，當局未能提出因應。預期未來公私立大學會永遠要求國家教育經費，高等教育創新與產業結合的動機減少。

總而言之，高等教育白皮書要能成為國家推動高等教育政策重要助力，而非僅作政策宣示，才更具有意義。

三、對高等教育衝擊

教育部發布大學教育政策白皮書，擬開放國外大學來台招生，是高等教育的悲與喜。對台灣的高等教育有何衝擊呢？

台灣開放國外知名大學來台設分班分校，對台灣的大學有警惕、競爭、仿效及學習作用，但國內高等教育持續擴增，民國九十二年大專校院已有一百五十四所。面臨台灣學齡人口逐年下降與過去民間教改團體「廣設高中大學」口號，未來的台灣社會是否仍需要如此多的大學，頗值得評估。教育部旨在希望透過國外知名大學來台設分校招生，提升國內高教素質，但它必會產生台灣與國外大學排擠效應。尤其，私立大學以學生多寡為營運規模，未來學生一再被瓜分，如何因應？

如果說知名大學開放是第一步；而加入世貿組織，各國可來台招生是開放的第二步；更重要的是兩岸三通下，台灣學生留學大陸問題更是隱憂。在此種情形下，台灣高等教育如何在優勝劣敗中生存、教育資源及學生受瓜分，未來如果有私立學校倒閉，教育部應如何處理？民國九十一年三月，私立大學校院有二十餘所面臨財務危機，仍未完全處理。當局要以何種模式處理？是概括承受接管學校，抑讓這些私立學校自生自滅？是開放國外大學來台招生，亦未提出因應。

民國九十年的大學放榜錄取率高達79%，未來就學率將會更高，在開放國外大學招生、國內大學量持續擴增的狀況下，大學生就學機會增加。但台灣儘管有如此多大學與大學生，是否能學得知識、創造知識？這無非是文憑主義作祟，以及製造更多高學歷、高失業的教育投資浪費。

貳、高教與失業問題

台灣高等教育持續擴增，對台灣的學生就業將產生衝擊。行政院主計處民國九十一年三月發布我國的失業率達到 3.9%，這樣高的失業率是二十六年來台灣首見。這問題有部分原因來自近年來教育量擴增過快，尤其是高等教育擴增過快所致。

高等教育擴增是近五年來的事，主要是民國八十三年教改團體的廣設大學、高中的訴求所致。政府面對壓力下，八十八學年度大學僅一百四十一所，八十九學年度大學已增加為一百五十所。僅一年，大學校數就增加九所。大學校數增加，相對的學生就學機會增加是無可質疑的，但是大學就學率增加，讓更多大學畢業生，乃至於研究所碩士畢業生在市場機制下，無法在畢業之後找到職業，因此產生畢業後失業問題。行政院主計處民國九十年發布失業人口，以十八至二十四歲失業者有 8.5%最多，代表高中職以上畢業生過多，正是當局在教育擴增後，所需面對的問題。

高等教育的失業問題，未來勢必更嚴重。一者大學校院急速增加，政府又鼓勵私人興學政策方興未艾，加上經濟不景氣，業界財團摩拳擦掌，對興學躍躍欲試。再者，大學校院學生在學所投入成本逐年增高，一方面是學費高於過去，另一方面是畢業學生人數增加。因此學生在畢業之後，並無法學用配合。大學生與碩士生失業者，在台灣比比皆是。但除大學生投入高等教育成本，近幾年無法回收之外，高級知識份子人力閒置及低度就業問題，其中隱藏性失業、隱藏社會問題及教育問題更是嚴重。

　　高等教育學生失業，與高等教育量擴增有關，加上高等教育所培育人力無法提供產業與社會需求。未來台灣的高等教育量應有以下轉型：

㈠高教應轉型回流教育

　　國人應拋棄以接受正規高等教育為滿足，相對的應以回流教育、職業進修教育，乃至於階段性學習為主的教育方式。大學教育不限於以學生學習四年制的正規方式，而可提供更彈性的方式，讓學生在不同時間與不同地點學習，如此可減少學生機會成本及實質成本。同時學生可由「做中學」，獲取實務經驗，以及得到實務技能。大學教育不宜以正規教育為滿足，反倒是應該學習非正規教育的終身教育學習精神，如此才可以減緩學生成本及降低高等教育量擴增。

㈡過量教育影響就業

　　高等教育與失業問題息息相關。當政策宣示要成立大學、大學分部、大學校院的系所調整，應了解未來發展趨勢、社會與教育之間的供需，或職業訓練機構培養，就不會讓學生失業。因此，如果大學成立、系所科系的調整，如果不顧及學生未來，或是整體社會、產業需求，而僅以學校本位考量，將對日後的教育體制乃至於國家人力產生衝擊。

㈢失業後的輔導

　　高等教育擴增的潛在問題，是可能造成學生在接受教育後，無法找到工作，將產生心理調適問題。如果學生畢業失業，不危害社會事小，但若產生社會暴動、社會不安、自殺、對教育失望、對國家失望，就是大問題。

　　民國九十至九十一年的台灣失業率已經接近 4%（這僅是一

般狀況），如果到每年七、八月的大學、碩士畢業季節，失業率勢將超過 4%，這些教育問題及社會問題將更為嚴重。

參、研究所政策

一、研究所教育受忽略

台灣的升學考試問題最為人注意的是──國民中學進入高級中學的基本能力測驗、高級中學多元化入學考試、大學多元化入學考試等，鮮少討論台灣各大學校院的研究所政策，尤其是研究所博士班入學考試。觀察國內的博士班入學考試可發現很多可議之處，值得各校重視，分析如下。

二、研究所教育的問題

研究所入學考試的問題有：

第一，研究所博士班入學考試呈現門閥主義、派系問題、考試應拜碼頭的糾葛。

第二，筆試及口試不公，即筆試時常以某校或某位教授為主，門生弟子填答如流，反之則否；在口試如是研究所某位大牌教授，學生是該位教授指導生，口試就見面三分情，口試很好過關。這種未能避嫌的狀況是國內常有現象。雖然筆試試卷彌封，但研究所考試是系所內單獨考試，因此掌握在系所重要人士，這些人仍有決定或更改考生分數的機會。

第三，筆試考題很多並無標準答案，尤其是社會科學，因此教授閱卷過於主觀、武斷、沒有宏觀視野，僅限於閱卷委員的標

準，恐有差錯。如果分數差距過大，考生也難以查閱。研究所沒有進一步要求第二位閱卷委員評閱的機會，考生只好損失其進入研究所入學之機會。

第四，研究所考題的參考性答案並未公布，因此在答案認定時常公說公有理、婆說婆有理。如沒有公布參考或標準答案，單由學校教授單一或主觀評分，則喪失公平公開之意義。

第五，口試有五至七位口試老師，但很多學校考試有委員會組成，但實際考試卻僅有一至二位委員詢問考生問題，此種由單一位委員主導口試的情形，喪失其口試意義。

第六，研究所考試要提出研究計畫，但很多學校的要求卻是掛羊頭賣狗肉。研究生準備考試、認真寫研究計畫，但口試委員沒有針對研究計畫進行審查與發問，更有甚者問些風馬牛不相及問題。更有研究所，根本將研究計畫視為不重要問題，僅要求系出同門及其學生考上，因此有些考生的研究計畫僅是一張紙、短短幾行字，卻在研究計畫項目獲得高分。這種表面要考生列出研究計畫，但卻沒有重視研究計畫的入學考試，在考研究所博士班時是非常嚴重的問題。

三、入學口試問題

博士班入學考試採論文、發表著作及創作的考試，但標準並未公開，因此委員進行評分考生著作、發表及技術能力，標準不一與黑箱作業，令考生無所適從，只能在接到成績單時才知道分數。這時考生雖有機會申請複查，但研究所僅將考試成績做加總，並未再針對有問題內容進行重新評閱或補救措施。當然錄取考生與差距一點點分數落榜生，如果差距小，也並沒有進一步採

取補救，如召開檢討委員會進行討論成績差距之問題，多半僅讓考生了解差 0.01 分也是沒有達到標準的現實意義。此種差距極小考生，如沒有尊重考試成績，可能影響考試權益。此外，很多學校因與其他學校考試衝期，為了保障學生名額，有備取名額，但經驗顯示，備取名額在報名當天才知道可進入學校就學。它顯示出二個問題，一是放榜之後，備取者內心一直處於備位心態，無法盡速了解是否可順利就學，因此學習、生活及工作心情受嚴重影響。二是不了解是否會錄取，有些考生只好四處打聽，甚至以金錢交換，要求其他學校正取生不報到，讓備取生順利遞補。民國八十九年台灣師範大學三民主義研究所博士班入學考試即出現此問題，經媒體批露，校方才處分此學生。

前述研究所博士班入學考試問題甚多。因為考試在每所學校分別舉行，各種問題都較為特殊，但博士班入學考試應公開公平。在口試時不妨有錄影存證、筆試應有多位委員對同一位考生答案評分。在審查考生作品、論文及相關論著時，訂定公平標準，惟有如此，才可甄選好學生，不再形成門閥主義、派系主義、純種主義（註三）。

註三：行政院經建會《新世紀人力計畫》（民 90）已提出以下的教育政策因應：

1. 配合國家建設需求，逐年調整大學校院學生人數，公立大學除培養特殊專業人才外，應減緩高等教育量之擴增。

2. 未來大專校院學生人數之擴增，宜採總量管制，新設立學校、所、班、組等應配合激勵方式，提供誘因，以滿足就業市場的需要。

3.為讓學生畢業就業，加強大專校院的產學合作，督導各校建
　立實習制度，落實實習教育制度，以提高畢業生的就業適應
　能力。
4.鼓勵企業重視員工的進修，以教育假的方式，讓員工在一定
　的就業年限之後，有再學習及再教育的機會，讓員工可以增
　長職業工作技能的能力。

本章討論問題

一、試分析台灣在大學公法人化的優劣。

二、試分析台灣在大學民營化的政策可行性。

三、試分析台灣的高等教育隱憂。

四、試以分析英國多元技術學院對台灣高等教育啟示。

五、試分析台灣的高等教育品質的問題。

六、試分析台灣的師範校院的發展方向。

七、試分析大學二一退學論的爭議。

八、試分析高等教育量與失業問題。

九、試分析台灣的研究所入學制度。

參考書目

行政院經建會（民 90a）。新世紀人力計畫。台北：行政院。

行政院經建會（民 90b）。高等教育擴增問題。台北：行政院。

教育部（民 90a）。大學教育政策白皮書。台北：教育部。

教育部（民 90b）。中華民國教育統計。台北：教育部。

教育部（民 90c）。高教簡訊（民 90.01）。教育部：高教司。

教育部（民 91）。教育部公報。

｛第九章｝
高等教育政策量規劃

本章學習目標

一、能指出我國高等教育量的發展趨勢。

二、能指出開發中國家的高等教育發展。

三、會說出高等教育的功能。

四、會運用迴歸分析進行各國高等教育在學率、人口成長率與
　　國民所得分析。

五、能以吉尼指數計算台灣的大專校院在各縣市的分配情形。

六、能以時間數列進行我國未來高等教育學生預測。

七、會分析我國高等教育量持續增加之後的教育政策因應。

第一節 高等教育量擴增分析動機

壹、我國高等教育量發展

我國高等教育擴增得相當快速，這對於我國未來的高等教育以及人力政策將造成衝擊。在大專校院學校數方面，八十學年度一百二十三所，八十九學年度已增加為一百五十所。八十學年度，大學生人數為 498,131 名，八十九學年度增加為 903,395 名。我國高等教育擴增快速，將對我國高等教育產生更多問題，因此本章擬進行高等教育量推估及對於我國高等教育資源分配的了解，以作為當局在進行高等教育政策規劃時的參考。

八十學年度我國大專院校為一百二十三所，九十二學年度大專校院一百五十三所。大專校院籌設有台大竹北分部、秀傳醫學科技學院、萬里海洋技術學院、台中健康管理學院等四校籌設原則同意，另有二十五所積極籌設，如表 9-1 所示。所以，各縣市均有大專校院。若以公立大學校院而言，新竹縣、金門及連江縣未設立公立大學校院，惟民國八十九年同意台大在新竹縣設竹北分部，各縣市大專校院已均衡設置。

根據前述可知，我國高等教育持續擴增，不僅高等教育品質令人擔憂，高等教育所培育的人力將無法讓職場吸收，將面臨更為嚴重的問題。本章主要在了解我國未來高等教育政策在量方面的規劃。

➡️表 9-1　台灣近年來的大專院校數成長

學年度	合計	專科學校	學院	大學
80	123	73	29	21
85	137	70	43	24
87	137	53	45	39
88	141	36	61	44
89	150	23	74	53
未完成	29*	-	26	3**

註：1.*及**為二十九所籌設中公私立大學校院（含分部），見附
　　　表 1。
　　2.聯合技術學院與宜蘭技術學院已改制為聯合大學、宜蘭大學。

貳、規劃高等教育方法適當性與目的

　　本章要去除僅以主要國家高等教育在學率進行高等教育規劃
參考的盲點。就如行政院經建會（民 89）人力規劃處的《高等教
育擴增問題》一書，在第二十頁中僅以英、美、德、日等先進國
家的高等教育在學率作為比較對象。在進行高等教育比較或對我
國高等教育量規劃時僅以少數國家比較，就提出高等教育量應有
多少規劃，或認為我國高等教育在學率高於或低於哪些先進國
家，這種規劃高等教育的方式猶如以管窺天。由於先進國家高等
教育發展，在文化、社會、經濟與我國差異大，難以單一或少數
國家進行比較，因少數國家高等教育量規劃易有盲點。本章以統
計大數法則，以各國高等教育在學率整體發展趨勢，了解各國高
等教育發展，並以各國高等教育發展趨勢作為我國高等教育規劃
之參考。

　　我國高等教育量擴增速度過快是不爭事實，但各縣市高等教育資源分布有差異存在。馬信行（民80）以吉尼指數研究指出，我國高等教育資源分配，以學校在各縣市分布有非常不均現象，即北多於南、西部多於東部。這是十多年前的問題，是否近年高等教育擴增後，高等教育不均問題依然存在？本章將計算我國大專校院校數在各縣市之分配，並比較十多年前馬信行（民77）的研究，以了解這十幾年來，我國的高等教育資源分配是否更為均等？

　　本章除以各國橫斷面資料了解各國高等教育發展趨勢，也以台灣過去五十年來高等教育人數為基礎，預測我國未來幾年高等教育人數，提供我國高等教育政策規劃參考。因馬信行（民76）曾經預測過我國高等教育人數，當時所預測結果事隔多年，推估模式結果誤差增加。本章擬重新進行我國大學生、碩士生及博士生人數預測，以掌握我國高等教育人數。簡言之，本章主要有幾項研究目的：

　　㈠了解各國高等教育在學率、國民所得、人口成長率之間的關係，提供我國高等教育規劃參考。

　　㈡了解我國高等教育量在各縣市分布的均等性。

　　㈢預測未來我國高等教育量，作為未來高等教育政策規劃的參考。

第二節　高等教育貢獻與發展

壹、高等教育對國家貢獻

　　高等教育在學率高低是國家發展的重要指標之一。Harbison 與 Myers（1964）指出「五倍高等教育在學率加上一倍中等教育在學率」高低，可以將各國區分為先進國家、半先進國家、部分開發國家及欠開發國家。這其中對高等教育在學率加權五倍，就可顯示高等教育在學率高低對國家發展的重要。

　　馬信行（民 77）、王保進（民 78）、張芳全（民 90）等在探討國家發展指標的研究，將高等教育在學率列入國家發展指標。馬信行（民 77）發現高等教育在學率與國民所得有.63 的顯著相關；王保進（民 78）將高等教育與中等教育在學率整合為教育發展量，它與國民所得有.73 的顯著相關。張芳全（民 90）研究指出一九九五年的高等教育在學率與國民所得有.70 的顯著相關。可見高等教育對國家發展的重要。

　　世界銀行（World Bank）在《開發中國家的高等教育》（*Higher education in developing countries*, 1999, p. 38）報告中指出，高等教育有幾項公共利益：一是不會將個人的才華或潛力鎖住，它可以讓有潛力的個體，不管其社會背景如何，都可以接受進一步訓練；二是可以創造出高度訓練的個體，他們可包容更多的批判力以及變成國家主要的人力資源；第三是表達長時間有價值觀

念，帶動社會發展，這種社會價值是會超過先前的價值；第四是
高等教育提供更為開放及自由的進行價值及觀念的討論；第五是
高等教育增加民主價值，就如高等教育提供正常互動，接受高等
教育者愈多，會讓整個社會成為較為民主及具有多元價值的社
會。易言之，社會就會更為接受討論、理性爭辯、強調自主、強
調個人自我依賴、兩性也較平等、宗教平等與社會階層的公平流
動。

　　以個人教育投資報酬率而言，美洲國家發展銀行（Inter-Ameri-
can Development Bank）的〈面對不公平的拉丁美洲〉（Facing up
to inequality in Latin America, 1999）一文指出，對拉丁美洲工作
者而言，如接受六年教育的教育投資報酬率超過沒有接受過教育
者50%。這種差異顯示接受十二年教育更多於沒有接受過教育者
120%，如接受超過十七年教育，更超過未接受過教育者200%。
這項顯示接受高等教育對個人的重要。

貳、世界高等教育量發展

　　教育社會學者Trow（1976）曾以高等教育在學率，即學生總
數占其學齡人口（十八至二十一歲）比率，將高等教育發展分為
三個類型：第一是精英型，即高等教育在學率在15%以下；二是
大眾型，高等教育在學率在15%-50%之間；三是普及型，高等教
育在學率在50%以上（轉引自宋明順，民79）。拋開此種分法
是否適當的疑慮，它提供給各國高等教育發展作為參考。尤其高
等教育在學率高低影響各國高級人力培育。

　　二次大戰後，開發中國家的高等教育持續擴增，培養所需高

級人才。一九八○年低度國民所得國家，高等教育在學率平均數3%，一九九五年為 6%。中度國民所得國家，一九八○至一九九五年平均為 19%。同期間，高國民所得國家各為 35%與 57%。不同經濟水平之高等教育在學率國家，如表 9-2 所示。由表中可發現，一九八○年高等教育在學率低於 10%者有四十八國，至一九九五年降為三十一個國家，而在學率在 10%至 20%的國家數增加。一九八○年開發中國家高等教育在學率在 31%以上者無，一九九五年在 31%以上的國家已有九個。

　　由表中可看出，一九九五年很多開發中國家的高等教育屬於大眾型，例如保加利亞及阿根廷，而有很多先進國家，如美國、法國及澳洲等也都是大眾型的高等教育。

　　高等教育是國家人力培育的重要管道。開發中國家在高等教育已有多項改革，期使高等教育配合國家發展。Gill 與 Gill（2000）就指出目前開發中國家的高等教育有八個特色：

　　第一，擴充高等教育量及資源：高等教育在過去二十年是成長最快的教育量。如在印度獨立時只有二十七所大學，目前的大學量已增加為二百所。但是大學的總預算卻是減少，在印度的第一次五年計畫（Five Year Plan）為 9%，第四次五年計畫則提高為 25%，但是在第五次、第六次及第七次則又下降為 22%、19%、12%。聯合國教科文組織在一九九六年的統計顯示，開發中國家的高等教育學生成本是產業國家的十分之一。

　　第二，提高學費比率。在英國有 25%的高等教育經費來自於學費。不過，印度此項比率少於 5%（Rao, 1996，轉引自 Gill & Gill, 2000）。阿拉伯國家學費變成是高等教育民主化的困擾，精英主義在阿拉伯國家非常受到重視，因而以篩選學生方式，讓他

■▶表 9-2　各國高等教育在學率　　　　　　　　　　　　單位：%

在學率／年代	1980 年	1995 年
低於10%	阿爾及利、亞、孟加拉、巴林、波札納、布吉納法索、蒲隆地、克麥隆、中非共合國、中國大陸、哥倫比亞、剛果、象牙海岸、衣索比亞、幾內亞、海地、宏都拉斯、印度、印尼、伊拉克、牙買加、肯亞、寮國、獅子山、利比亞、馬達加斯加、馬拉威、馬來西亞、模里西斯、摩洛哥、莫三比克、緬甸、尼泊爾、尼日、巴布亞紐幾內亞、保加利亞、盧安達、沙烏地阿拉伯、塞內加爾、斯里蘭卡、蘇丹、多哥、突尼西亞、土耳其、越南、南斯拉夫、辛巴威。	安哥拉、巴林、波札納、布吉納法索、蒲隆地、中國大陸、剛果、象牙海岸、衣索比亞、幾內亞、宏都拉斯、印度、牙買加、寮國、獅子山、馬達加斯加、馬拉威、模里西斯、莫三比克、緬甸、尼泊爾、巴基斯坦、阿曼、奈及利亞、巴布亞紐幾內亞、保加利亞、塞內加爾、多哥、千里達與托巴哥、越南、辛巴威。
11%-20%	巴西、智利、古巴、捷克、埃及、薩爾瓦多、希臘、匈牙利、愛爾蘭、韓國、科威特、墨西哥、尼加拉瓜、秘魯、波蘭、葡萄牙、羅馬尼亞、沙烏地阿拉伯、泰國、烏拉圭、葡萄牙。	阿爾及利亞、巴西、哥倫比亞、古巴、埃及、薩爾瓦多、宏都拉斯、印尼、伊朗、利比亞、馬來西亞墨西哥、蒙古、羅馬尼亞、沙烏地阿拉伯、南非、敘利亞、土耳其。
21%-30%	阿根廷、哥斯大黎加、愛沙尼亞、愛爾蘭、義大利、約旦、菲律賓、委內瑞拉、西班牙。	智利、捷克、科威特、黎巴嫩、菲律賓、波蘭、烏拉圭。
31%以上	無	阿根廷（38%）、保加利亞（39%）、哥斯大黎加（32%）、希臘（38%）、以色列（41%）、西班牙、南韓（51%）、秘魯（31%）、葡萄牙（34%）。
先進國家的高等教育在學率	美國（56%）、日本（31%）、比利時（26%）、法國（25%）、英國（19%）、德國（34%）、荷蘭（29%）、奧地利（26%）、澳洲（25%）、芬蘭（32%）、瑞典	美國（81%）、日本（40%）、比利時（49%）、法國（50%）、英國（48%）、德國（43%）、荷蘭（49%）、奧地利（45%）、澳洲（72%）、芬蘭（67%）、瑞典

（續）

| （31%）、蘇　聯（46%）、丹　麥　（43%）、俄羅斯（43%）、丹麥 |
| （28%）。 | （45%）。 |

資料來源：

1 一九八五年資料整理自 *World development report*, World Bank. 1987. New York: Oxford University Press.

2 一九九五年資料整理自 *Statistical yearbook*. UNESCO. 1996. Paris.

們進入高等教育（Bubtana, 1992）。印度也提高大學學費及對高等教育成本購買力。

　　第三，高等教育私立化，高等教育滿足私人的教育需求。開發中國家的高等教育大部分由政府補助或營運。近年高等教育補助減少，開發中國家教育轉由私人經營。開發中國家私立大學高於公部門的教育品質。拉丁美洲國家私部門的高等教育量持續快速增加。在部分亞洲國家，例如蘇丹、約旦、阿拉伯聯合大公國、伊拉克，以私立高等教育機構（如鼓勵私人興學）與講求效率（如教育資源的運用效率），來解決政府的財政危機（Bubtana, 1992）。

　　第四，減少入學制度能力。為減少教育經費支出，以及對政府經費流動，並不能限制學生入學能力。減少學生進入大學情形，在蘇丹及約旦已有負面影響（Bubtana, 1992）。對學生要進入大學的精神及意願，政府應不予以忽略，似應從大學入學後的篩選學生品質制度改進。

　　第五，吸引外國學生。印度過去有人才外流現象，近年印度已提出吸引外國學生進入大學就學方案。馬來西亞與澳洲則進行高等教育合作，澳洲大學在馬來西亞設分校，以吸引外國學生進入馬來西亞的大學就讀。

　　第六，雇主對大學補助。高品質大學教育及大學提供人力，重要受益者是雇主。印度的大學是人力培育最大機構，提供印度國內外的多國企業相關人力。因此，雇主是最終運用高級人力者，也應對高等教育有所貢獻。

　　第七，高等教育與產業界連結。大學提供研究結果給產業界，產業界提供一定經費助大學營運。

　　第八，大學像一個民間公司。大學過去像一個支出單位，目前其許多經營方式與公司類似。大學可有以下作為：1.出租學校部分設備給產業；2.販賣產品及技術；3.提供電腦服務：4.研究契約；5.提供產業界人力資詢；6.將研究成果商業化。

　　前述是高等教育的若干功能。

參、高教在學率與所得、人口成長之關係

　　高等教育在學率與國民所得之間有何關係呢？基本上，如果國家國民所得愈高，國家提供的高等教育在學率可能愈多。國家財政能力及個人國民所得購買力，可支持前述論點。如果國家國民所得愈高，即財政能力愈高，政府有更多教育經費興辦高等教育；而以個人或家計的國民所得而言，政府提供高等教育就學機會，個人高所得可購買高等教育機會就愈多。因為大多數國家高等教育是選擇教育，如果家計國民所得低者，可接受者有限。相對的，如果國家的國民所得愈低，則國家所能提供給國民就學高等教育的機會愈低。簡言之，國家有更多財源，才有興辦各級教育可能，如沒有更多教育財源，高等教育投資將受到限制；國家提供高等教育，家計或個人所得愈高，當然就可購買、消費或選

擇高等教育，就學機會就愈多，反之亦然。就如美國國民所得超過三萬美元，高等教育在學率為 81%，法、英、德國國民所得超過二萬美元，高等教育在學率在 50%之間，如表 9-3 所示。

然而，高等教育量多寡與國家經濟究竟有何關係？林文達（民 77）指出每人國民所得未達到七千美元之前，高等教育在學率不應達到 21%；如果國民所得達到七千美元，可考量高等教育在學率提高，但應防止失業問題。此外，高等教育有其經濟與非經濟貢獻。林氏在研究中得到的結果，是以先進國家為樣本進行討論，但並沒有以各國進行討論。因此，其推論有限制。本章則以大數法則了解國民所得與高等教育之間的關係。

▊▶ 表 9-3　高等教育之國際比較

國家	18 − 21 歲 學齡人口在學率		高等教育學生 占總人口比率		國民所得
	年別	％	年別	％	（美元）
中華民國	2001	67.8	2001	4.4	12,268
日　　本	1994	40.3	1998	3.1	29,925
南　　韓	1997	68.0	1998	6.7	6,908
美　　國	1995	81.0	1995	—	31,456
加　拿　大	1995	88.0	1995	—	18,451
英　　國	1996	52.0	1995	—	22,621
法　　國	1996	51.0	1995	—	24,669
德　　國	1996	47.0	1995	—	26,219
澳大利亞	1997	80.0	1996	—	15,429

資料來源：高等教育擴增問題，頁 15，行政院經建會（民 89）。

高等教育量發展與國家人口成長率有負向關係。林文達（民77）指出高等教育與人口成長率有負向關係。Nielsen 與 Hannan（1979）曾設計三個迴歸模式分析貧富國家的關係；其中以高等

教育在學率為依變項，與依變項相差五年的高等教育在學率、與依變項相差五年的中等教育在學率、與依變項相差五年的國民所得、人口成長率、初等教育在學率等進行迴歸分析發現。模式中，不管國家國民所得高低，人口成長對於高等教育都有負向的影響。林文達（民77）及 Nielsen 與 Hannan（1979）在研究中所顯示的人口成長與教育發展，是負向的影響。

　　張芳全與余民寧（民90）曾研究教育經費占國民生產毛額比率、國民所得、教育經費占政府支出比率之關聯分析，以一九九六年世界各國的人口成長率、國民所得，分別對教育經費占國民生產毛額比率進行分析，發現沒有顯著關係；但是如果以各級教育單位學生成本檢視發現：初等教育學生單位成本與人口成長率對國民所得有顯著影響；中等教育學生單位成本與人口成長率對國民所得影響中，僅人口成長率有達.01 顯著水準；高等教育學生單位成本與人口成長率分別對國民所得有顯著影響；教育經費占國民生產毛額比率也對教育經費占政府支出比率有顯著影響。

肆、我國近年高等教育發展

一、大學人數擴增

　　我國高等教育量發展，不論是專科生、大學生、研究所碩士班、博士班的學生，從三十九學年度至今，幾乎每一學年度都呈現人數成長。此種成長也逐年增加，如圖 9-1 所示。

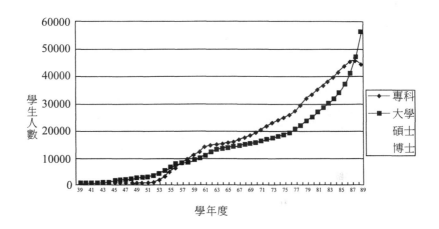

◀▷圖 9-1 39-89 學年度大專校院學生人數成長情形

　　此成長尤其近年來非常快速，例如民國八十至八十九年，大專校院一年級學生人數如表 9-4 所示，表中可看出學生人數由 165,507 人增加為 310,274 人，其中專科、大學、研究所碩士班、博士班各由 91,456 人、61,821 人、10,524 人、1,706 人增加為 138,036 人、134,401 人、34,175 人、3,662 人；年平均總成長率 7.23%，碩士班成長最快。民國八十至八十九年大專校院總學生人數、專科生、大學生、碩士生及博士生各由 498,131 人、217,882 人、253,462 人、21,306 人、5,481 人增加為 987,256 人、339,336 人、564,059 人、70,039 人、13,822 人，年平均成長率以研究所碩士班成長率最高。民國八十至八十九年總人口由 20,556,842 人微增為 22,216,107 人，年平均成長率為 0.87%。同期間，十八至二十

一歲由 1,452,799 人增加為 1,604,392 年，平均成長率為 1.11%。據估計，民國一百年人口約為 24,047,361 人，民國八十九至一百年總人口年平均成長率僅為 0.725%，相較於民國八十至八十九年略微下降，但民國八十九至一百年，十八、十八至十九、十八至二十一歲學齡人口由 393,755 人、797,065 人、1,604,392 人，各下降為 321,410 人、637,126 人、1,281,076 人，各呈現-1.83%、-2.0%、-2.03%的成長率（行政院經建會，民 88）。明顯的是，我國高等教育學齡人口逐年下降，但高等教育在學率卻持續增加，未來高等教育如沒有學齡人口就學，或供給多於需求（學習者的需求），將會對高等教育有不良影響。

▇▶表 9-4　大專校院一年級學生人數與成長　單位：人，%

一年級人數					
學年度	總計	專科學校	大學校院	研究所	
				碩士班	博士班
80	165,507	91,456	61,821	10,524	1,706
89	310,274	138,036	134,401	34,175	3,662
80-89 年平均成長率	7.23	4.68	9.01	13.98	8.86
總學年數					
80	498,131	217,882	253,462	21,306	5,481
89	987,256	339,336	564,059	70,039	13,822
80-89 年平均成長率	7.90	5.05	9.29	14.13	10.82

註：專科學校不含五專前三年。專科生人數下降，乃因專科改制技術學院。

二、各縣市的大學分布

民國九十二年，我國各縣市均有大專校院。以公立大學校院而言，過去新竹縣、金門及連江縣未設立公立大學校院。民國八十九年，教育部同意台大在新竹縣設竹北分部，各縣市大專校院已均衡設置，如表 9-5 所示。大專校院設立分布情形是北部多於南部、西部多於東部、本島多於外島、直轄市多於省轄市。就如台北的大專校院就有二十七所，台東縣、屏東縣各僅一所及七所。

三、大學校院系所班增設情形

由教育部高教司（民 89）提供大學校院增設系所班組，可簡要了解過去幾年台灣高等教育發展情形。七十九至八十七學年度，大學校院增設系所班組，共增設一百七十六個博士班，其中人文及社會類科者有六十一個、科技類科有一百一十五個。碩士班則增設三百六十八所，其中人文及社會類科者有一百七十九個、科技類科有一百八十九個。大學設有二百五十九個系，其中人文及社會類科者有一百七十二個，科技類科有八十七個。換言之，研究所班別以科技類為多，大學部以人文類為多。

大學校院分組情形有三十九個，其中人文及社會類科者有十八個，科技類科有二十一個。專科共增一百零七班，其中人文及社會類科者有五十七個，科技類科有五十個。

若以公私立大學校院區分，七十九至八十七學年度，公立博士班的人文及社會類科設立五十個、科技類科設立九十三個，合計一百四十三個；私立大學則各有十一及二十三個，合計為三十四個。在碩士班部分，公立大學人文社會及科技類科各有一百一

■>表 9-5　2001 年各縣市大學校院分布　　單位：所

項目	總計			公立			私立		
	專科	學院	大學	專科	學院	大學	專科	學院	大學
台北市	5	9	13	2	5	6	3	4	7
高雄市	0	3	5	0	2	4	0	1	1
台北縣	3	8	5	0	1	1	3	7	4
宜蘭縣	1	2	0	0	1	0	1	1	0
桃園縣	1	6	4	0	1	1	1	5	3
新竹縣	0	2	0	0	0	0	0	2	0
苗栗縣	2	2	0	0	1	0	2	1	0
台中縣	0	2	2	0	1	0	0	1	2
彰化縣	0	2	2	0	0	1	0	2	1
南投縣	1	0	1	0	0	1	1	0	0
雲林縣	0	2	1	0	1	1	0	1	0
嘉義縣	0	1	2	0	0	1	0	1	1
台南縣	1	6	3	0	1	0	1	5	3
高雄縣	2	4	3	0	0	1	2	4	2
屏東縣	1	5	1	0	2	1	1	3	0
台東縣	0	1	0	0	1	0	0	0	0
花蓮縣	1	3	2	0	1	1	1	2	1
澎湖縣	0	1	0	0	1	0	0	0	0
基隆市	2	0	1	0	0	1	2	0	0
新竹市	0	3	3	0	1	2	0	2	1
台中市	1	9	3	1	3	1	0	6	2
嘉義市	1	0	1	0	0	1	1	0	0
台南市	1	3	1	1	1	1	0	2	0
金門縣	0	0	0	0	0	0	0	0	0
連江縣	0	0	0	0	0	0	0	0	0
總計	23	74	53	4	24	25	19	50	28

註：-表示未設立大專校院。
資料來源：整理自中華民國教育統計（民 90）。台北：教育部。

十一及一百零一個,合計二百零二個;私立大學則各有六十八及八十六個,合計一百五十四個。公私立大學增系,公立大學人文社會及科技各有五十一及三十八個,合計八十九個;私立各有一百二十一及四十九個,合計一百七十個。公私立大學增班,公立大學在人文社會及科技類各有十五、二十一個,合計三十六個,私立大學校院則二十三、二十七個,合計五十個(教育部高教司,民89)。

從上述可發現,公私立大學研究所以科技類為多,而大學部則以人文類為多,大學科系也是如此。

從上面資料無法了解台灣的大學校院在各縣市大學校院中大學科系、研究所博士班及碩士班設立情形,究竟各縣市在此方面均等度為何?正是本章要了解的重點。

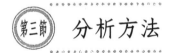

第三節 分析方法

壹、統計分析方法

本章所運用的統計方法如下:

㈠各國的高等教育量分析,以多元迴歸法進行分析。以一九八五及一九九五年高等教育在學率為依變項,以一九八五及一九九五年國民所得及人口成長率為自變項,投入迴歸模式。依變項以百分比為單位,人口成長率以百分比為單位,國民所得以美元為單位。

㈡在進行我國高等教育資源分配測度時，以吉尼指數進行分析，所分析是以大專校院量的發展在各縣市的分布情形，即吉尼指數測量的向度有公私立大學校院、公立大學校院、博士班、碩士班、大學部、大學的二年制、二專、五專與技術學院等在各縣市的分布情形。同時公私立大學校院及公立大學校院吉尼指數結果，將與馬信行（民79）曾研究的吉尼指數比較，以了解這十多年間，我國大學校院分布是否已有改善。馬信行（民81）針對台灣地區近四十年來教育資源分配情況研究，曾計算我國二十三縣市教育資源分配情形，他以二十三塊面積總和，而不以微積分方式進行，因為微積分會有誤差產生。本章以馬信行（民81）所建議的吉尼指數計算進行，讀者如需進一步了解可參考馬信行（民81）的計算方式。

㈢在進行我國高等教育人數的預測，則以時間數列分析方法進行。主要以自我迴歸整合移動平均過程（Autoregressive and Moving Average, 簡稱 ARIMA）方法進行。此法先進行模式辨認，接著進行模式選擇，再進行未來人數預測（詳細方法推估過程可見 Box & Jenkins, 1976；馬信行，民76）。在時間數列模式適合度要求標準有 acf、pacf、iacf 不顯著為基本要求；估計標準誤（SSE）、AIC（Akaike's information criterion）、SBC（Shwartz's Bayesian criterion），此三項的指標愈小愈好；同時相對誤差應愈小愈好，相對預測誤差是指（實際值－預測值）／實際值，如此相對誤差小表示模式頗佳。此外，差分次數愈少愈好，因為差分次數過多，將使原始資料造成失真情形，預測模式準確度會降低。

貳、研究對象

本章的研究對象說明如下：

進行各國高等教育與國民所得、人口成長率之間關係，以一九八五及一九九五年資料為主。選擇一九九五年主因是資料取得限制，因為僅可取得一九九五年的最新資料，而一九八五年因為距一九九五年恰為十年，二個年代可對照高等教育在學率與人口成長、國民所得之間關係。在二個年度的迴歸分析模式樣本，一九八五年有九十六國，一九九五年有九十國。高等教育在學率、國民所得及人口成長率之資料係取自《世界銀行報告》（*World Bank Report*, 1986/1987/1996/1997）。台灣的高等教育在學率取自《中華民國教育統計》（民 90），國民所得及人口成長率取自行政院主計處出版之《中華民國社會指標》（民 90）。

在了解我國的高等教育資源分配，是以台灣二十三縣市大專校院數為分析對象，分析年度是民國九十年的統計資料，即八十九學年度的大專校院資料。

而在我國高等教育未來的預估，則從民國三十九至八十九年，共有五十一年時間樣本，以進行未來高等教育預測。

第四節　政策分析結果

壹、一九八五年的迴歸分析結果

　　一九八五年有九十六個國家納入分析，高等教育在學率平均為 14.3%，國民所得平均為 3,615 美元，人口成長率為 2.17%。經過迴歸分析所得到的結果如表 9-6 所示。表中發現國民所得對高等教育在學率有正面影響，且達到.01 顯著水準，而人口成長率則與高等教育在學率有負面影響，且達到.01 顯著水準。國民所得愈高，高等教育在學率愈高，同時人口成長率愈快，高等教育在學率愈低。本模式整體解釋力為 50.4%。

➡表 9-6　1985 年的迴歸分析結果　樣本數＝ 96

變項／項目	B	β係數	t 值	顯著水準	R^2	Adj-R^2
常　數	17.022		6.671	.000**		
國民所得	0.001387	.490	5.984	.000**	.423	.417
人口成長	-3.539	-.341	-4.169	.000**	.514	.504

** 表示 p<.001

　　本模式如以標準差超過 3 以上者有二個。一是約旦，其值為 3.259，其高等教育在學率高達 37%，距 3 不遠，在本模式並不刪除；另一個為菲律賓，其標準差為 3.06，高等教在學率為 38%，

因為距標準 3 值不遠，不刪除。本模式經過 VIF 的多共線性檢定，發現人口成長率與國民所得之間的 VIF 值為 1.284，其值在門檻值 10 以下。

貳、一九九五年的迴歸分析結果

　　一九九五年有九十個國家納入分析，高等教育在學率平均為 25.2%，國民所得平均為 8,457 美元，人口成長率為 1.93%。經過迴歸分析結果如表 9-7 所示。表中發現國民所得對高等教育在學率有正面影響，且達.01 顯著水準，而人口成長率與高等教育在學率有負面影響，且達.01 顯著水準。國民所得愈高，高等教育在學率愈高，人口成長率愈快，高等教育在學率愈低。本模式整體解釋力為 67.4%。

▅▶表 9-7　1995 年的迴歸分析結果　樣本數＝ 90

變項／項目	B	β係數	t 值	顯著水準	R^2	Adj-R^2
常數	36.534		8.165	.000**		
人口成長	-9.286	-.487	-5.655	.000**	.601	.596
國民所得	.0007782	.404	4.687	.000**	.681	.674

** 表示 p<.001

　　本模式如以標準差超過 3 以上者有二個。一是加拿大，其值為 3.443，因為是先進國家，其高等教育在學率高達 87%，在本模式並不刪除；另一個為南韓，其標準差為 3.018，高等教在學率為 67%，因為距 3 不遠，不刪除。本模式經過 VIF 的多共線性

檢定，發現人口成長與國民所得之間的 VIF 值為 2.208，其值在門檻值 10 以下。

參、吉尼指數計算的結果

經過資料整理，民國九十年大學校院各方面所得到的吉尼指數如表 9-8 所示。吉尼指數如愈大，表示資源分布愈不平均。表中結果顯示，吉尼指數愈大，表示大專校院的校所分布得愈不平均。表中顯示各縣市大學中有無設立博士班者，在各縣市分配最不平均，其次，是有無設立碩士班者。而有無設立大學部的均等值在.7162，非常高，表示很多縣市雖然設有大學校院，但沒有大學部設立。這代表政府應考量在大專校院資源分配規劃。從結果看出，分配較為公平的是公私立大專校院，吉尼指數為.4371。

應說明的是馬信行（民 80）在公私立大專校院的吉尼指數為.5602，本節此指標已有下降，表示我國公私立大專校院分配已有改善。另外，在公立大學分配，馬信行計算為.7305，本節得到指數為.4676，可見我國的大專校院的分配均等度已改善很多。

●▶表 9-8　2001 年我國大專校院資源分布與馬信行（民 80）吉尼
　　　　指數

指標	本節的吉尼指數	馬信行（民 80）吉尼指數
公私立大專校院	.4371	.5602
公立大專校院	.4676	.7305
私立大專校院	.4832	
大學設有博士班者	.7818	
大學設有碩士班者	.7471	
設有大學部者	.7162	
大學設有二年制者	.7221	
設有二專者	.6961	
設有五專者	.7200	
設有技術學院者	.7071	

　　經過吉尼指數計算，本節將勞倫茲曲線繪製如圖 9-2 及圖 9-3
（因為十條勞倫茲曲線置於一圖太複雜，故區分為二圖，圖 9-2
是公私立大學、公立大學、私立大學、設博士班、設碩士班的勞
倫茲曲線；圖 9-3 有設大學部、設二技、設二專、設二技、設五
專及設技術學院的勞倫茲曲線等）。從圖中也可以看出各縣市的
大專校院在博士班的設立，距離斜對角線最遠，表示最為不均等。

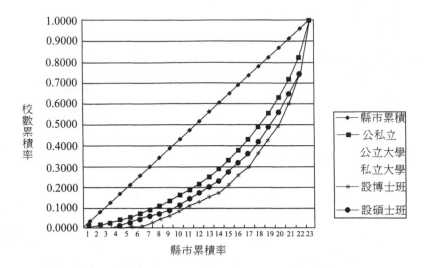

☞圖 9-2　2001 年台灣的大學校院校、所的勞倫茲曲線(一)

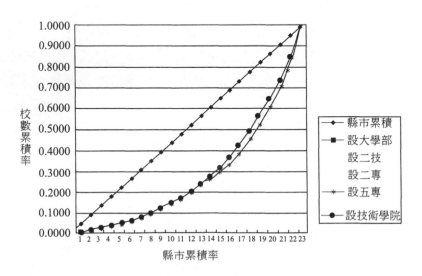

☞圖 9-3　2001 年台灣的大學校院校、所的勞倫茲曲線(二)

肆、未來高等教育人數預測

一、專科生人數預測

㈠模式辨認

　　專科學生人數在時間數列呈現逐年成長現象，如圖 9-1 所示。故先對原始數列進行一次差分，經過一次差分後，數列呈現平穩趨勢，其中自我相關函數前三期達顯著，偏自相關函數第一期達顯著。在模式中如有常數項代表模式反應整個數列過程較為長期趨勢，如未含常數項則反應出短期趨勢，因此將模式設定為 pdq =（1,1,3）+ c、pdq=（1,1,3）、pdq =〔1,1,（1,3）〕+ c 與 pdq=〔1,1,（1,3）〕等四個模式進行分析，c 表示常數項，d 表示差分。

㈡模式適合度分析及預測

　　經過上述模式辨認、適配指標評選，專科學生人數預測模式有 A、B、C、D 等四案，如表 9-9 所示。其中 C 案因為 ACF、IACF、PACF 都未達顯著；AIC、SBC 最小，且 SSE 為較小，故選 C 案，本案在九十及九十一學年度的學生人數預測各為 458,598 人及 460,047 人。

　　本模式預測方程為：$(1-0.91582B)(1-B)Z_t = (1+0.22691B - 0.00239B^3)A_t$

●表 9-9　專科生人數預測

模式	A 案 P=1 d=1 q=3	B 案 P=1 d=1 q=3 c	C 案 P=1 d=1 q=（1,3）	D 案 P=1 d=1 q=（1,3）c
Acf	未達顯著	未達顯著	未達顯著	未達顯著
Pacf	未達顯著	未達顯著	未達顯著	未達顯著
Iacf	未達顯著	未達顯著	未達顯著	未達顯著
AIC	955.6	957.2	954.6	955.5
SBC	963.2	966.6	960.3	963.1
SEE	3997.1	4023	3992.6	3991.8
誤差	0.0261585	0.0250842	0.0259682	0.024303
預測				
90 學年	460065	459698	458598	458901.9
91 學年	465630	464328	460047	461372.2
常數項		3543.8		5155.6

註：SEE 為估計標準誤。

二、大學生人數預測

㈠模式辨認

　　大學生人數在時間數列呈現逐年成長現象，如圖 9-1 所示。故先對原始數列進行一次差分，經過一次差分後，數列呈現平穩趨勢，其中自我相關函數前三期達顯著，偏自相關函數第一期達顯著。在模式中如有常數項代表模式反應整個數列過程較為長期趨勢，如未含常數項則反應出短期趨勢，因此將模式設定為 pdq =（1,1,3）+c、pdq=（1,1,3）、pdq =〔1,1,（1,3）〕+c 與 pdq=〔1,1,（1,3）〕等四個模式進行分析。

㈡模式適合度分析及預測

　　經過上述模式辨認、適配指標評選，大學生人數預測模式有

A、B、C、D 等四案，如表 9-10 所示。其中 C 案因為 ACF、IACF、PACF 都未達顯著；AIC、SBC、SSE、預測誤差為最小，故選 C 案，本案九十及九十一學年度的學生人數預測各為 669,936 人及 768,232 人。

本模式預測方程為：$(1-B)(1-B)Z_t=(1+0.52331B-0.25098B^3)A_t$

●>表 9-10　大學生人數預測

模式	A 案 P=1 d=1 q=3	B 案 P=1 d=1 q=3　c	C 案 P=1 d=1 q= （1,3）	D 案 P=1 d=1 q= （1,3）c
Acf	未達顯著	未達顯著	未達顯著	未達顯著
Pacf	未達顯著	未達顯著	未達顯著	未達顯著
Iacf	未達顯著	未達顯著	未達顯著	第三期顯著
AIC	1014.1	1023.0	1020.3	1031.5
SBC	1022.5	1032.5	1026.0	1039.1
SEE	5932.9	6396.8	6341.2	7028.63
預測誤差	0.04348	0.0444173	0.03536	.0452301
預測				
90	670931.2	673856	669936	669967.3
91	788601.2	798419	768232	765744.1
常數項		14518.3		13092.67

註：SEE 為估計標準誤。

三、碩士生人數預測

㈠模式辨認

碩士生人數在時間數列呈現逐年成長現象，如圖 9-1 所示。故先對原始數列進行一次差分，經過一次差分後，數列呈現平穩

趨勢，其中自我相關函數第一期達顯著，偏自我相關函數第一期達顯著。由於在模式中如有常數項代表模式反應整個數列過程較為長期趨勢，如未含常數項則反應出短期趨勢，因此將模式設定為 pdq＝（1,1,1）＋c、pdq＝（1,1,1）的二個模式進行分析。

㈡模式適合度分析及預測

經過上述模式辨認、適配指標評選，大學生人數預測模式有A、B等二案，如表9-11所示。其中B案因為ACF、IACF、PACF都未達顯著；AIC、SBC、SSE、預測誤差為最小，故選 B 案，本案九十及九十一學年度的學生人數預測各為85,393人及100,746人。

本模式預測方程為：$(1-1B)(1-B) Z_t = 1282.8 + (1+0.28839B) A_t$

▆▶表 9-11　碩士生人數預測

模式	A 案	B 案
	P=1 d=1 q=1	P=1 d=1 q=1 c
Acf	第一期達顯著	未達顯著
Pacf	第一期達顯著	未達顯著
Iacf	第一期達顯著	未達顯著
AIC	850.7	848.5
SBC	854.5	854.3
SEE	1174.4	1138.2
預測誤差	0.0324519	0.0145775
預測		
90 學年	85353.3	85393
91 學年	100667.6	100746
常數項		1282.875

註：SEE 為估計標準誤。

四、博士生人數預測

㈠模式辨認

博士生人數在時間數列呈現逐年成長現象，如圖 9-1 所示。故先對原始數列進行一次差分，經過一次差分後，數列呈現平穩趨勢，其中自我相關函數前三期達顯著，偏自相關函數第一期達顯著。模式中如果有常數項代表模式反應整個數列過程較為長期趨勢，如未含常數項則反應出短期趨勢，因此將模式設定為 pdq = （1,1,3）+ c、pdq=（1,1,3）、pdq =〔1,1,（1,3）〕+ c 與 pdq=〔1,1,（1,3）〕等四個模式進行分析。

㈡模式適合度分析及預測

經過上述模式辨認、適配指標評選，大學生人數預測模式有 A、B、C、D 等四案，如表 9-12 所示。其中 D 案因為 ACF、IACF、PACF 都未達顯著；其他預估案在三個指標都達顯著。而本案的 AIC、SBC、SSE、預測誤差頗小，故選 D 案，本案九十及九十一學年度的學生人數預測各為 15,325 人及 16,593 人。

本模式預測方程為：$(1-1B)(1-B)Z_t=1350+(1+0.3162B-0.42861B^3)A_t$

📖 表 9-12 博士生人數預測

模式	A 案	B 案	C 案	D 案
	P=1 d=1 q=3	P=1 d=1 q=3 c	P=1 d=1 q=（1,3）	P=1 d=1 q=（1,3）c
Acf	第一及第八期達顯著	第一期達顯著	第八期達顯著	未達顯著
Pacf	第一及第六期達顯著	未達顯著	第六期達顯著	未達顯著
Iacf	第一及第五期達顯著	未達顯著	未達顯著	未達顯著
AIC	635.3	631.5	625.7	628.4
SBC	642.9	641.1	631.5	636.0
SEE	133.7	127.6	122.6	124.7
誤差	0.0112863	0.0023874	0.0019099	0.00005064
預測				
90 學年	15233.9	15311.1	15331.6	15325.3
91 學年	16365.7	16550.4	16563.8	16593.8
常數項		141.3151		1350.0105

註：SEE 為估計標準誤。

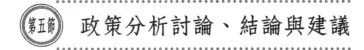

第五節　政策分析討論、結論與建議

壹、討論

本章建構二個迴歸模式，發現我國高等教育在學率都高於各國平均發展。我國在高等教育量發展高於世界平均水準。一九八五及一九九五年，世界高等教育平均在學率為 14.3%、25.2%，但

我國高等教育在學率為 23.15% 及 46.4%，均高於世界平均水準，尤其一九九五年更約高出一倍之多。我國高等教育在學率在一九八五及一九九五年都屬於 Trow（1976）所界定的大眾型高等教育，但在八十六學年以後，如以粗高等教育在學率，我國都在 50% 以上（教育部，民 89，頁 37），顯示我國已進入 Trow（1976）的普及型高等教育。

我國出生人口已逐年下降，人口成長率也在降低之中。民國八十九至一百年，預估十八、十八至十九、十八至二十一歲學齡人口由 393,755 人、797,065 人、1,604,392 人，各下降為 321,410 人、637,126 人、1,281,076 人，各呈現 -1.83%、-2.0%、-2.03% 的成長率（行政院經建會，民 88）。政府高等教育政策一再指出，國立大學已不再增設新校，但部分學校仍找尋第二校區成立分校分部，持續擴增高等教育容量。另外，國立大學科系、班所每年在增加，未來更有二十九所學校在積極籌設中，面對學齡人口數下降，大學就學量卻一再增加，未來我國的高等教育如何營運實令人憂心。台灣未來高等教育將會有「全部錄取」名額，正如日本在西元二〇〇九年因大學學齡人口下降，將會有不必參加考試就可全部入學問題（後藤武秀，民 89）。

另外，師範校院亦朝改制綜合大學或轉型方向進行，與政府不再增設國立大學校院原則不符。因為台灣社會是政黨政治，政府第一次政黨輪替之後，日後執政黨之爭就以政黨政見作為爭取選票訴求，就如民進黨政府執政後，宜蘭縣、苗栗縣都有學校改制為國立大學，在政黨、選民及各縣市爭相要求籌設國立大學下，未來可能導致大學校數擴增。

八十八及八十九學年度，專科各改制為二十所及十五所技術

學校，僅剩二十三所專科學校。專科學校改制速度甚快，影響技術學院教育品質。部分專科為符合改制條件，亦尋找第二校區，擴大規模，且大多改名為科技大學為改制目標發展。未來技職體系大學以上擴增必將更為迅速。這方面政府應對已改制學校進行追蹤，對未改制者應視實際需求評估後再行改制。

我國大專校院有無設立博士班者，各縣市分布最不平均，其次是有無設立碩士班者；而有無設立大學部均等值在.7162，非常高，表示有很多縣市雖然設有大學校院，但沒有大學部設立。這表示政府應規劃考量各縣市大專校院資源分配。政府應在現有資源下，對已有大學校院且具有設立博碩士班資格的學校，進行設所評估，研擬未來設所可能。大專校院分布較為公平的是公私立大專校院，吉尼指數為.4371。馬信行（民80）在公私立大專校院的吉尼指數為.5602，表示我國公私立大專校院分配已有改善。在公立大學分布部分，馬信行計算者為.7305，本章所得到的指數為.4676，可見我國大專校院分配均等度也改善很多。

　　如果以我國未來高等教育學生人數預測未來專科生、大學生、碩士生及博士生人數，如與八十九學年度前相比，除專科生人數預測成長有限外，但大學、碩士及博士生人數都可能呈增加趨勢，我國大學校院學生人數增加，如沒有管制學生素質，未來高等教育畢業生的素質勢會降低。

貳、結論

　　一九八五年各國國民所得對高等教育在學率有正面影響，且達.01顯著水準，而人口成長率與高等教育在學率有負面影響，

且達.01 顯著水準。顯示國民所得愈高，高等教育在學率愈高；人口成長率愈快，高等教育在學率愈低。迴歸模式解釋力為50.4%。

一九九五年各國國民所得對高等教育在學率依然有正面影響，且達.01 顯著水準，而人口成長率與高等教育在學率有負面影響，且達.01 顯著水準。顯示國民所得愈高，高等教育在學率愈高；人口成長率愈快，高等教育在學率愈低。迴歸模式解釋力為67.4%。

如以吉尼指數計算大專校院在各縣市的分布情形，發現各縣市大學有無設立博士班者，在各縣市分布最不平均，其次是有無設立碩士班者；而有無設立大學部均等值在.7162，非常高，表示有很多縣市雖然設有大學校院，但沒有大學部設立。這表示政府應規劃考量各縣市大專校院資源分配。大專校院分配較為公平的是公私立大專校院，吉尼指數為.4371。

本章亦以時間數列進行我國未來專科生、大學生、碩士生及博士生的學生人數預測，結果發現，四類人數在九十學年及九十一學年度人數預測各為學 458,598 人及 460,047 人（專科）；669,936人及 768,232 人（大學）；85,393 人及 100,746 人（碩士）；15,325人及 16,593 人（博士）。如與八十九學年度前相比，除專科生人數預測成長有限，但大學、碩士及博士生的人數都呈現增加。

參、政策建議

面對我國的高等教育已高於世界整體發展趨勢，如以 Trow（1976，轉引自宋明順，民 79）的高等教育發展類型，台灣已進

入普及型高等教育。然而台灣高等教育資源分配（指大學及科系設立），例如博碩士班在部分縣市仍有不均現象。尤其台灣近年來民間教改提出廣設高中大學呼聲，政府高等教育量的政策採開放措施，造成大專校院不斷擴增，今後政府應對我國高等教育政策量重新思考。當局應有以下政策規劃方向：

一、設新校宜緩

　　高等教育擴增已高於學齡人口成長就學需要，我國未來對高等教育的設校、系、所應審慎，縱使大學有設系、所之可能，應考量大學資源平衡，似不宜再偏重都會區，例如位於台北市的大學校院設博士班、系、所，而應以其他縣市現有學校評估其設博士班、系、所的可能。此外，我國目前仍有二十九所大學校院擬籌設，政府對這些學校的籌設應從嚴評估。

二、各校宜自籌經費

　　公立大學除培養特殊專業人才外，量之擴增宜減緩，籌設分校與分部應以全部自籌經費為原則。近年來很多大學校院以設分部分校擴增大學規模，例如台大在新竹竹北、雲林虎尾設分部；銘傳大學在台北縣林口與台南縣設分部、海洋大學在宜蘭設立分部等。未來有長庚大學高雄分部、淡江大學蘭陽分部、銘傳大學金門分部、高雄醫學院屏東分部、義守大學燕巢分部，將會擴增大學量。分部或分校設立會擴增大學規模，政府未來應評估可行性，再進行分部、分校設立。此外，目前師範校院擬轉型，其方式應協調與鄰近學校合併，例如嘉義師院與嘉義技術學院合併為嘉義大學，以避免師範學院直接改制綜合大學，加速大學學生人

數擴增。

三、績優專校改制宜評估

我國高等教育擴增政策，有一項值得評估的是績優專科學校改制技術學院，而技術學院再改制科技大學。改制之後，學校必然會增加招生名額，對我國高等教育擴增是嚴重挑戰。就如八十四學年度，我國專科學校數有七十四所，但八十九學年度僅剩二十三所、九十二學年又僅剩十三所，短短幾年之間共改制六十一所。這一波專科改制，讓大學就學機會增加，相對的學生人數必然增加。考量專科部是以培養我國中級技術人才，未來專科改制學院除應保留專科部，提升教學品質、著重實務教學、建立技術學院特色以培養所需人才之外，改制後的學校，應輔導教學品質提高，以及加強學生素質，是政府及學校應思考的方向。

四、國外招生衝擊

我國的高等教育政策應配合我國未來學齡人口下降趨勢，為防止今後學校招不到學生，或加入世界貿易組織所帶來的學校倒閉問題，政府應建立超然財團法人大學評鑑機制，獨立於主管教育機關，每年評鑑並公布大專校院辦理績效，並建立學校淘汰機制，以全面提升高等教育素質，合理調整教育資源分配。

此外，針對本章研究方法，在資料及方法限制有以下建議。

第一，本章以一九八五及一九九五年各國高等教育在學率與國民所得及人口成長率，了解我國高等教育與世界平均發展。雖然以各國比單以先進國家進行比較更為準確，但因為資料僅有二年限制，對影響高等教育在學率的自變項選擇，因資料限制僅有

二項，可能無法完整掌握。如果未來能取得更完備的國際資料，例如高等教育學齡人口成長率，而不以整體人口成長率，計算模式可能效度會更高。

第二，本章預測我國未來高等教育人數，以時間數列方式進行，因為本章運用時間數列是以單變項進行，即以一個變數的過去趨勢預測未來學生人數。這種方法未顧及其他變項可能會有的差異。同時，時間數列很容易受到政策干擾，影響到整體預測的準確度。就如以八十八學年度至八十九學年度的大學生人數而言，突然暴增九千多名，而在過去幾個學年度僅有二千至四千名學生人數差異，很可能是近年廣設大學與大學政策採開放型，與過去方式不同，造成八十九學年度學生人數暴增。這可能造成九十學年及九十一學年度在時間數列不平穩的趨勢下，進行預測會有更多誤差產生。總之，如以時間數列進行預測資料，最好是自然且不受政策干擾為宜。此外，為避免單一變項預測產生誤差，也可找出適當變項，以二個變項進行時間數列轉換模式進行預測。馬信行（民79）就曾以時間數列分析轉換函數模式，在學生人數預測應運，以轉換模式或可解決單變量時間數列問題。

最後，台灣的高等教育分布不均等是不爭的事實，但本章因篇幅限制，未針對高等教育師生比率、師資結構、研究領域分布、教育經費等指標進行分析，對高等教育量發展的了解恐僅限一部分，未來宜將這部分進一步分析，方能了解全貌。

◗附表 1　籌設中的大學

正籌設中大學	正籌設中的國立大學分部	正籌設中的私立大學
籌設中的 3 所大學是鳳屏大學、寶成大學、亞太大學	國立大學校院分部是台大竹北分部（行政院已核定）、台灣大學雲林分部（行政院已原則通過）、國立台灣科技大學竹北分部、國立宜蘭技術學院五結分部、國立台中技術學院潭子分部、國立高雄技術學院金門分部、海洋大學宜蘭分部。	教育部於 89 年 5 月 10 日原則同意設立為秀傳醫學科技學院、萬里海洋技術學院、台中健康管理學院等 3 校。另有 19 所籌設學校尚未定案則是建誠管理學院、法鼓管理學院、鯤身科技學院、玉山管理學院、高成管理學院、馬偕醫學院、東方法商管理學院、長庚大學高雄分部、淡江大學蘭陽分部、銘傳大學金門分部、高雄醫學院屏東分部、義守大學燕巢分部、宜蘭管理學院、華濟醫學院、嘉園管理學院、彰化基督教醫學院、曉陽管理學院、新營資訊管理學院、福智人文社會學院。

本章討論問題

一、試說明我國高等教育量的發展趨勢為何。

二、試說明開發中國家的高等教育量的發展趨勢為何。

三、試說明高等教育的功能。

四、試說高等教育與經濟及人口成長之間的關係。

五、試說明我國未來高等教育發展的因應策略為何。

六、從本章的高等教育政策分析，學到哪些政策分析方法，可否列舉出來？

參考書目

王保進（民 78）。經濟、教育發展、政治民主與所得分配暨國家
　　發展指標之探索，國立政治大學碩士論文。未出版。

行政院主計處（民 90）。中華民國社會指標。台北：行政院主計
　　處。

行政院經建會（民 88）。中華民國台灣地區民國八十七年至一百
　　四十年人口推計。台北：行政院經建會人力規劃處。

行政院經建會（民 89）。高等教育擴增問題。台北：行政院經建
　　會人力規劃處。

宋明順（民 79）。邁向學習社會與終生教育——從社會變遷看我
　　國高等教育的未來發展模式。載於淡江大學研究中心主編——
　　二十一世紀我國高等教育的發展趨勢—體制、功能與學校組
　　織。台北：師苑。

林文達（民 77）。教育經濟學。台北：三民。

後藤武秀（民 89）。東洋大學經營之現狀與問題點，載於二十一
　　世紀私立學校經營之新方向㈠——我國與日本私立學校經營法
　　制學術研討會，於輔仁大學會議。

教育部高教司（民 89）。八十八學年度大學校院增設科系所班組。
　　未出版。

教育部（民 89/90）。中華民國教育統計。

教育部（民 89）。中華民國教育統計。台北：教育部。

教育部（民 92）。<u>中華民國教育統計</u>。台北：教育部。

馬信行（民 76）。我國各級學校未來學生數之預測。<u>國立政治大
學學報</u>，56，111-147。

馬信行（民 77）。國家發展指標之探索——以教育與經濟發展指
標為主，<u>國立政治大學學報</u>，58，229-272。

馬信行（民 79）。時間數列分析之轉換函數模式在學生人數預策
上之應運，<u>政治大學學報</u>，61，237-271。

馬信行（民 80）。我國教育分布之均等度及未來高等教育發展的
策略。<u>國立政治大學學報</u>，62，1-28。

馬信行（民 81）。<u>台灣地區近四十年來教育資源之分配情況</u>。國
科會專題研究計畫。（NSC-81-0301-H-004-13-JI）。

張芳全（民 90）。<u>國家發展指標之探索</u>。國立政治大學教育學系
博士論文。未出版。

張芳全與余民寧（民 90）。教育經費占國民生產毛額比率、國民
所得、教育經費占政府支出比率之關聯分析，<u>台灣教育社會學
研究集刊</u>，創刊號，255-282。

Box, G. E. P., & Jenkins, G. M.（1976）. *Time series analysis: Forec-
asting and control*. San Francisco: Holden-Day, Inc.

Bubtana, A.（1992）. Financing Arab higher education: A search for
new alternatives, *Higher Education Policy, 5* (4), 21-22.

Gill, T. K., & Gill, S. S.（2000）. Financial management of universities
in developing countries, *Higher Education Policy, 13*, 125-130.

Harbison, F., & Myers, C.（1964）. *Education, manpower and econ-
omic growth*. New Delhi: Oxford and IBH.

Nielsen, F., & Hannan, M. T.（1979）. The expansion of national educational system: Test of a population ecology model, in Meyer, J. W., & Hannan, M. T.（1979）. *National development and the world system pp. 56-82*. The university of Chicago Press.

World Bank.（1986）. *World development report*. New York: Oxford University Press.

World Bank.（1987）. *World development report*. New York: Oxford University Press.

World Bank.（1996）. *World development report*. New York: Oxford University Press.

World Bank.（1997）. *World development report*. New York: Oxford University Press.

World Bank.（1999）. *Higher education in developing countries*. New York: World Bank

UNESCO.（1987/1996）. *Statistical yearbook*. Paris.

附錄：中程施政計畫撰寫說明

整體說明

一、綜合說明

㈠前瞻文件：中程施政計畫之撰擬非僅彙整性文件，而是經由通盤考量各方所蒐集資訊，撰擬足以代表該部會未來發展之前瞻文件，為各部會未來四年重要施政藍圖。

㈡邏輯清楚：中程施政計畫之撰擬應有邏輯性及層次性：

　　策略績效目標 ⟶ 衡量指標　　計畫項目。

㈢避免繁複：中程施政計畫應避免繁複，以簡單扼要為原則。

二、中程施政計畫之電腦編輯作業

㈠電腦軟體：各機關中程施政計畫之電腦編輯作業，應依行政院研考會指定之文書處理及試算表軟體（其中「環境情勢分析與優先發展課題」、「現有策略、計畫執行成效及資源分配檢討」、「策略績效目標與衡量指標」、「計畫內容摘要」及「計畫關聯表」用 WORD6.0 編輯；「中程經費總需求表」用 EXCEL 及統一格式撰擬）。

㈡格式：

1.標題請用 18 號黑體（加深顏色），如：

○○○中程（○至○年度）施政計畫草案

2.次標題請用 16 號黑體，如：

壹、環境情勢與優先發展課題（加深顏色）

3.內文請用 16 號黑體，其層次性如下：

一、環境情勢分析

(一)…

1.…

(1)…

a…

(a)…

4.字體可用華康楷書體或標楷體等均可。

5.段落之行距為單行間距；與前段、後段距離均為 6pt。

6.格式編排以清晰美觀為原則。

7.掃毒：各機關將磁片送交研考會前，應先自行掃毒。

8.雙面印製：響應環保，本中程施政計畫請以雙面印製。

三、網路Download：本撰寫說明及格式可由行政院研考會網頁下載

封面

機關名稱中程施政計畫草案

（○至○年度）

請用華康楷書
或標楷體、22
號、黑體、置
中對齊

○年○月

機關名稱編印

請用華康楷書
或標楷體 20
號、黑體、置
中對齊

目 錄

機關名稱中程（九十四至九十七年度）施政計畫草案

壹、環境情勢分析與優先發展課題

一、環境情勢分析

(一)○○○○○○○○

(二)○○○○○○○○

環境情勢分析說明：

一、環境趨勢分析之擬定應參考相關政策白皮書、民意調查結果、國家競爭力指標、中程財政收支規模推估等資料。

二、請於相關網站資料尋找資料，如：http://www.dgbasey.gov.tw/、http://www.stat.gov.tw/（預算、重要國情統計及普查資料）、http://cepd.spring.org.tw/（景氣指標、政府再造計畫等重要工作）、http://www.nsc.gov.tw/（科學技術統計要覽、科技發展政策、科技動態調查、科技化國家推動方案等資訊）等。

三、就本機關面臨的內外環境，參考專業網站及資料，進行趨勢分析。

四、環境趨勢分析，請參考相關**趨勢量化指標**，以現有指標為基礎，推估未來指標的變化。

二、優先發展課題

　　㈠○○○○○○○○○

　　㈡○○○○○○○○○

　　　優先發展課題說明：

　　　參考前項趨勢分析結果，評估各項業務發展需要之先後緩
急，排定優先發展課題，進而建構本機關願景，指導策略績效目
標之擬定。

貳、現有計畫執行成效與資源分配檢討

一、現有計畫執行成效

　　㈠○○○○○○○○○○○○○○○○。
　　　（現有計畫一）

　　　1.○○○○○○○○○○○○○○○
　　　　○。（執行成效檢討）

　　　2.○○○○○○○○○○○○○○○
　　　　○。（執行成效檢討）

　　　3.○○○○○○○○○○○○○○○
　　　　○。（執行成效檢討）

　　㈡○○○○○○○○○○○○○○○○。
　　　（現有計畫二）

　　　1.○○○○○○○○○○○○○○○
　　　　○。（執行成效檢討）

2.○○○○○○○○○○○○○○
○。（執行成效檢討）
3.○○○○○○○○○○○○○○○
○。（執行成效檢討）

現有策略、計畫執行成效說明：

一、應對目前已核定（含院核定或自行核定）而正在**執行中或甫執行完成**之計畫與重大方案進行成效檢討，俾作為調整未來策略績效目標之參考。

二、執行成效檢討請簡單而扼要描述。

二、資源分配檢討

(一)○○○○○○○○○○○○○○○○
○○○○○○。

(二)○○○○○○○○○○○○○○○○
○○○○○○○○。

資源分配檢討說明：

　　資源分配檢討係就現有配置之預算額度及人力資源，進行通盤檢討，據以研訂未來資源分配與調整策略。

參、策略績效目標與衡量指標

一、策略績效目標

(一)業務面向策略績效目標

1.○○○○○○○○○。（策略績效目標一）

    ⑴○○○○○○○○○○○

    ⑵○○○○○○○○○○○

  2.○○○○○○○○○○。（策略績

    效目標二）

    ⑴○○○○○○○○○○

    ⑵○○○○○○○○○○

  3.○○○○○○○○○○。（策略績

    效目標三）

  4.○○○○○○○○○○。（策略績

    效目標四）

  5.○○○○○○○○○○。（策略績

    效目標五）

㈡人力面向策略績效目標

㈢經費面向策略績效目標

策略績效目標與年度績效目標說明：

一、各機關應由首長召集內部單位與所屬機關成立任務編組，採
目標管理及全員參與方式，規劃機關整體發展願景後，據以
訂定策略績效目標。

二、策略績效目標總數目為五至十項，其中各機關均應分列人員
及經費類之策略績效目標各一項，另各機關應依據組織、功
能、職掌及業務推展之需求明列業務類別之策略績效目標三
至八項，機關業務性質較為特殊者得酌予增減。

三、每一策略績效目標均需擬訂重點施政策略。

四、各機關應由首長召集內部單位及所屬機關或學者專家共同成立任務編組，依據行政院重大政策方向、策略績效目標及考量國家財政收支狀況後，據以訂定年度績效目標。年度績效目標之項目總數、類別等規範與中程策略績效目標相同。

五、策略績效目標及年度績效目標應具備代表性（可涵蓋機關重點業務推動成果）、客觀性（可依客觀方式加以評估）、量化性（可具體衡量）為原則。如因業務特性致績效目標內容無法具備前述原則者，應敘明理由並提出其他適當目標。另依成果設定目標有困難或不適切者，得改依產出設定目標。

二、衡量指標

(一)業務面向策略績效目標

策略績效目標		衡量指標	評估體制*	評估方式	衡量標準	年度目標值			
						91	92	93	94
一	○○○○○ ○○○○○ (○○%)	一	○○○○(○%)		○○○○○	○○○○○	○○	○○	○○	○○
		二	○○○(○%)		○○○○○	○○○○○	○○	○○	○○	○○
		三	○○(○%)		○○○○	○○○○○	○○	○○	○○	○○
		四	○○(○%)		○○○○	○○○○○	○○	○○	○○	○○
二	○○○○○ ○○○○○ (○○%)	一	○○○(○%)		○○○○	○○○○○	○○	○○	○○	○○
		二	○○○(○%)		○○○○	○○○○○	○○	○○	○○	○○
		三	○○○(○%)		○○○○	○○○○○	○○	○○	○○	○○
三	…									

(二)人力面向策略績效目標

策略績效目標	衡量指標							
	衡量指標	評估體制 *	評估方式	衡量標準	年度目標值			
					91	92	93	94
○○○○○ （○○%）	○○○○ （○%）		○○○○ ○○○○	○○○○○○ ○○○○○○	○○	○○	○○	○○

(三)經費面向策略績效目標

策略績效目標	衡量指標							
	衡量指標	評估體制 *	評估方式	衡量標準	年度目標值			
					91	92	93	94
○○○○○ （○○%）	○○○○ （○%）		○○○○ ○○○○	○○○○○○ ○○○○○○	○○	○○	○○	○○

　　策略績效衡量指標及年度績效衡量指標說明：

一、衡量指標係作為衡量策略績效目標及年度績效目標的依據，分為共同性指標及個別性指標。共同性指標由各機關就預算執行、降低服務成本、提升服務水準、顧客滿意度、人力精簡等自行選列；個別性指標，由各機關依組織任務及業務性質自行訂定。

二、每項策略績效目標至少需一項衡量指標（共同性指標或個別性指標）作為評估依據，惟各機關共同適用之共同性指標合計至少選列二項以上。

三、各機關在擬訂每項衡量指標時，需分列評估體制（1.指實際評估作業為運用既有之組織架構進行、2.指實際評估作業由特定之任務編組進行、3.指實際評估作業是透過第三者方式（如委員長專家學者等）負責運行、4.指實際評估作業為運用既有之組織架構並邀請第三者共同參與進行、5.其他（由各機關依實際情況予以說明）、6.其他（由各機關依實際情況予以說明））評估方法及衡量標準。評估方法係指具體說明該項指標所採行、運用的分析工具（如利用「成本效益分析」、「成本效能分析」等），並說明該指標所設定可供比較的基礎；衡量標準係指能直接衡量績效結果的比較基礎標準（如高速公路平均行車服務水準等）。

四、請於每項策略績效目標下列出權重比率（業務面項權重總計70%、人力面項權重 15%、經費面項權重 15%），並依衡量指標之重要性分列各衡量指標權重。

五、評估體制請以數字填寫，其數字代表意義為：1.指實際評估作業為運用既有之組織架構進行、2.指實際評估作業由特定之任務編組進行、3.指實際評估作業是透過第三者方式（如由專家學者等）負責運行、4.指實際評估作業為運用既有之組織架構並邀請第三者共同參與進行、5.其他（由各機關依實際情況予以說明）、6.其他（由各機關依實際情況予以說明）、7……

肆、計畫內容摘要

一、○○○○○○○○○○○○○○○○○

〇。（策略績效目標一）

㈠〇〇〇〇〇〇〇〇〇〇〇〇〇〇〇〇〇〇〇。（計畫一）

　1.〇〇〇〇〇〇〇〇〇〇〇〇〇〇〇〇〇〇。（內容）

　2.〇〇〇〇〇〇〇〇〇〇〇〇〇〇〇〇〇〇。（內容）

㈡〇〇〇〇〇〇〇〇〇〇〇〇〇〇〇〇〇〇〇。（計畫二）

　1.〇〇〇〇〇〇〇〇〇〇〇〇〇〇〇〇〇〇。（內容）

　2.〇〇〇〇〇〇〇〇〇〇〇〇〇〇〇〇〇〇。（內容）

二、〇〇〇〇〇〇〇〇〇〇〇〇〇〇〇〇〇〇〇。（策略績效目標二）

㈠〇〇〇〇〇〇〇〇〇〇〇〇〇〇〇〇〇〇〇。（計畫一）

　1.〇〇〇〇〇〇〇〇〇〇〇〇〇〇〇〇〇〇。（內容）

　2.〇〇〇〇〇〇〇〇〇〇〇〇〇〇〇〇〇〇。（內容）

㈠〇〇〇〇〇〇〇〇〇〇〇〇〇〇〇〇〇〇

　　　　○。（計畫二）

　　　1.○○○○○○○○○○○○○○
　　　　○○。（內容）

　　　2.○○○○○○○○○○○○○○
　　　　○○。（內容）

三、○○○○○○○○○○○○○○○○
　　○。（策略績效目標二）

　㈠○○○○○○○○○○○○○○○○
　　　○。（計畫一）

　　　1.○○○○○○○○○○○○○○
　　　　○○。（內容）

　　　2.○○○○○○○○○○○○○○
　　　　○○。（內容）

　㈡○○○○○○○○○○○○○○○○
　　　○。（計畫二）

　　　1.○○○○○○○○○○○○○○
　　　　○○。（內容）

　　　2.○○○○○○○○○○○○○○
　　　　○○。（內容）

　　計畫內容摘要說明：

一、依上述策略績效目標，進一步研擬具體、可行之計畫，每一
　　項策略績效目標可以一項至若干項計畫達成，例如：「建立
　　電子化及網路化政府」之策略，可以「建置網網相連電子閘

門計畫」、「推動普及電子郵遞應用傳遞電子公文計畫」、「網際網路資訊安全稽核計畫」等計畫達成，計畫內容重點與摘要應簡明扼要，避免細節之描述。

二、**計畫內容摘要**：應就個別中程計畫之整體內容及相關執行機關、計畫期程、執行方式、工作要項、數量、執行地點、預算規模、服務及工作產出等擇要以條列式列明。

三、**排列優先順序**：各策略項下之計畫應依序號排列，優先者置於前。

伍、機關名稱中程經費總需求表

單位：新臺幣千元

策略績效目標計畫名稱	以前年度已列預算數	94年度	95年度	96年度	97年度	97年度以後經費需求	94至97年度合計	總計	計畫性質 公共建設	科技發展	社會發展	備註
1.○○○○○○○	0000	0000	0000	0000	0000	0000	0000	0000				
1.1○○○○○○○○○○	0000	0000	0000	0000	0000	0000	0000	0000				保留款 0000
1.2○○○○○○○○○○	0000	0000	0000	0000	0000	0000	0000	0000				繳庫數 0000
1.3○○○○○○○○○○	0000	0000	0000	0000	0000	0000	0000	0000				
2.○○○○○○○	0000	0000	0000	0000	0000	0000	0000	0000				
2.1○○○○○○○○○○	0000	0000	0000	0000	0000	0000	0000	0000				保留款 0000
2.2○○○○○○○○○○	0000	0000	0000	0000	0000	0000	0000	0000				繳庫數 0000
2.3○○○○○○○○○○	0000	0000	0000	0000	0000	0000	0000	0000				
3.○○○○○○○	0000	0000	0000	0000	0000	0000	0000	0000				
3.1○○○○○○○○○○	0000	0000	0000	0000	0000	0000	0000	0000				保留款 0000
3.2○○○○○○○○○○	0000	0000	0000	0000	0000	0000	0000	0000				繳庫數 0000
3.3○○○○○○○○○○	0000	0000	0000	0000	0000	0000	0000	0000				
總計	0000	0000	0000	0000	0000	0000	0000	0000				

備註：二、各策略績效目標項下，應對各計畫排列優先順序，依序號排列，優先者置於前。
　　　三、如該計畫經費需由民間參與投資者，請於備註欄中填列數額。

陸、計畫關聯表

計畫編號及名稱	關　聯　計　畫	配　合　關　係
1.1○○○○○○○○○	○○○○○○○○○○○	1.○○○○○○○○。 2.○○○○○○○○。

備註：「關聯計畫」係指與本計畫在時間先後、空間配置或功能依存上有關聯而需相互配合之其他計畫（包括本機關和其他機關之計畫）。

國家圖書館出版品預行編目資料

教育政策分析 / 張芳全著.
　　-- 初版. -- 臺北市 : 心理，2004
　　面 ; 公分. -- (一般教育 ; 60)

ISBN 978-957-702-669-9 (平裝)

1. 教育 － 政策 － 台灣

526.19232　　　　　　　　　　93005359

教育行政系列 41060

教育政策分析

作　　者：張芳全

校　　對：林嘉瑛

執行編輯：林怡君

總 編 輯：林敬堯

發 行 人：洪有義

出 版 者：心理出版社股份有限公司

地　　址：台北市大安區和平東路一段 180 號 7 樓

電　　話：(02) 23671490

傳　　真：(02) 23671457

郵撥帳號：19293172　心理出版社股份有限公司

網　　址：http://www.psy.com tw

電子信箱：psychoco@ms15.hinet.net

駐美代表：Lisa Wu（Tel: 973 546-5845）

排 版 者：辰皓國際出版製作有限公司

印 刷 者：杰鴻印刷有限公司

初版一刷：2004 年 4 月

初版二刷：2010 年 2 月

I S B N：978-957-702-669-9

定　　價：新台幣 450 元

讀者意見回函卡

No. _____   填寫日期： 年 月 日

感謝您購買本公司出版品。為提升我們的服務品質，請惠填以下資料寄回本社【或傳真(02)2367-1457】提供我們出書、修訂及辦活動之參考。您將不定期收到本公司最新出版及活動訊息。謝謝您！

姓名：_____ 性別：1□男 2□女

職業：1□教師 2□學生 3□上班族 4□家庭主婦 5□自由業 6□其他____

學歷：1□博士 2□碩士 3□大學 4□專科 5□高中 6□國中 7□國中以下

服務單位：_____ 部門：_____ 職稱：_____

服務地址：_____ 電話：____ 傳真：____

住家地址：_____ 電話：____ 傳真：____

電子郵件地址：_____

書名：_____

一、您認為本書的優點：（可複選）

❶□內容 ❷□文筆 ❸□校對 ❹□編排 ❺□封面 ❻□其他____

二、您認為本書需再加強的地方：（可複選）

❶□內容 ❷□文筆 ❸□校對 ❹□編排 ❺□封面 ❻□其他____

三、您購買本書的消息來源：（請單選）

❶□本公司 ❷□逛書局⇨____書局 ❸□老師或親友介紹

❹□書展⇨____書展 ❺□心理心雜誌 ❻□書評 ❼其他_____

四、您希望我們舉辦何種活動：（可複選）

❶□作者演講 ❷□研習會 ❸□研討會 ❹□書展 ❺□其他____

五、您購買本書的原因：（可複選）

❶□對主題感興趣 ❷□上課教材⇨課程名稱_____

❸□舉辦活動 ❹□其他_____ （請翻頁繼續）

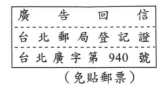

| 廣 告 回 信 |
| 台 北 郵 局 登 記 證 |
| 台 北 廣 字 第 940 號 |

（免貼郵票）

 心理出版社 股份有限公司

台北市 106 和平東路一段 180 號 7 樓

TEL: (02) 2367-1490
FAX: (02) 2367-1457
EMAIL: *psychoco@ms15.hinet.net*

沿線對折訂好後寄回

六、您希望我們多出版何種類型的書籍

❶□心理 ❷□輔導 ❸□教育 ❹□社工 ❺□測驗 ❻□其他

七、如果您是老師，是否有撰寫教科書的計劃：□有□無

　　書名／課程：_____

八、您教授／修習的課程：

上學期：_____

下學期：_____

進修班：_____

暑　假：_____

寒　假：_____

學分班：_____

九、您的其他意見

_____

謝謝您的指教！　　　　　　　　　　41060